정책학으로의 초대

사득환 · 최창현
왕재선 · 주성돈

박영사

현대사회에서 정부는 국민들에게 미치는 영향력이 매우 강하고, 복잡성과 불확실성이 높은 문제들을 신속하게 해결해 줄 것을 요구받고 있다. 정부 또한 사회에서 발생되는 다양한 문제들을 해결하는 것이 정치적·행정적으로 국민의 지지를 얻는 데 핵심적인 기준이 된다.

복잡하고 예측이 어려운 사회문제들을 정부가 해결하기 위해서는 문제의 인지에서부터 진단과 분석, 해결방안의 제시까지 매우 정교하고, 세밀한 정책적 과정이 필요하다. 따라서 사회문제 해결을 위한 정부의 정책적 역량은 정부의 능력을 판단하는 대표적인 요소라고 할 수 있다.

본서에서는 학부과정 학생들이 이해하기 쉽도록 다양한 시각적 요소들을 활용하여 정부의 정책과정에 대해서 알기 쉽게 서술하였다. 특히 정책문제의 인지를 통한 의제설정, 정책대안의 탐색과 정책결정, 분석, 집행과 평가 등 정책의 전반적인 과정에 맞추어 각각의 과정에서 벌어지는 이론적, 실천적 내용을 체계적으로 다루고 있다.

또한 본서의 중요한 특징 중 하나는 위에서 언급한 정책의 전반적인 과정에 해당하는 사례를 별도의 장으로 구성하여 이론적 내용과 실천적 내용을 함께 연결할 수 있도록 구성하였다.

본서를 통해 정책학과 행정학을 공부하는 학습자들이 정책학자들의 다양한 논의가 실제 정책 현장에서 어떻게 구현되고 있는지에 대해서 더욱 현장감 있는 내용을 학습할 수 있을 것으로 기대한다.

이 책에서 제시된 정책학의 내용은 해외에서 논의되는 정책적 쟁점과 실제의 정책학 발전 추세를 최대한 반영하려고 노력하였다. 정책학은 정책분석과 평가, 행정학일반, 사회조사방법, 경영분석, 자료통계분석 등 여러 학문 분야와 밀접한 연관을 맺고 있는 다학제적 응용분야이다.

정책학 분야와 관련하여 학제 간 또는 학계와 실무간 괴리를 좁히고 그것을 보다 응집적인 분야로 발전시키는 데에 기여할 것으로 기대하며 동시에 정책학을 학습하는 행정학도들에게 보다 실질적인 교재로서 유용하게 사용될 것으로 생각한다.

마지막으로 현대 사회의 행정에서 요구되고 있는 정책적 역량과 정책의 책임성과 효율성 확보라는 시대적 흐름에 부응하기 위한 노력의 일환으로 집필하였다. 본서를 통해 행정학을 전공하는 학생들과 실무자들이 현대 행정의 요구사항을 잘 이해하고, 이론적, 실무적 지식을 습득할 수 있는 기회를 가지게 되길 바란다.

본서는 총 네 분의 교수님이 집필에 참여해 주셨다. 먼저 이론부분에서 경동대 사득환 교수님은 정책학에 대한 기본이해(제1장)와 정책의제설정(제3장)과 복잡계이론의 정책학 적용사례(제11장) 부분을, 금강대 최창현 교수님은 정책결정(제4장), 정책분석(제5장)과 복잡계이론과 정책학(제10장) 부분을 맡아주셨다. 호남대 왕재선 교수님은 정책과정(제2장)과 정책평가(제7장) 및 정책단계별 정책사례(제9장) 부분을, 경운대 주성돈 교수님은 정책집행(제6장)과 정책변동 및 종결(제8장) 부분을 맡아서 집필해 주셨다. 집필에 참여해 주신 모든 교수님들께 감사드린다.

특히 책이 나오는 과정에서 많은 그림과 표를 온갖 정성을 다해 작업해 준 박영사와 안종만 회장님께 감사의 마음을 전하고 싶다.

2019년 2월
저자일동

Contents 차례

제 3 장 정책의제설정

제 4 장 정책결정

제 5 장　정책분석

제 6 장　정책집행

제 1 장
정책학의 기본이해

학습개관

1. 정책학의 태동배경은 무엇인가?
2. 정책을 보는 시각에는 어떠한 것이 있는가?
3. 정책유형론이 지닌 한계 내지 비판은 무엇인가?
4. 정책환경과 정치체제 간 관계는 어떠한가?

1 정책학 연구의 기초

1) 정책연구의 필요성

최근 우리 사회는 저출산·고령화, 경제성장, 지속가능한 발전, 남북문제, 4차산업 등 다양한 문제에 직면해 있고, 정부정책에 대한 연구의 필요성이 커지고 있다. 그동안 정부는 시화호사업, 양양공항건설 등 크고 작은 정책실패로 인하여 국민의 귀중한 예산 손실을 초래하였고(백승기, 2016: 21), 향후 이러한 손실을 최소화하면서 성공적인 정책을 추진해야 하는 과제를 안고 있다.

정부정책의 실패는 사전에 충분한 계획과 준비없이 정책이 설계되고, 수요예측과 비용산정이 불합리하게 이루어지다 보니 정책집행에서 많은 문제점을 노출시키게 된다. 그 이유를 자세히 살펴보면 정치가들이 재선을 위해 정책에 개입하여 성급하게 나눠먹기식 정책으로 입안되다 보니 주먹구구식으로 정책이 만들어지는 일이 비일비재하였다.

정부정책은 제대로 형성, 결정 및 집행되어야 한다. 만약 그렇지 못하다면 어떤 부분에 문제가 있으며, 앞으로 개선을 위해 어느 부분을 수정해야 하는지 등을 함께 고민할 필요가 있다. 또한 정책 자체보다는 정책을 추진하는 체제에도 문제가 없는지 살펴보아야 할 것이다. 이러한 과정을 통해 정책학습(policy learning)이 이루어지고, 정책실패를 초래했던 원인을 파악하여 향후 정책의 성공가능성을 높이도록 해야 할 것이다. 정책연구의 필요성은 바로 여기에 있다고 할 수 있다.

정책학의 아버지로 불리는 Lasswell(1971)은 정책연구의 필요성을 궁극적으로 인간 존엄성의 실현과 확보에 두고, 현실적으로 문제해결을 위한 정책과정의 합리화를 제고하는 지식의 제공에 있다고 보았다. 이를 통해 정책연구의 이유를 이끌어내면 다음과 같이 두 가지로 구분할 수 있다.

첫째는 학문적·이론적 목적이다. 정책연구는 정책지식의 인과관계를 분석·축적하고 이론화하며, Dror(1989)가 지적한 보다 나은 정책을 연구하기 위해 존재한다고 볼 수 있다. 정책학은 다른 학문과 마찬가지로 좀 더 과학적이고 일반적인 이론과 지식을 생성해내는 것이 주요 목적이다.

둘째는 실천적·처방적 목적이다. 정책학은 현대사회에서 발생하는 다양한 문제를 해결하고, 궁극적으로는 인간의 존엄성을 실현하는 데 기여할 수 있어야 한다. 이를 위해서 합리적인 정책결정, 성공적인 정책집행 및 타당성 있는 정책평가에 필요한 지식을 제공할 수 있어야 한다.

2) 정책학의 성격과 연구방법

(1) 정책학의 성격

정책학이 어떤 학문인가에 대해 한마디로 정의하기는 어렵다. 그러나 정책학의 역사는 매우 오래 되었고, 그동안 정책학은 지배자들에 의해 사적 도구로 사용되어 왔음을 부인하기 어렵다. 그러나 현대의 정책학은 체계적이고 과학적인 연구를 통해 정책내용의 질을 높이고 인간의 존엄성을 고양하는 학문으로 널리 인정되고 있다.

정책학의 발전과정을 통해서 볼 때 정책학은 기술적·설명적, 규범적·처방적 학문이며, 다학문적 접근의 학문이라고 볼 수 있다. Lasswell(1951: 14)은 "정책학이란 정책결정 및 정책집행을 설명하고, 정책문제와 관련이 있는 자료들을 수집하여 이에 대한 해석을 제공하는 학문"이라고 정의하고 있는데, 그 개념 속에는 다음과 같은 성격을 함축하고 있다. 첫째, 정책학은 사회문제의 현실적 해결이라는 실천적 목표를 달성하기 위해 문제지향적이고 상황적 맥락을 중시하는 성격을 띠고 있다는 점이다. 이러한 정책학의 문제지향적 특성은 문제해결 과정에 대한 연구를 강조하며, 정책문제 해결과정에 필요한 지식과 이러한 과정에서 사용되는 지식을 산출하는 응용사회과학이라는 것이다.

둘째, 정책학은 인간의 존엄성 실현을 최고의 가치로 여기는 규범적·처방적 학문이다. 여기서 규범적·처방적이란 정책학의 과학적 객관성(scientific objectivity)을 강조한 것이라기보다는 오히려 정부의 행위에는 목적과 수단, 또는 가치와 기법들이 서로 분리될 수 없음을 인정하는 것을 의미한다(노화준, 2012: 23). 따라서 평등성과 형평성은 정책학에서 사회적 쟁점들을 분석할 때 명시적으로 분석에 포함되어야 하는 가

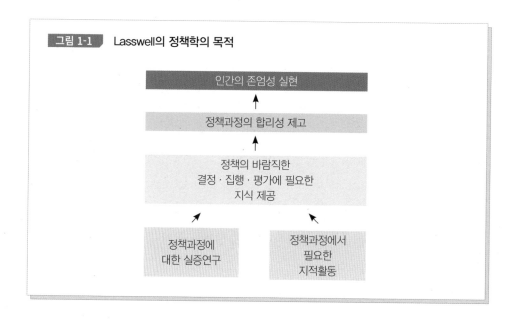

그림 1-1 Lasswell의 정책학의 목적

> 인간의 존엄성 실현
>
> ↑
>
> 정책과정의 합리성 제고
>
> ↑
>
> 정책의 바람직한
> 결정 · 집행 · 평가에 필요한
> 지식 제공
>
> ↗ ↖
>
> 정책과정에   정책과정에서
> 대한 실증연구   필요한
>   지적활동

치들이다. 결국 정책학은 인간의 삶의 바람직한 미래 상태를 그려가는 예술(art)에 가깝다(사득환, 2002: 85-102).

셋째, 정책학은 문제해결을 위해 다학문적 접근을 시도한다. 정부가 당면하고 있는 사회문제들을 효과적으로 해결하기 위해서는 여러 학문에 대한 이해와 전문적 지식이 필요하다는 사실이 1900년대부터 유럽 지식인들 사이에 알려져 있었다. 이러한 경향은 2000년대로 접어들면서 더욱 두드러지게 나타났는데, 그 이유는 사회문제가 날로 복잡하고 애매하며 불확실하기 때문에 범학문적 지식을 통해 문제해결을 시도하는 것이 정책의 성공가능성을 높여주기 때문이다. 더 나아가 정책학을 그동안의 전통적인 뉴턴류의 과학의 범위를 넘어서서 복잡성과학(science of complexity)의 개념들과 접근방법들을 원용한 융합학문으로 발전시킨다면 정책학이 실현하고자 하는 인간존중의 사회를 실현하는 데 더 큰 효과를 얻게 된다는 주장도 제기되고 있다(사득환, 2002: 85-102; 사득환 외, 2002; 최창현, 2005; 노화준, 2012: 32).

(2) 연구방법

정책학의 연구방법으로는 크게 경험적 · 실증적 연구방법, 규범적 · 처방적 연구방법, 통합적 연구방법으로 나눌 수 있다(백승기, 2016: 25-26). 우선, 경험적 · 실증적 연구방법은 과학적 연구방법에 의한 법칙과 이론의 정립뿐만 아니라 정책에 관한 과거와 현재의 경험과 사실, 그리고 그러한 경험과 사실에 관한 기술적 묘사 등을 중심으로 연구하는 존재에 관한 연구를 말한다. 간단히 말해 정책현상을 기술하고 설명하는 연구방법이라 할 수 있다. 이 방법에는 두 가지 형태가 있는데, 하나는 경험한 사실에 관한 정확한 기술과 객관적인 자료를 찾아내는 연구이고, 다른 하나는 정책학에서 일정한 인과관계 법칙성을 찾아가는 연구방법이다.

둘째, 규범적·처방적 연구방법은 두 가지로 나눌 수 있는데, 먼저 무엇이 옳고 그른지에 관한 연구를 하거나, 바람직한 가치판단을 추구하는 당위에 관한 연구를 하는 규범적 연구방법과 이러한 규범적 목표를 달성하기 위해 최선의 수단을 탐색, 발견하는 처방적 연구방법이다.

셋째, 통합적 연구방법은 위의 두 가지 연구방법을 상호 연관성 속에서 통합한 것으로, 경험적·실증적 연구방법에 의한 정책연구를 통해 얻은 문제에 대한 지식과 인과관계는 문제해결의 방향을 제시해 주고, 규범적·처방적 연구방법에 의한 정책연구는 그 문제와 관련된 우리 사회에서 통용되는 일반적 가치기준과 지침을 제공해 준다.

2 정책학의 등장

1) 정책학의 등장

정책학의 창시자인 Lasswell은 1951년 'Policy Orientation'이라는 논문에서 인간의 존엄성을 실현하기 위한 정책의 중요성을 강조하고, 이런 정책을 연구하는 '민주주의 정책학'을 역설하였다. Lasswell은 인간의 존엄성 실현이라는 공공정책의 목표를 달성하기 위해 현실적으로 문제해결을 위한 정책과정의 합리화를 위한 지식 제공이 필요하다는 측면에서 정책연구가 요청된다고 하였다. 그는 정책학이 그때그때의 눈앞에 닥친 문제에 천착하기보다는 사회 속의 인간이 부딪히는 근본적인 문제의 해결에 초점을 두어야 한다고 주장하였다.

그러나 Lasswell의 이러한 견해는 같은 시기의 연구경향이었던 행태주의(behaviorism)에 밀려 별다른 주목을 받지 못하였다. 1950년대 정치학계를 휩쓸었던 행태주의는 과학적·실증적·경험적 연구방법을 통한 인간행태에 초점을 둔 연구방법으로, 인간의 존엄성 구현을 위한 합리적·민주적 정책연구와는 거리가 멀었다. 하지만 계량화만을 중요시하는 행태주의의 과학적이고 실증적인 검증방법은 1969년 Easton의 후기행태주의(post-behaviorism)가 대두되면서 한계에 직면하게 되었다. 행태주의 연구방법은 가치문제의 해결에 소홀했는데 이는 현실적합성이 결여되어 1960년대 흑인폭동과 월남전, 환경문제 등 미국사회가 직면한 현실적인 문제를 해결하기 어려웠기 때문이다. 이러한 후기행태주의는 신행정학으로 이어져 Lasswell의 정책학을 재평가하는 계기가 되었다(권기헌, 2018: 61-62). Lasswell은 1970년에 들어오면서 정책학의 연구목적이 현실적합성을 고려한 맥락지향성(contextuality)과 문제지향성, 다양성과 가치개입 및 인본주의적 성격을 띤다고 주장하면서 정책학의 전성시대를 여는 단초를 제공하였다.

한편, 정치학자 Ranney는 정책연구를 위해서는 다음 네 가지를 고려해야 한다고 역설하였다(Ranney, 1968). 우선, 정책은 순수하게 과학적(scientific)이어야 한다는 것이다. 즉, 정책연구의 목적은 정책에 관한 지식과 이론을 쌓는 데 있다고 본다. 이것은 정책지식이 어떻게 활용되어야 하느냐의 문제가 아니라 그 자체 학문적이어야 한다는 것을 의미한다. 두 번째는 전문적(professional)이어야 한다는 것이다. 즉, 정책연구의 목적은 정책을 개선하기 위해 있다는 것이다. 정책학자는 전문적으로 사회문제의 해결을 위해 정부를 돕는 것에 게을리 해서는 안된다고 주장한다. 세 번째 정책연구의 이유는 Rivlin(1971)이 말한 '조용한 혁명'(quiet revolution)에 있다. 정책연구는 점진적으로 정부기관의 한 부분으로 자리잡으면서 정부개혁은 중요한 요소라는 것이다. 네 번째는 정치적인 이유이다. 정책연구는 정치가의 정치적 지지와 공약, 그리고 당선된 이후의 정책추진을 위해 필요하다는 것이다.

결국 정책학의 궁극적인 목적은 인간의 존엄성을 실현하는 데 있다. 즉, Lasswell이 말한 민주주의 정책학을 추구하는 것이다. 오늘날 정책학은 전통적인 정책학이 추구했던 문제지향성, 맥락지향성, 범학문성을 뛰어넘어 참여와 숙의, 합의, 거버넌스 등 폭넓은 민주주의를 확보할 것을 요구한다. 따라서 향후 전개될 4차 산업혁명시대의 정책학은 인간애에 바탕을 둔 거버넌스적 해결구조와 참여민주주의 및 숙의민주주의가 한층 강화될 것이다(사득환, 2002: 85-102).

3 정책의 개념 및 구성요소

1) 정책의 개념

정책의 개념은 학자들마다 다양하게 정의되고 있다. 이는 정책이 지속적으로 형성, 재형성, 변형, 수정되거나 때로는 거부되기도 하기 때문이다. 사실 정책은 목표를 향해 끊임없이 움직이는 미사일과 같다. 정책은 관찰되어지거나 만져지거나 느낄 수 있는 것이 아니다. 정책은 많은 정부기관과 관료 및 참여자들의 의도된 행동 및 행태의 과정이다. 정책은 정치와 마찬가지로 복잡하고, 무형적이며, 손에 잡히지도 않는다(Palumbo, 1988: 8). 이러한 이유 때문에 정책개념에 대한 합의를 이루기 어렵다.

정책은 정치와 유사한 개념이었다. Lasswell은 정책을 "사회변동의 계기로서 미래탐색을 위한 가치와 행동의 결합체"이며, "목표와 가치, 그리고 실제를 포함하는 고안된 계획"이라고 정의하였다(Lasswell, 1951: 11-13). 이는 정책이 가진 특성으로서 미래성, 목표성, 가치성, 현실성을 강조하고 있다. Easton은 정책을 "사회 전체를 위한 가치들의 권위적 배분", "정치체제가 내린 권위적 결정"이라고 정의하면서 정치체제의 권위에 주안점을 두고 있다(Easton, 1969). 또한 Dror는 "주로 정부기관에 의하여 결정이 되는 미래를 지향하는 행동의 주요 지침"이라고 하면서 공익성을 강조하고 있다(Dror, 1989). 그리고 Lowi는 정책을 "의도적인 강제"로 정의하면서 정책의 권력성을 강조하고 있다(Lowi, 1972).

이러한 정책은 계획(plan)보다는 하위의 개념이나, 프로그램(program)보다는 상위의 개념이다. 정책은 법과도 다르다. 법 그 자체가 정책은 아니다. 법이 정책이 되기 위해서는 정부에 의해 의미가 부여되었을 때이다. 이런 관점에서 정책은 "시민들의 바람직한 삶에 영향을 미치는 정부의 공식적 기본지침"으로 정의할 수 있다. 시민들과 관련된다는 측면에서 정책은 민주적, 가치지향적이어야 하고, 삶에 영향을 미친다는 측면에서 문제지향적, 미래지향적, 목표지향적, 수단지향적이어야 하며, 마지막으로 권한을 가진 정부기관의 활동이어야 한다는 것이다.

2) 정책의 구성요소

(1) 정책목표

정책목표(policy goals)란 정책을 통해 달성하고자 하는 바람직한 미래 상태를 말한다. 따라서 정책목표는 의도적이고 미래지향적이며 공식적인 형태로 나타난다. 따라서 민주국가에서 정책목표는 정부에 의해 발의된 정책이 의회에 의해 심의되는 것을 의미하며, 이것은 정부의 업무수행에서 포괄적인 지침이 된다. 정책목표는 공식·비공식 목표를 모두 고려해야 하고, 가식적인 목표보다 실질적으로 추구하는 목표에 관심을 가져야 한다. 또한 단기, 중기, 장기목표에 대한 이해도 필수적이다.

(2) 정책수단

정책수단(policy instruments)은 정책목표를 달성하기 위해 선택된 프로그램(programs)이나 프로젝트(projects)를 말한다. 즉, 정책을 구체적으로 실현하는 활동이다. 가령, 우리나라 대북정책의 목표가 '평화와 통일'이라면 이를 실현시키기 위한 프로그램들, 예컨대 '한반도 비핵화', '이산가족 찾기 프로그램' 등이 정책수단이 된다. 이러한 정책수단에는 법률, 서비스, 예산, 조세, 다른 경제적 수단, 설득(persuasion) 등이 있다(Peters, 1996: 6-10). 정책수단은 목표에 대한 정책수단이지만, 이 정책수단은 다시 하위수단에 대한 정책목표가 될 수 있기 때문에 연쇄성과 계층성을 띤다. 또한 하나의 정책문제를 해결하기 위한 정책수단은 최소 한 개에서 수개에 이를 수도 있다. 이 때 정책수단들은 정책목표 달성을 위한 '우선순위 설정'에 놓이게 되고, 정부가 정책문제를 어떻게 수용하느냐에 따라 달라지게 된다.

(3) 정책대상집단

정책대상집단(policy target groups)은 특정 정책으로 인해 영향을 받는 개인이나 집단을 말한다. 정책대상집단은 정책연구에서 매우 중요한 변수로 작용하며, 정책과 지속적으로 상호작용하게 된다.

일반적으로 정책목표가 설정되면 정책수단이 탐색·선택되고, 이 과정에서 정책대상집단이 구체적으로 나타난다. 정책대상집단은 정책과정에서 직·간접적인 영향을 받는 만큼 자신의 이해관계를 정책에 투입하기 위해 끊임없이 노력하게 된다. 정책대상집단은 크게 수혜를 보는 집단과 불이익을 보는 비용부담집단으로 나뉘는데,

특히 기피시설의 입지선정 등과 같은 불이익이 예상되는 정책의 경우 정책순응의 확보는 매우 어려운 일로 등장한다. 따라서 정책대상집단과 관련하여 참여, 숙의민주주의의 실현, 거버넌스 구축 등은 매우 중요한 과제가 된다.

4 정책을 보는 시각

현대 사회에서 국가는 일반 시민들의 일상생활에 큰 영향을 미친다. 정책을 이러한 국가활동의 산물로 간주했을 때 정책을 설명하기 위해서는 먼저 국가의 역할을 이해하는 것이 요구되어진다. '국가의 역할'에 대한 논의는 국가란 무엇인가에 대한 '제도'와 '기능'으로 구분하여 살펴볼 수 있다. 일반적으로 민주주의 국가에서 제도는 입법, 사법, 행정의 철저한 권력분립에 의한 상호견제를 기본으로 하며, 국내외 위협으로부터 국가의 제도를 보호하기 위해 경찰과 군대를 운영한다. 전통적으로 국가는 최소한의 역할에 한정된 야경국가가 좋은 국가였다. 그러나 오늘날 국가는 산업화, 복지의 확대, 전쟁 등으로 인하여 행정국가화 경향을 띠면서 적극국가로 변모하였다.

1) 제도주의

제도주의(institutionalism)란 국가나 정부를 연구한 가장 전통적인 접근방법으로서 분석의 초점이 정부제도의 공식적·법적 기구에 맞추는 것이다. 여기서 정부의 공식적·법적 기구란 입법·사업·행정의 삼권분립 및 지방정부 등 국가의 정치체제를 말한다. 따라서 정부 외적인 집단, 가령 이익집단이나 언론, 전문가, 시민 등과 같은 요소들은 연구에서 배제되었다.

제도주의 입장에서 보면 정책은 헌법, 정부조직법 등과 같은 법률에 근거한 정부기관으로부터 나온다고 보며, 이러한 정부기관의 구조, 권한, 성격 등에 초점을 맞추어 연구가 이루어졌다. 그 결과 정부의 역할은 주로 입법부에서 결정한 정책을 집행하는 것에 국한되며, 정부는 법적·제도적 틀 안에서만 기능한다고 인식하였다. 그러나 제도주의는 정부의 역할을 지나치게 축소하였다는 비판과 함께 지나치게 정태적인 접근으로서 제도들의 변화와 역동성을 설명하지는 못한 한계를 드러냈다.

2) 다원주의

다원주의(pluralism)는 민주주의를 토대로 태동한 개념이며, 대표적인 다원론자 Dahl(1961)에 따르면 미국은 다양한 사회집단의 경쟁적 참여와 협상으로 정책을 결정하는 다원주의 국가이다. 그는 다원주의의 특징을 다음과 같이 설명한다(류지성, 2012: 118-119). 첫째, 서구 산업화된 사회에서 권력은 사회의 모든 집단들에게 골고루 분배되어 있으며, 둘째, 정치적 '힘'(power)이 없는 집단은 정책결정에 영향을 미치지 못하고, 셋째, 사회를 구성하고 있는 많은 집단을 지배하는 특정 집단이 존재하지 않는다. 이러한 논의는 오늘날 민주주의의 기본 가정으로 받아들여지고 있다.

다원주의에 관한 연구는 Dahl이 '뉴헤이븐'이라는 도시를 대상으로 저술한 '누가 지배하는가?(Who governs?)'가 대표적이다.[1] 그는 도시 내 정치적 쟁점(issue)을 중심으로 누가 승리하게 되는지를 분석했다. 그 결과 정책은 수많은 이익집단들 간의 요구, 경쟁 및 타협에 의해 산출되었고, 개인과 집단은 한정된 사회적 가치를 더 많이 향유하기 위해 끊임없이 이익표출을 하게 되며, 이 과정에서 대립·타협함으로써 정책이 만들어진다고 결론지었다. 여기서 한 가지 재미있는 점은 뉴헤이븐에서 쟁점을 주도하는 집단이나 개인은 발견하지 못했고, 늘 승리하는 집단도 없었다는 점이다.

다원주의는 정치적 영향력이나 권력이 개인이나 소수 지배계급이 아닌 사회를 구성하는 다양한 집단에 폭넓게 분산되어 있다고 보고, 정부의 역할은 단지 집단 간의 이익대결과 갈등을 조정하는 중립적인 제3자에 불과하며, 이러한 과정을 통해 정책이 만들어지고 집행된다는 관점이다. 다원주의의 기본 가정은 다음과 같다(류지성, 2012: 121-122). 첫째, 사회는 다양한 집단으로 모자이크되어 있다. 둘째, 사회는 개인이나 소수 엘리트가 지배하는 것이 아니라 그 정치적 위상이 언제든지 변화할 수 있는 경쟁적 집단으로 구성되어 있다. 셋째, 사회구성원들 간의 정치권력은 공개적이고 경쟁적인 정치과정을 통해 획득된다.

다원주의 사회에서 정책은 다양한 집단들 간의 경쟁·타협·협상의 산물이며, 여기서는 이익집단, 정당, 의회의 역할이 중요시된다. 그러나 많은 경우에 이익집단의

---

[1] 다원주의 국가이론의 기원은 Hobbes, Locke 등과 같은 17세기 자유주의 사회계약론에서 찾을 수 있다. 사회계약론자들은 자연상태에서의 무질서와 폭력에서 개인들이 자신을 보호하고자 사회계약 혹은 자발적 합의를 통해 국가를 형성하며, 국가의 의무는 질서와 안전이 된다. 따라서 다원주의에서 국가는 사회 속에서 경쟁하는 집단과 개인 사이에서 존재하는 중립적 중재자가 된다.

힘의 크기에 따라 정책이 결정되는 서구국가의 현실을 간과하고 있음은 다원주의가 지닌 한계이기도 하다.

3) 엘리트주의

엘리트주의(elite theory)는 사회는 권력을 가진 소수와 그렇지 않은 다수로 구성되며, 소수의 정치엘리트가 일반대중들을 통치한다고 본다. 따라서 정부의 정책은 소수의 정치엘리트들에 의해 만들어진다는 것이다. 이들 소수의 엘리트들은 사유재산권 존중, 개인의 자유 등과 같은 사회체제의 기본적인 가치와 체제유지를 위한 일치된 견해를 가지고 있으며, 이러한 지배엘리트에 속하는 부류로는 정치인과 행정관료, 군부 리더, 정치적 영향력을 가진 귀족이나 왕족, 대기업의 총수, 정치엘리트에 복종하는 정치인, 야당지도자, 노동조합의 장, 기업가, 정치적인 지식인 등이 해당된다는 것이다(Bottomore, 1966: 14-15). 정치엘리트들이 공유하는 권력의 '원천'은 정부관료, 부, 기술전문가, 지식 등이며, Mills(1956)은 '제도적 지위'(institutional position)도 권력의 원천이 될 수 있다고 주장한다. 특히 Mills은 미국의 정치체제에서 권력엘리트가 정부, 기업, 군부 등에서 중요한 직책을 점유하고 있다고 주장한다.

엘리트주의에서 정책은 소수의 지배엘리트들의 산물이며, 지배계층들이 모든 정책과정을 장악하고 그들의 영향력을 행사하며 정책의 혜택을 누리게 되고, 다수의 피지배계층은 불이익만 받게 된다. 전통적으로 정치엘리트들은 폭력적인 수단, 경제 혹은 자원의 독점 등을 통해 지배계급으로 군림하였다. 그러나 만약 엘리트주의에서 주장하는 모든 사실들을 그대로 받아들인다고 하면, 우리가 추구하는 다원주의와 민주주의는 더이상 설득력이 없게 된다. 따라서 다원주의와 민주주의 속에서 엘리트주의가 공생할 수 있는 방안을 모색하게 되는데, 그것이 '민주적 엘리트주의'(democratic elitism)이다. 이것은 모든 사회적 쟁점에 엘리트들이 개입하는 것이 아니라, 엘리트의 주된 관심이 체제유지적이고 보수적이기 때문에 이들의 위상이 흔들릴 우려가 있을 때만 개입한다는 것이다. 따라서 많은 경우에 일반 시민들의 요구도 정책에 반영되기도 한다는 것이다. 그럼에도 불구하고 오늘날 엘리트주의가 지속적으로 관심의 대상이 되고 있음은 부인하기 어려운 현실이다.

4) 마르크스주의

지금까지 설명한 정책을 보는 시각과 구별되는 관점으로 마르크스주의가 있다. 마르크스주의 관점에서 정책을 접근한 대표적인 학자로는 Miliband(1969)를 들 수 있다(류지성, 2012: 129-133). 그에 따르면 국가는 더 이상 중립적인 기구가 아니며, 지배계급을 위한 '도구'(instrument)에 지나지 않는다고 주장한다. 이러한 국가에 대한 접근은 마르크스주의 국가관이기도 하며, Marx는 "현대 국가는 모든 자본가 계층의 공통된 이해관계를 대변하기 위한 '위원회'(committee)와 같다"고 한 바 있다.

자본주의 사회에서 자본가들은 국가의 자본축적과정을 지원하기 때문에 그 위력이 절대적이게 되고, 따라서 국가는 자본가들의 '도구주의'로 전락한다는 것이다. 그러나 이러한 Miliband의 입장에 대해 Poulantzas는 구조주의적 입장에서 국가가 자본가들의 도구인 것은 맞지만 국가는 어느정도의 '자율성'도 가진다고 하였다. 그는 첫째, '국가 관료들의 사회적 배경이 자본가 계급과 같다'라는 Miliband의 주장에 대해 중요한 이유가 될 수 없다고 주장한다. 그는 국가와 자본가계층 간의 관계에서, 국가는 단순히 정부기관의 집합체나 그것의 기능으로 설명될 수 있는 것이 아니며, 국가란 사회를 구성하고 있는 계층 간의 관계에서 이해되어져야 한다고 주장한다. 그는 구조주의적 입장이 계층들 간의 관계를 '결정론적'으로 접근하는 한계를 보일 수 있다고 지적하고, 국가도 '자율성'(autonomy)을 가진다고 하였다. 그는 자본주의 국가는 자본가 계층과 노동자 계층으로 양분된 계급사회이지만 국가는 자본가계층으로부터 자유로울 수 있는 '상대적 자율성'을 가지고 있다고 보았다.

이러한 마르크스주의 관점에서 국가와 정책을 설명하는 입장은 기본 제도주의나 다원주의, 엘리트주의 관점과는 상이하다. 국가정책에 대한 시각은 정책에 대한 폭넓은 이해도를 제공해 주고 있다고 할 수 있다.

5) 조합주의

정책현상을 설명하는 또 하나의 이론으로서 조합주의를 들 수 있다. 조합주의(corporatism)는 사회의 다양한 이해관계를 대표하는 국가권력의 양식을 설명한 이론이다. Schmitter(1974)는 조합주의를 사회조합주의(social corporatism)와 국가조합주의

(state corporatism)로 나누고 있다. 사회조합주의는 자본주의가 고도화되면서 국가통제가 위기를 맞게 될 때 국가권력은 조합주의적 특성을 띠게 되며, 이때 국가는 민간부문의 생산활동을 통제하게 된다고 주장한다. 즉, 사회조합주의 체제에서 국가는 노동자와 자본가와의 관계에서 비교적 독립적인 지위를 행사하며, '가격'이나 '임금'정책을 통해 이들 간의 관계를 조정한다는 것이다.

그러나 사회조합주의에서 국가는 사회집단 간의 이해관계를 대표(representation)하는 체제로서 노동과 자본 간의 권력을 공유함으로써 갈등을 최소화하고 사회집단들 간의 조화를 유지하는 것을 목적으로 한다. 이처럼 서구 유럽국가와 북미 다원주의 국가들에서 사회조합주의 현상이 나타나게 된 주된 이유는 민주정치의 '부패'에 기인하며, 국내 자본을 보다 더 안정적으로 축적시켜야 할 필요성 때문에 국가가 사회에 개입하고 다양한 사회세력과의 협상을 하는 과정에서 출현하게 되었다는 것이다(Schmitter, 1974: 93-94; 류지성, 2012: 134-135). 따라서 사회조합주의는 사회에서 '기득권'(predominant power)을 가진 이익집단 대표들이 다원주의를 대체하는 것으로 이해된다. 결국 사회조합주의 체제에서 정책은 힘센 집단들의 선호(preferences)를 반영한 결과물이 된다.

그리고 국가조합주의는 사회조합주의와는 그 태동배경부터 다르다. 사회조합주의가 서구나 북미의 산업화 과정에서 국가가 노동집단과 자본집단을 포섭하여 자본축적을 이루고자 하는 시도에서 발전하였다면, 국가조합주의는 개발도상국이나 제3세계 정치체제의 산업화 과정에서 나타난 권위주의 체제를 설명한 이론이다.

국가조합주의의 대표적인 학자로서 O'Donnell(1973: 79)은 제3세계 국가들에 있어서 정치변화는 산업화 과정에서 야기되는 정치·사회적 긴장 때문으로 본다. 즉, 산업화 단계에 접어들면서 정치체제는 전통적인 '과두체제'(oligarchic system)에서 '민중주의'(populism) 체제로 전환하게 된다고 본다. 산업화 초기 단계에서는 가내수공업이나 경공업 위주의 산업이 발전하면서 '쉬운 단계의 수입대체'(easy phase of import-substitution) 산업이 이루어지고 자본가와 노동자는 정부의 보호아래 매우 협조적인 관계를 유지하게 되는데, 이를 '융합적 국가조합주의'(inclusive state corporatism) 또는 '융합적 민중주의'(inclusive populism)라고 부른다(O'Donnell, 1973: 113-114).

그러나 경공업 위주의 수입대체 산업화 단계가 완성되면서 복잡한 사회·경제적 문제가 발생하게 되고, 이를 해결하기 위해 기술관료(technocrats)들이 '산업의 수직적 통합 혹은 심화'(vertical integration or deepening of industrialization)를 통해 다음 단계를 모색하게 되는데, 이때 외국자본과 군부 등과 결탁하게 되고 이들 3자간의 '쿠데타 연합'을 통해 관료적 권위주의 체제(bureaucratic authoritarianism)가 등장하게 된다는 것이다.

관료적 권위주의체제에서 모든 국가권력은 국가, 대자본가, 다국적 기업에 의해 이루어지고, 국가의 모든 정책은 이들이 심화된 산업화를 빠른 시일 내 완성시키는데 필요한 지원으로 집약되며, 사회의 각종 요구는 강압적인 방법에 의해 무시되거나 억압된다. 이러한 배제적 조합주의 국가의 출현에 대해 많은 학자들이 실증적으로 연구하였는데 브라질, 칠레, 아르헨티나, 멕시코, 페루 등 남미국가를 대상으로 한 것뿐만 아니라 우리나라에 대해서도 연구된 바 있다(한상진, 1984).

5 정책의 유형

지구상에 존재하는 수많은 정책을 분류하는 것은 여간 어려운 일이 아니다. 여기서 정책을 분류하는 이유는 정책의 유형에 따라 정책과정이나 참여자가 달라질 수 있기 때문이다. 종래 정책은 정치체제의 산출물로 인식함으로써 정책은 정치과정에 의해 결정되는 종속변수로 보았다. 그러나 정책유형론은 정책유형에 따라 정책과정과 정책환경이 달라질 수 있다고 봄으로써 정책을 독립변수로 간주한다.

1) 기능별 분류

정책을 분류하는 가장 전통적인 방법이 기능별 분류 방법이다. 기능적 분류는 정책을 경제정책, 외교정책, 통일정책, 과학기술정책, 사회복지정책, 도시정책, 환경정책, 노동정책, 농업정책 등과 같이 분류하는 것이다.

정부의 각 부서나 국회의 상임위원회 구성 등도 이와 같은 기능별 분류방식에 따르고 있는데, 이러한 분류방식은 특정 정책이 어떤 성격을 가지고 있고, 정부부처가 어떠한 목적을 가지고 운영되는지를 알기 쉽게 해 준다. 가령, 환경부는 환경업무를 수행하고 있고, 보건복지부는 보건과 복지업무를 수행하고 있음을 알 수가 있다. 그러나 이러한 분류방식은 수많은 정부정책을 기능별로 수없이 유형화함으로써 단순화할 수 없는 한계를 지닌다. 이 방식에 따르면 수만개의 개별정책을 모두 학습해야 하는 단점이 있다.

2) 정책성격에 따른 분류

정책성격에 따른 분류에서 가장 영향을 많이 미친 정책분류가 Lowi(1972)가 분류한 방식이다. 그는 정책에 개입한 정책대상집단과 정책과정에 미친 영향을 기준으로 분류하였다.

(1) 분배정책

분배정책(distributive policy)은 시민들에게 재화나 서비스를 제공하는 것을 내용으로 하는 정책을 말한다. 레크리에이션, 경찰, 교육서비스, 하천·항만·고속도로정책, 농어촌정책 등과 같은 정책을 들 수 있다. Lowi는 분배정책의 특징으로 다음과 같이 설명한다(류지성, 2012: 47-48). 첫째, 분배정책은 국가차원의 다양한 사업들이며, 예를 들어, 도로, 항만, 공항, 지하철, 고속철 사업들과 같이 상호 연계되어 있지 않고 개별적인 만큼, 정부 차원의 세부사업의 집합이다. 둘째, 분배정책은 규제정책이나 재분배정책과 달리 정책 수혜자와 피해자 간의 갈등이나 분쟁이 거의 발생하지 않는다는 점이다.

(2) 규제정책

규제정책(regulatory policy)은 개인에게 어떤 행위를 억제함으로써 많은 다른 사람을 보호하려는 목적을 지닌 정책이다. 환경보호정책이나 공공안전정책, 기업간 불공정경쟁 및 과대광고통제정책, 소비자보호정책, 독과점규제정책, 공공요금규제정책, 기업규제정책 등을 예로 들 수 있다.

규제정책은 규제대상이 되는 개인이나 집단이 있기 때문에 정부의 규제정책의 내용에 따라 큰 사회적 갈등을 야기할 수도 있다. Lowi는 규제정책의 특징으로 정부에 의한 강제력에서 찾고 있으며, 정부의 강제력은 의회에서 '법률'이라는 정책수단에 의해 뒷받침 된다.

(3) 재분배정책

재분배정책(redistributive policy)은 어느 한 집단으로부터 재화나 서비스를 추출하여 다른 집단에게 이전하는 것을 내용으로 하는 정책이다. 즉, 고소득층에 대한 누진세를 통해 재원을 확보하여 저소득층에게 제공하는 조세정책이나 각종 사회복지서비스를 제공하는 정책유형이다. Lowi는 재분배정책의 특징으로 '가진 자'와 '가지지 못한 자'와 같은 사회계층 간의 대립에서 찾고 있으며, 재분배정책의 대상은 재산권의 행사나 평등한 대우의 문제가 아니라 재산권 그 자체나 평등한 소유의 문제라고 지적한다(류지성, 2012: 48).

(4) 구성정책

구성정책(constitutional policy)은 주로 정부기관의 설치나 선거구의 조정 등과 같이 정부조직이나 기능상의 변화를 목적으로 하는 정책이다. Lowi는 구성정책의 예로서 정부의 새로운 기구 설립, 공직자의 보수 책정, 군인 퇴직연금정책 등을 들고 있다. 특히 선거구 조정의 경우, 모든 정당이나 정치세력들의 이해관계가 걸려있는 정책이기 때문에 큰 관심이 집중되기도 한다.

3) 정책유형론에 대한 비판

이상의 Lowi의 유형은 가장 대표적인 정책유형으로 인정받고 있지만 이 유형 역시 몇가지 비판을 받고 있는데 그 중의 하나가 정책유형 상호간에 완전히 배타적이지 않다는 것이다(Palumbo, 1988: 10). 예를 들어, 환경보호정책은 규제정책임과 동시에 재분배정책으로서의 성격을 동시에 띠고 있다. 이 외에도 Almond와 Powell은 정책을 추출정책, 분배정책, 규제정책, 상징정책으로 분류하였으며(Almond & Powell, 1966),[2] Salisbury는 분배정책, 재분배정책, 규제정책, 자율규제정책으로 나누었다(Salisbury, 1968).[3] 또한 Ripley와 Franklin은 분배정책, 경쟁적 규제정책, 보호적 규제정책, 재분배정책으로 유형화하였다(Ripley & Franklin, 1982).[4] 그러나 어느 학자도 정책유형을 만

---

2 여기서 추출정책은 조세나 병역처럼 국내외 환경으로부터 물적·인적 자원을 추출해내는 것을 내용으로 하는 정책을 말하고, 상징정책은 정치체제가 시민들로부터 정당성 획득을 목적으로 추진하는 정책을 말한다.
3 Salisbury가 말하는 자율규제정책은 피규제집단 자체의 이익의 보호 및 촉진수단으로 요구되는 정책으로서, 변호사협회, 약사회 등에 관한 규제 등이 여기에 속한다.
4 경쟁적 규제정책은 항공산업 등과 같이 정부가 재화나 서비스를 제공할 수 있는 권리를 수많은 잠재적 또

표 1-1 학자별 정책분류

구분		Lowi	Almond & Powell	Salisbury	Ripley & Franklin
정책 유형		분배정책	추출정책	분배정책	분배정책
		규제정책	분배정책	재분배정책	경쟁적 규제정책
		재분배정책	규제정책	규제정책	보호적 규제정책
		구성정책	상징정책	자율규제정책	재분배정책

족할 만한 수준까지 유형화하지를 못했다는 것이다. 그 이유는 정책(policy) 용어 자체에 대한 개념적 명확성이 결핍되었기 때문이라는 것이다(Palumbo, 1988: 11).

또한 Spitzer는 Lowi의 유형에 대한 비판에서 규제정책이 주로 경제규제와 관련된 정책의 속성을 기술하고 있기 때문에 최근에 대두된 많은 사회규제정책의 속성을 다루지 못하는 결함을 지니고 있다고 주장한다. 그는 경제 및 사회규제정책을 구분하면서, 경제규제정책은 분배정책에 가까운 반면에, 사회규제정책은 재분배정책에 가깝다고 주장한다. 따라서 Lowi가 밝힌 규제정책의 경우 다원주의 정치의 모습이 나타나고, 재분배정책의 경우 엘리트주의 정치의 모습이 나타나며, 분배정책의 경우 일반적으로 은밀한 결탁(log-rolling)이 이루어진다는 것은 현실과 괴리가 있다는 것이다.

4) J. Q. Wilson의 규제정치이론

Wilson은 규제의 공익이론과 사익이론을 동시에 비판하면서 규제의 형성은 정부와 기업, 규제수혜자 혹은 피해자, NGO 등이 참여하는 복잡한 상황 속에서 각자 자신들의 이념적·경제적 가치를 추구하는 일종의 정치적 상황과 관련하여 형성된다고 주장하였다. Wilson이 규제정치이론을 제안하기 이전에는 두 가지의 규제이론이 존재하였다. 즉, 규제가 공익목적 달성을 위해 형성된다는 규제의 공익이론과 반대로 특수이익집단의 수요와 요구를 수용하여 규제가 만들어졌다는 규제의 사익이론이 그것이다.

Wilson은 규제로 인한 네 가지 정치적 상황, 즉 대중정치, 고객정치, 기업가적 정치, 이익집단 정치를 제시하였다. 무엇보다 규제로 인해 편익을 보게 되는 사람들

는 실제적 경쟁자들 중에서 선택·지정된 소수의 전달자에게만 제한시키는 규제정책을 말하며, 보호적 규제정책은 최저임금제, 식품의약품사전규제, 독과점규제 등과 같이 정부가 사적 활동에 대해 특정의 조건을 설정하여 공중을 보호하고자 하는 것을 목적으로 하는 정책을 말한다.

표 1-2 Wilson의 규제정치이론

구분		감지된 편익	
		넓게 분산	좁게 집중
감지된 비용	넓게 분산	대중정치	고객정치
	좁게 집중	기업가적 정치	이익집단 정치

은 규제에 대해 지지하지만, 비용을 지불하게 되는 사람들은 규제에 대해 반대하며, 편익이든 비용이든 넓게 분산된 경우에는 집단행동의 딜레마를 보이지만, 좁게 집중된 경우에는 극심한 집단행동을 보인다는 것이다. 이 밖에도 몇몇 학자들이 정책유형과 그 속에 내재된 정치적 속성 간의 관계를 밝히고자 시도하였다.

제2절 정책환경과 정치체제

1 정책환경의 의의

정책은 그것을 둘러싼 정치·사회적 환경 속에서 형성되고 집행되며 진화해나간다. 정책은 진공상태에서 이루어지는 것이 아니다. 정책은 정책여건과 다양한 참여자들 간의 상호작용의 결과물이다.

1) 정책환경의 개념 및 특징

정책환경이란 정책체제를 둘러싸고 부단히 상호작용하는 일체의 외부요소를 말한다. 이러한 정책환경은 '소용돌이(turbulent)의 장'으로 불리며 불확실성, 복잡성, 모호성, 변화성을 특징으로 한다. 여기서 불확실성이란 미래예측의 곤란성을 의미한다. 즉, 정책환경은 예측이 어렵다는 것이다. 복잡성은 고려해야 할 요소(factors)가 많다는 것이다. 게다가 이들 요소들 간에는 서로 얽혀 있어서 명확하게 구분하기가 어렵다. 더 나아가 정책환경은 고정되어 있지 않고 변화한다. 변화는 예측가능한 것이 아니라 어느 방향으로 전개될지를 사전에 알지 못한다는 것이다.

2) 정책환경의 구성요소

정책환경은 크게 무형적 환경과 유형적 환경으로 나누어진다. 무형적 환경이란 눈에 보이거나 느낄 수는 없지만 정책에 영향을 미치는 환경이다. 정치·행정이념, 문화, 공익, 사회경제적 여건, 국민특성 등이 이에 해당된다. 미국의 경우 보수주의, 참여, 실용주의, 부, 다양성, 세계주의 등이 무형적 환경으로 정책에 영향을 미친다는 연구가 있다(Peters, 1996: 12-17).

반면에 유형적 환경이란 정책에 영향을 미치는 외부 행위자(actors)를 말한다. 정당, 이익집단, 언론, 전문가, 시민 등이 여기에 속한다. 이들은 법적·제도적 권한은 보장되지 않지만 어떤 방식으로든 정책과정에 참여해 영향을 행사한다. 정책은 무·유형적 환경에 의해 영향을 받고, 이러한 상호작용의 결과가 정책이라는 것이다.

2 정치체제와 환경 간의 관계

정책과 정책환경 간의 관계를 고려할 때 '정치체제'(political system)를 고려하지 않을 수 없다. Easton(1965)은 모든 체제는 환경과 상호작용을 하는데, 이때 환경으로부터 받아들이는 것을 투입(input), 환경으로 내보내는 것을 산출(output)이라고 하며, 산출에 대한 환경의 반응을 다시 점검하여 재투입하는 것을 환류(feedback)라고 하고 있다.

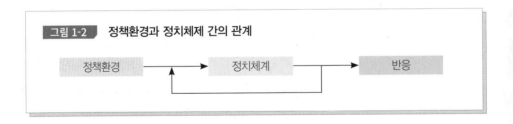

그림 1-2 정책환경과 정치체제 간의 관계

정책환경 → 정치체계 → 반응

1) 투입(input)

정치체제는 요구와 지지라는 두 가지를 환경으로부터 받아들인다. 이 때 요구는 국민들이 정치체제에 대해 사회문제를 해결해 달라는 형태를 취하고, 지지는 정치체

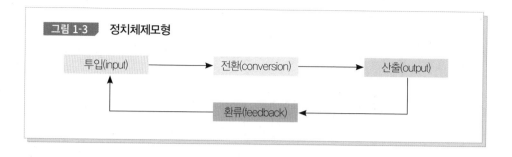

그림 1-3　정치체제모형

투입(input) → 전환(conversion) → 산출(output)

환류(feedback)

제가 산출한 정책에 대한 찬반 혹은 수정과 같은 의사표시로 나타난다.

2) 산출(output)

환경으로부터 요구나 지지를 수용한 정치체제는 그에 상응한 산출물(output)을 만들어내는데, 이 산출물을 정책이라고 한다.

3) 전환(conversion)

정치체제는 대통령, 각 부서장관, 고위관료, 의회, 사법부, 지방정부 등 다양한 요소로 이루어져 있고, 이들은 투입을 산출로 전환하는 역할을 담당하는데 이러한 정치활동이 발생하는 과정을 전환(conversion)이라고 한다(정정길, 2005).

③ 정책과 정책환경 간의 상호작용

정책체제(policy system)는 개방체제로서 그것을 둘러싼 환경(environment)과 상호 작용하면서 환경으로부터 요구와 지지, 반대와 무관심 등의 투입(input)을 받아 체제 내에서 정책을 만들고 이를 체제 밖으로 산출(output)함으로써 정책목표를 달성해 나간다. 그리고 정책, 법률, 서비스, 규제, 보상 등 다양한 형태로 나타나는 산출물은 다시 환경과 상호작용하면서 수정을 거친 후 다음 정책에 투입요소로 환류(feedback)되어 들어간다(권기헌, 2018: 128).

1) 정책이 환경에 미치는 영향

정부의 정책은 다양한 정책수단에 의해 실현된다. 정부가 사용할 수 있는 정책수단은 법률, 서비스, 예산, 조세, 허가 등으로 다양하며(Peters, 1996: 6-10), 이를 통해 정부의 임무를 수행해 나간다. 정부에게는 정책을 수립하고 집행해 나갈 권한(rights)이 있고, 재화와 서비스를 배분할 수 있고, 그 결과 시민들에게 부담 또는 혜택을 주게 된다는 점이다. 이처럼 정부의 정책은 환경에 긍·부정적 영향을 주어 사회문제를 해결하기로 하고 때로는 방치하는 결정을 한다는 점에서 매우 중요하다.

2) 환경이 정책에 미치는 영향

정책환경이 정책에 미치는 영향은 다소 간접적인 경로를 거친다. 즉, 정책환경은 정치체제에 직접적인 유·무형의 영향을 미치고, 이러한 정치체제는 다시 정책에 영향을 미친다. 민주주의, 법치주의, 자치주의, 복지국가 등 정치이념이 무형적 환경이라면 정당, 언론, 전문가, 시민 등은 유형적 환경으로 정치체제에 영향을 미침으로써 정책에 관여하게 된다. 물론 여기서 정치체제의 특성이 어떠하느냐에 따라 정책에 미치는 영향이 달라진다. 가령, 정치체제가 개방적이냐 폐쇄적이냐에 따라, 정치이념이 민주적이냐 아니면 전제적이냐에 따라, 정책담당자의 자세가 능동적이냐 수동적이냐에 따라 정책은 영향을 받게 된다.

제 2 장

정책과정과 참여자

학습개관

1. 정책은 어떤 과정을 거쳐 만들어지는가?
2. 정책에 참여하는 공식적 참여자는 누구인가?
3. 정책에 참여하는 비공식 참여자는 누구인가?
4. 정책참여자 간의 네트워크는 어떻게 이루어지는가?

1 정책과정의 특징

정책은 복잡한 과정을 통해서 산출된다. 일련의 정책과정은 다양한 주체들의 참여를 통해 복수의 단계로 구성된다. 또한 정책의 과정은 정책의 내용, 여건, 참여자 등에 따라서 다양한 형태로 진행되며, 단선적 과정이기 보다는 순환적인 특징을 가지기도 한다.

정책과정은 시간이 지날수록 상호작용이 더해지는 다양한 요소들로 이루어진 극단적으로 복잡한 묶음이라고 할 수 있다. 정책과정의 특징은 다음과 같다(Sabatier, 2007).

첫째, 정책과정에서는 이해관계자, 정부기관, 다양한 수준의 입법가, 판사 등 수많은 행위자들이 정책과정의 다양한 측면에 포함되어 있다. 때론 개인적이기도 하고, 때론 협력적이기도 한 각각의 행위자들은 잠재적으로 서로 다른 가치와 이해, 상황에 대한 인식, 정책 선호 등을 가지고 있다.

둘째, 정책과정은 문제의 출현으로부터 충분한 집행의 경험을 거쳐 정책의 효과가 평가되기까지 정책순환 과정으로 최소 십년 이상의 시간적 범위를 갖는다(Kirst and Jung, 1982; Sabatier and Jenkins-Smith, 1993). 많은 관련 연구들은 문제에 대한 과학적 지식을 축적하고, 다양한 사회경제적 상황에 대한 영향을 이해하는데 20~40년 정도의 기간이 요구된다고 주장한다(Derthick and Quirk, 1985; Baumgartner and Jones, 1993; Eisner, 1993).

셋째, 정책과정에서 정책을 구성하는 서로 다른 세부 프로그램들은 그것을 수행하는 다양한 수준의 정부를 포함한다. 세부 프로그램들은 상호 관련된 주제를 다루며, 수많은 유사한 행위자를 포함하기 때문에 많은 학자들은 정책분석의 적절한 단위로서 특정한 정부의 프로그램이 아니라 정책의 하위체제 혹은 하위영역이 되어야 한다고 주장한다(Hjern and Porter, 1981; Ostrom, 1983; Sabatier, 1986; Rhodes, 1988; Jordan, 1990).

넷째, 입법 청문회, 소송 및 행정규제의 과정에서 행위자들 사이에서 이루어지는 정책논쟁은 문제의 심각성, 그 원인 및 대안적 정책처방의 영향력 등에 관한 매우 기술적인 내용을 포함한다. 정책과정을 이해하는 것은 이러한 논쟁이 정책과정에서 하는 역할에 주목할 것을 요구한다.

마지막으로 정책과정에서의 복잡한 요인으로서 대부분의 분쟁이 인간 내면 깊숙한 곳에 위치한 가치와 이해(interests), 물질(금전), 권위적 강요 등을 포함하고 있다는 것이다. 이러한 요인들을 고려할 때, 정책을 둘러싼 논쟁이나 분쟁은 갈등을 수반할 수 있다. 대부분의 행위자는 증거를 선택적으로 제시하고, 상대방의 정책을 왜곡하고, 상대방을 강탈하고, 일반적으로 상황을 왜곡시키는 유혹에 직면하게 된다(Riker, 1986; Moe 1990a; 1990b; Schlager, 1995).

정책과정을 이해하기 위해서는 수십 년 이상 지속되어 온 매우 기술적이고 법적인 이슈들을 포함한 국가 전역에 걸친 수많은 행위자들의 목표와 인식에 대한 지식을 요구한다. 대부분의 행위자들은 국가적 이슈에 그들만의 특정한 의견(spin)을 전달하기를 원한다(Sabitier, 2007).

2 정책과정의 단계

정책과정의 단계는 많은 학자들에 의해서 다양하게 제시되었다. 대표적으로 정책학의 아버지라 불리는 Lasswell(1971)은 의사결정 과정을 지식, 제안, 대안처방, 혁신, 적용, 종결, 평가 등의 단계로 구분하였다. Sutton(1999)은 정책과정을 다음과 같은 단계로 제시하고 있다.

- 다루어질 이슈의 본질을 인지하고 정의하는 단계
- 이슈를 다루기 위해 가능한 행위의 과정을 명확히 하는 단계
- 각 대안의 장점과 단점을 가늠하는 단계
- 최선의 해결책을 제시하는 대안을 선택하는 단계
- 정책을 집행하는 단계
- 정책의 산출을 평가하는 단계

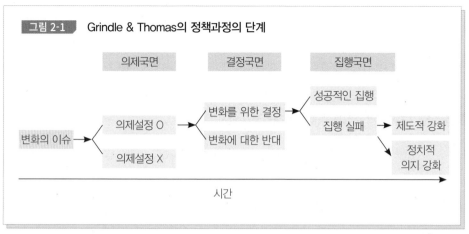

그림 2-1 Grindle & Thomas의 정책과정의 단계

출처: Grindle and Thomas(1990).

Grindle and Thomas(1990)는 정책의 과정을 크게 의제국면, 결정국면, 집행국면 등 세 가지로 구분하고 있다. 의제국면에서는 개혁 이슈에 대해서 의제로 선택할지의 여부, 결정국면에서는 개혁을 위한 결정이 이루어지는지의 여부, 집행국면에서는 성공적인 집행 혹은 성공적이지 않다면 보완하는 방법이 무엇인지에 대한 고려를 포함한다.

이 밖에 주요 학자들이 제시한 정책과정의 단계를 정리하면 [표 2−1]과 같다.

표 2-1 학자별 정책과정의 단계

학자명	정책과정의 단계
Anderson(1975; 1976)	문제 및 의제 형성 → 정책형성 → 정책채택 → 정책집행 → 정책평가
Jones(1977)	문제의 정의 → 대안개발 → 정책집행 → 정책평가 → 정책종결
Dye(1981)	문제인식 → 정책대안결정 → 정책합법화 → 정책집행 → 정책평가
Brewer & deLeon(1983)	문제의 제기 → 추정판단 → 선택 → 집행 → 평가 → 종결
Hogwood & Peters(1983)	의제형성 → 정책결정 → 합법화 → 조직화 → 집행 → 평가 → 종결
Ripley & Pranklin(1986)	형성 · 합법화 → 집행 → 평가 → 정책변동
Palumbo(1994)	의제형성 → 정책형성 → 집행 → 평가 → 종결
Birkland(2001)	이슈의 발단 → 의제선정 → 대안선택 → 법령화 → 집행 → 평가
Dunn(2008)	문제의 구성 → 정책결과의 예측 → 정책의 제안 → 정책결과의 관리 → 정책성과의 평가

출처: 이해영(2010), 백승기(2011).

학자들의 다양한 주장들을 종합하면 공통적인 정책과정의 단계를 도출할 수 있다. 양승일(2013)은 [표 2-2]와 같이 정책과정의 단계에 대한 학자들의 다양한 의견을 종합하여 다음과 같은 공통적인 정책과정의 단계를 제시하고 있다.

표 2-2 학자들의 주장을 종합한 정책과정의 단계

구분	Lasswell	Anderson	Jones	Dye	Hogwood & Peters	Ripley & Franklin	Palumbo
정책 형성 과정	정보과정 건의과정 처방과정	문제의 인지 의제형성과정 정책형성과정 정책채택과정	문제정의과정 형성 합법화과정	문제의 인식 과정 정책대안결정 과정 정책합법화 과정	의제형성과정 정책결정과정 합법화과정 조직화과정	형성·합법화 과정	의제형성과정 정책결정과정
정책 진행 과정	발동과정 적용과정	정책진행과정	집행과정	정책진행과정	집행과정	집행과정	정책진행과정
정책 평가 과정	평가과정	정책평가과정	평가과정	정책평가과정	평가과정	평가과정	정책평가과정
정책 변동 과정	종결과정	–	종결과정	–	종결과정	정책변동과정	정책종결과정

출처: 양승일(2013).

양승일(2013)이 제시한 정책과정의 단계에서 일반적으로 정책형성 단계를 문제인지 및 정책의제형성과정과 정책대안을 탐색하고 선택하는 정책형성과정으로 구분하고, 그 외에 선택된 대안을 실행하는 정책집행과정, 정책이 효과를 평가하는 정책평가과정, 정책평가 후 미흡한 점을 환류하여 보완하는 정책종결 혹은 정책변동과정 등 다섯 단계의 정책과정으로 구분한다.

1) 문제인지/정책의제형성

문제인지는 정책과정에서의 출발점이라고 할 수 있으며, 나머지 정책과정의 방향을 설정하는 역할을 한다. 성공적인 정책을 위해서 문제는 적절한 범위에서 명확하게 이해되고 정의되어야 한다.

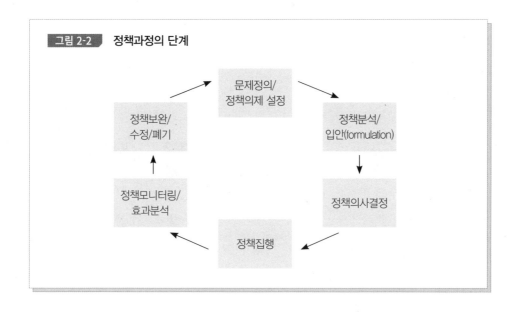

그림 2-2 정책과정의 단계

- 문제정의/정책의제 설정
- 정책분석/입안(formulation)
- 정책의사결정
- 정책집행
- 정책모니터링/효과분석
- 정책보완/수정/폐기

의제(Agenda)란 문제의 집합이며, 대중과 정부기관의 주목을 받는 공공문제의 원인, 해결책, 그리고 기타 다른 요소들을 이해하는 것이다. 의제는 모든 수준의 정부에서 존재한다. 각각의 서로 다른 수준의 정부는 모두 논의하고 처리해야 할 문제들의 집합을 가지고 있다.

정책의제 설정은 정책 입안자가 해결해야 할 문제를 결정하는 것을 주요 내용으로 한다. 즉, 사회적 문제 혹은 이슈를 정책문제로서 채택하는 절차와 행위를 의미한다. 이 과정에서 사회적 이슈와 문제는 정부의 이슈로 전환하게 되며 문제와 대안이 대중이나 정부기관의 주목을 받거나 혹은 상실하는 과정이라고 할 수 있다.

정책과정에서 의제형성은 문제정의와 시간, 장소 등의 요인들이 가장 중요하게 대두될 때 특정 행위에 앞서 이루어지는 전제이다(Cobb & Elder, 1972; Eyestone, 1978; Kingdon, 1984). 그러나 의제설정 행위와 관련되는 행동은 관련 참여자가 그들에게 유리하도록 이슈를 유지, 재형성, 재정의하는 것을 추구하기 때문에 지속성을 갖는다. 즉, 원래의 의제형성 단계는 멈추지 않고 정책형성, 집행, 평가의 전 과정에 걸쳐 지속적으로 이루어지는 행동이다.

어떠한 사회나 정치체제도 특정 시기에 발생한 모든 가능한 문제들을 해결하기 위한 모든 가능한 대안을 제시할 수 있는 역량을 가지지 못하기 때문에, 정책의제화

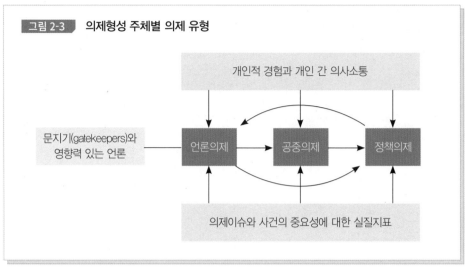

그림 2-3 의제형성 주체별 의제 유형

개인적 경험과 개인 간 의사소통

문지기(gatekeepers)와
영향력 있는 언론

언론의제 → 공중의제 → 정책의제

의제이슈와 사건의 중요성에 대한 실질지표

출처: Denhan, B. (2010).

가 되기 위해 관련 집단 간의 치열한 경쟁현상이 나타난다. 따라서 사회적 이슈와 관련된 집단은 그들의 이슈가 모든 다른 이슈들 가운데서 중심이 되어 의제형성을 위해 두드러질 수 있도록 매우 적극적인 노력이 이루어진다.

Bernstein(2017)은 정책의제의 수준을 보편적 의제(Agenda universe), 체계적 의제(Systemic agendas), 제도의제(Institutional agendas), 결정의제(Decision agendas)로 구분한다.[1]

한편 Rogers & Dearing(1988)은 의제형성의 주체별로 의제의 유형을 세 가지로 구분하였다. 먼저 언론의제형성(Media agenda setting)은 언론이 의제형성의 주체가 되는 것이며, 대중의제 형성(Public agenda setting)은 대중에 의해서 의제가 형성되는 것이다. 마지막으로 정책의제형성(policy agenda setting)은 엘리트 정책형성가가 의제형성의 주체가 되는 것을 의미한다. 때로는 정책의제형성을 정치적 의제형성이라고도 한다.

정책의제 형성 과정은 많은 학자들이 제시한 모형에 의해서 다양하게 나타나고 있다. Cobb & Elder(1972)는 의제형성은 특정 관심집단으로부터 더욱 광범위한 대중으로 이슈가 확장되어 가는 과정의 결과물로서 간주한다. 따라서 정책의제가 형성되

---

1 자세한 내용은 제3장 정책의제에서 다룬다.

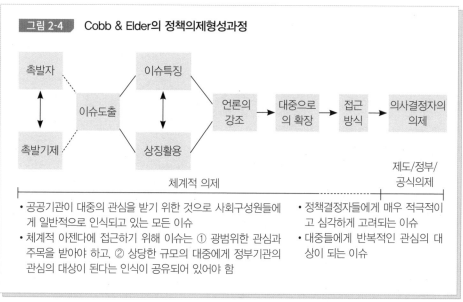

그림 2-4   Cobb & Elder의 정책의제형성과정

체계적 의제

제도/정부/공식의제

- 공공기관이 대중의 관심을 받기 위한 것으로 사회구성원들에게 일반적으로 인식되고 있는 모든 이슈
- 체계적 아젠다에 접근하기 위해 이슈는 ① 광범위한 관심과 주목을 받아야 하고, ② 상당한 규모의 대중에게 정부기관의 관심의 대상이 된다는 인식이 공유되어 있어야 함

- 정책결정자들에게 매우 적극적이고 심각하게 고려되는 이슈
- 대중들에게 반복적인 관심의 대상이 되는 이슈

출처: Cobb and Elder(1972).

는 과정을 [그림 2-4]와 같이 묘사하고 있다.

그들에 의하면 정책의제 형성은 사회의 관심과 주목을 촉발하는 주창자와 촉매 역할을 하는 사건으로 인해 이슈가 형성이 되고, 이슈의 특징과 관련된 상징을 활용하여 언론 등에서 이슈를 증폭시켜 대중의 관심을 유도하게 된다. 확장된 이슈는 정책형성자에 의해 인지되고 정책의제화 된다. 정책의제형성의 과정은 제3장에서 자세하게 다루어진다.

2) 정책형성/정책결정

정책형성 단계는 문제를 해결하는 데 필요한 접근 방법을 선택하는 것을 포함한다. 문제해결을 위한 아이디어와 해결책이 진화하는 과정이다. 또한 사회적으로 수용 가능하고 정치적으로 선호될 수 있는 대안을 생각해내는 단계이다. 정책형성 단계에서는 문제해결을 위한 대안을 탐색하고 가장 적합한 대안을 선택하게 된다. 정책형성 단계에서 이루어지는 대안의 선택은 문제해결이라는 정책의 목표를 집행하려는 정부 의지를 나타내는 중요한 과정이다.

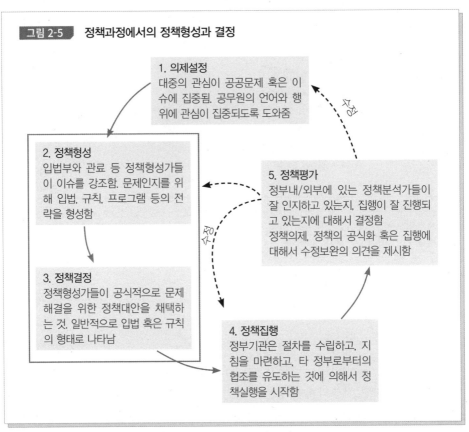

그림 2-5 정책과정에서의 정책형성과 결정

1. 의제설정
대중의 관심이 공공문제 혹은 이슈에 집중됨. 공무원의 언어와 행위에 관심이 집중되도록 도와줌

2. 정책형성
입법부와 관료 등 정책형성가들이 이슈를 강조함. 문제인지를 위해 입법, 규칙, 프로그램 등의 전략을 형성함

3. 정책결정
정책형성가들이 공식적으로 문제해결을 위한 정책대안을 채택하는 것. 일반적으로 입법 혹은 규칙의 형태로 나타남

4. 정책집행
정부기관은 절차를 수립하고, 지침을 마련하고, 타 정부로부터의 협조를 유도하는 것에 의해서 정책실행을 시작함

5. 정책평가
정부내/외부에 있는 정책분석가들이 잘 인지하고 있는지, 집행이 잘 진행되고 있는지에 대해서 결정함
정책의제, 정책의 공식화 혹은 집행에 대해서 수정보완의 의견을 제시함

출처: https://texaspolitics.utexas.edu/archive/html/bur/features/0303_01/policy.html

고려해야 할 정책의 대안들은 고위관리자에 의해 초안이 마련된 후 심의, 승인 및 채택을 위해 결정권한을 가진 기관에 넘겨진다. 특정한 정책대안을 승인하거나 거부하는 것은 최고 의사결정권자의 책임이 된다. 따라서 정책형성자 혹은 의사결정자는 정책결정과 집행을 위해서 관리와 운영 역량을 갖추어야 한다.

정책형성의 과정에서는 관련된 이해 관계자들의 의제에 따라 몇 가지 경쟁하는 대안이 존재할 수 있기 때문에 정책의 이해관계자 간 협상이 이루어질 수 있다. 때로는 경쟁적 대안들을 매개로 이해관계자들의 이익을 위해서 갈등이나 충돌이 발생하기도 한다. 따라서 각각의 대안에 대해서 행동 과정을 고려하고 미래 상황의 영향을 예측하는 일련의 행동이 수반된다.

본 단계는 정책의 성격에 따라 장기적인 관점이 요구되고, 오랜 시간이 걸릴 수 있다. 정책형성 단계의 명확한 종료는 정책과 관련된 법안을 의회가 통과시키는 것과 같이 제도화시키는 일련의 행동이 이루어질 때이다. 정책결정 시 고려해야 할 사항에는 예산 문제, 개인적·정치적 제약 또는 기존 프로그램의 보호 등이 포함된다.

Jones(1977)는 정책형성의 유형을 세 가지로 구분한다. 첫째는 일상적인 정책형성(routine policy formulation)으로 이것은 이슈의 범위 내에서 기존의 정책을 반복하거나 크게 변하지 않는 방향으로 정책형성이 이루어지는 경우이다. 이러한 정책유형에 따르면 정책결정자나 집행자는 비효율적이고 비생산적인 서비스의 제공을 지속할 가능성이 있다. 유사정책형성(analogous policy formulation)은 과거의 경험에 의존하여 새로운 문제를 다루며, 숙련된 전문성과 인적 자본을 활용할 수 있으나, 일상적인 정책형성의 유형과 같이 잘못된 방향으로의 정책형성이 이루어질 우려가 있다. 창조적 정책형성(creative policy formulation)은 선례가 없는 경우에 적용되며, 기존의 방식과 과정을 회피함으로써 현상유지적인 정책형성에 반대한다.

한편 정책형성의 유형에 영향을 미치는 요인으로는 다음과 같이 제시된다(Aminuzzaman, 2013; Juma & Onkware, 2015).

- 정치적 의지
- 자원의 통제와 관리 가능성
- 이슈 영역에서의 전문성과 지식 수준
- 정책 철학
- 체제, 구조, 제도적 제약
- 내·외부 정책행위자, 이해관계자의 역할
- 정치적 개입이나 의존의 정도
- 세계화 혹은 국제적 체제(regime)
- 충분한 법적 근거의 존재

한편 많은 학자들은 합리적인 대안선택을 위한 정책결정의 이론모형을 제시하고 있다. 여기에는 정책결정의 합리모형(rational model), 점증모형(incremental model), 만족모형(satisfying model), 최적모형(optimal model), 혼합—주사모형(mixed—scanning model), 쓰레기통모형(garbage-can model) 등이 있다. 정책결정 이론모형에 대한 더욱 자세한 내용은 제4장에서 다룬다.

3) 정책집행

이 단계는 정책을 실행하는 단계이다. 정책에 대한 책임이 정책결정자에서 정책집행자에게 이동하게 되며, 정책이 집행되는 과정에서 정책이 더욱 발전될 수 있다. 정책의 성공 여부는 본 단계에서 결정될 수 있다. 즉, 정책집행이 원활하게 이루어지지 않으면 정책이 실패로 끝날 가능성이 높다.

정책과정에서 주된 관심은 정책이 어떻게 형성되고 결정되는지에 초점이 맞추어져 있었기 때문에 정책집행에 대한 관심은 상대적으로 낮았다. 1970년대까지 정책이론가들로부터 정책집행에 대한 연구는 활발하게 이루어지지 않았다(Younis & Davidson, 1990). 이는 정책이 형성되면, 정책형성자가 기대한 대로 집행되고 결과가 나타날 것이라는 잘못된 가정에 기인한다(Nakamura & Smallwood, 1980).

그 밖에 정책연구가 활발하게 이루어지지 않은 이유로 먼저 집행과정은 매우 단순하고, 학자들이 주목할만한 가치가 있는 이슈가 부재하다는 인식 때문이었다. 또한 1970년대 정책결정에서 강조된 PPBS(Planning Programming Budgeting System)에 주목하면서, 정책집행은 관심에서 배제되는 결과를 가져왔다. 정책집행에 대한 분석의 어려움은 학자들로 하여금 집행과정에 대한 분석적 연구를 수행하는 것에서 더욱 멀어지게 했다.

그러나 1970년대 초반부터 미국과 영국을 중심으로 전체 정책과정에서 정책집행에 대한 관심이 고조되기 시작했다. 많은 학자들은 미국 국내외적으로 수행한 정책집행의 과정과 정책실패를 분석하기 시작했다(Allision, 1971; Destler, 1974; Williams, 1971, Pressman & Wildavsky, 1973). Pressman & Wildavsky(1973)는 미국연방정부의 소수자 우대를 목적으로 하는 직업창출정책의 실패를 분석하면서 정책집행 단계의 중요성을 강조하였다.

이처럼 최근 들어 정책과정에서 정책집행의 중요성이 강조되고 있으며 이는 정책을 의미있게 실천하는 것은 매우 중요하며, 정부 역시 이를 간과해서는 안된다는 것을 시사한다(Hugo, 1990).

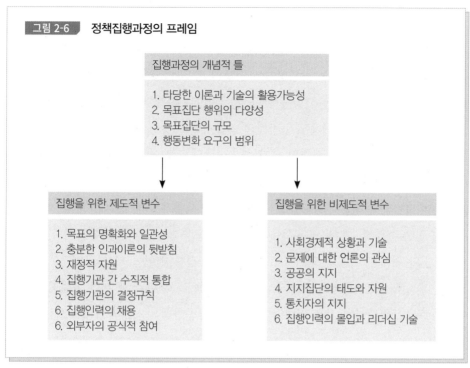

그림 2-6   정책집행과정의 프레임

집행과정의 개념적 틀

1. 타당한 이론과 기술의 활용가능성
2. 목표집단 행위의 다양성
3. 목표집단의 규모
4. 행동변화 요구의 범위

집행을 위한 제도적 변수

1. 목표의 명확화와 일관성
2. 충분한 인과이론의 뒷받침
3. 재정적 자원
4. 집행기관 간 수직적 통합
5. 집행기관의 결정규칙
6. 집행인력의 채용
6. 외부자의 공식적 참여

집행을 위한 비제도적 변수

1. 사회경제적 상황과 기술
2. 문제에 대한 언론의 관심
3. 공공의 지지
4. 지지집단의 태도와 자원
5. 통치자의 지지
6. 집행인력의 몰입과 리더십 기술

출처: Sabatier and Mazmanian(1981).

특히 정책형성과 집행을 이분법적으로 구분하는 주장은 그러한 구분의 오류를 지적하는 연구들에 의해 타당성을 잃어가고 있다. 그에 반해 정부의 업무에서 정책집행가 역할의 확대가 지속적으로 강조되고 있는 상황이다(Marume et al., 2016). 따라서 정책형성과 집행을 구분하는 고전적인 시각에서 탈피하여 정책과정의 두 가지 축인 형성과 집행 간에 결합되는 방향을 강조하는 통합모형이 강조되고 있다.

Sabaier & Mazmanian(1981)은 성공적인 정책집행을 위한 요소로서 다루기 쉬운 문제(tractability of the problem), 입법 및 제도 변수(legislative and institutional variables), 사회경제적·정치적 변수(socio-economic and political variables) 등을 제시하고 있다.

한편 정책의 성공적인 집행은 정책 집행의 책임자 뿐 아니라 문제 식별 및 정책 수립 단계가 얼마나 잘 수행되었는지와 밀접한 관련성을 가지고 있다. 따라서 정책형성 단계에서와 마찬가지로 정책집행 단계에서도 수많은 이해 관계자가 참여한다. 정책집행의 영향요인에 관한 내용은 제6장에서 자세하게 다루어진다.

4) 정책평가

정책결정자는 그들이 만들어낸 정책이 효과적으로 목표를 달성했는지에 대한 판단을 위해 평가를 수행한다. 정책평가는 정책의 성공과 실패를 평가함으로써 후속 정책의 개발 여부를 결정하는 역할을 한다. 즉, 평가는 정책과정의 초기에 문제를 구조화하는 것만큼 근본적인 단계로서 각각의 공공정책은 집행과정에서 모니터링되고 평가되어야 하며, 이를 통해 정책의 유지, 조정, 중단 등의 결정을 내릴 수 있어야 한다(Nekola, 2007).

정책평가는 정책의 내용, 집행, 영향 등을 조사하기 위해 평가 원칙과 방법을 적용하여 정책의 장점, 가치, 유용성에 대한 이해를 향상시키기 위한 활동이다. 여기에서 '평가'의 의미는 미래와 과거를 포함하는 공공정책 행위에 대한 규범적인 측정을 의미한다(Scriven 1991, Fischer 1995). 이는 규범적인 측면에서 평가는 규범적 가치가 평가기준에 포함된다는 것을 의미한다. 각각의 공공정책은 집행과정에서 모니터링과

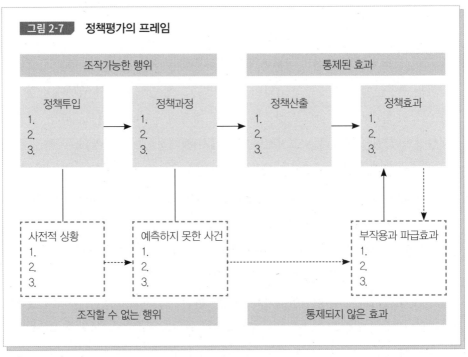

그림 2-7 정책평가의 프레임

조작가능한 행위		통제된 효과	
정책투입 1. 2. 3.	정책과정 1. 2. 3.	정책산출 1. 2. 3.	정책효과 1. 2. 3.
사전적 상황 1. 2. 3.	예측하지 못한 사건 1. 2. 3.		부작용과 파급효과 1. 2. 3.
조작할 수 없는 행위		통제되지 않은 효과	

출처: Nekola(2007).

평가가 이루어짐으로써 정책결정이 지속적으로 이루어지게 된다. 정책평가에서는 정책시행의 결과로 의도했거나 의도하지 않은 사회·경제·환경적 결과뿐만 아니라 목표가 얼마나 달성되었는지에 대한 판단을 수행한다.

평가의 대상은 특정 정책영역(예: 정부의 출산정책), 특정 정책 프로그램, 특정 수단의 적용, 정책과정 전반, 정책을 수행하는 단위 기관의 성과, 서비스 제공의 질 등을 포함한다. 정책평가는 다음과 같이 정책과정의 단계마다 수행될 수 있다.

평가 시에 고려해야 할 사항은 다음과 같다.

- 정책의 결과를 어떻게 효과적으로 평가할 것인가?
- 정책의 결과를 어떻게 측정할 것인가?
- 정책의 효율성과 효과성 사이에서 어떻게 정책을 평가할 것인가?(일반적으로 효율성에 대한 측정이 효과성에 대한 측정보다 용이함)
- 평가는 집행과정 혹은 정책 종결 후 언제 수행할 것인가?

표 2-3   정책단계별 정책평가의 유형과 방법

정책과정의 단계	평가의 유형	평가방법
정책형성/정책결정	사전적 평가	사전적 평가방법
정책집행	중간평가	중간평가방법
정책평가	사후적 평가	사후적 평가방법

출처: Ochrana(2011).

정책평가는 그 중요성에도 불구하고 정확한 평가에 많은 어려움을 가지고 있다. 먼저 정책평가는 사회, 경제, 정치적 환경의 변화에 매우 민감하다.

사례

1989년 이후 시장에서의 식량 공급량 증가와 식료품 가격 자유화로 인해 체코 인구의 식생활이 바뀌었다. 건강에 위해한 음식의 소비가 감소하고 건강에 도움이 되는 음식의 소비가 증가했다.

1980년대 중반 WHO의 심혈관질환에 대한 연구인 'CINDI' 프로그램이 체코의 특정

지역에 적용되었다. 이 프로그램의 목표는 경제 활동이 활발해진 시기에 남성의 혈중 콜레스테롤 수치를 낮추는 것이었으며 목표대로 혈중 콜레스테롤 수치의 감소가 나타 났다. 그러나 프로그램 집행자는 이러한 긍정적 결과가 프로그램의 효과에 기인한 것이 아니라 일반적인 사회 변화, 특히 사람들의 식품 소비 행동 패턴의 변화에 기인한다고 주장하였다.

또한 예상치 못한 사건이나 행위자들이 정책의 집행과정에서 발생되었을 때 정확한 평가가 어려울 수 있다. 특히 공공정책은 장기적인 시간적 비용이 요구되기 때문에 정책의 효과에 대한 예측이 어려움에도 불구하고 대부분의 정책들은 정책의 종료 후 단기적인 시간 내에 평가가 이루어진다는 점에서 평가의 정확성을 담보하기가 매우 어렵다. 마지막으로 평가는 시간과 자원을 요구하나 그것을 충분히 뒷받침하기가 어렵다. 정책평가에 대한 더욱 자세한 내용은 제7장에서 다루어진다.

5) 정책변동

정책변동(Policy change)은 기존 정책구조 내에서 점진적으로 변화하거나, 새롭고 혁신적으로 변화하는 것을 모두 포함한다(Bennett and Howlett, 1992). 그것은 정책의 내적 속성이 변화할 때 발생된다. 정책이 집행된 후, 평가를 통해 본 정책을 지속적으로 수행할 것인지, 수정·보완 할 것인지, 정책을 종결할 것인지에 대한 결정이 이루어진다. 즉, 정책유지, 변화, 종결의 과정을 정책변동에 포함시킬 수 있다(Lester & Stewart, 1996).

Peters & Hogwood(1985)는 정책변동을 정책혁신(policy innovation), 정책승계(policy successtion), 정책유지(policy maintenance), 정책종결(policy termination)로 구분한다. 정책혁신은 정부가 새로운 문제에 직면했을 때 나타날 수 있다. 정책승계는 기존 정책을 다른 정책으로 대체하는 것을 의미하지만, 급격한 변화가 아닌 기존 정책의 연장선상에서 변화시키는 것이다. 정책유지는 기존 정책의 방향과 기능을 유지하는 것이며, 정책종결은 정책과 관련된 행위와 예산을 제거하는 것을 의미한다.

Capano & Howlett(2009)은 정책변동을 다음과 같은 네 개의 과정으로 구분하고 있다.

- 순환적(cyclical) 과정: 변화가 발생되지만 나중에는 변화 이전으로 되돌아오는 것
- 변증법적(dialectical) 과정: 부정(否定)과 통합의 과정을 통해 변화가 발생되는 것
- 선형적(linear) 과정: 명확한 종결이 없이 지속적으로 진화하면서 변화가 일어나는 것
- 목적론적(teleological) 과정: 최종 목적을 향해서 변화하는 것

정책변동은 정책결정자의 목표와 가치, 신념체계 그리고 우선순위의 변화에 영향을 받는다. 정책변동의 영향요인에 대한 자세한 내용은 제8장에서 다루어진다.

제 2 절 정책과정에서의 참여자

1 정책참여자의 의미와 유형

정책참여자란 정책과정을 주도적으로 이끌거나 또는 이 과정에 개입하여 직·간접적인 영향을 미치는 개인이나 집단을 의미한다. 정책참여자는 국가의 권력구조, 정치문화 또는 정책의 내용 및 종류에 따라 그 유형이 다양하게 나타난다. 정책과정에서의 참여자는 공식적 참여자와 비공식적 참여자로 구분할 수 있다(정정길, 2000).

공식적 참여자는 정책과정에 대한 참여가 법적, 제도적으로 보장된 참여자, 즉 정책과정에서의 참여에 대한 법적 권한을 가진 주체를 의미한다. 여기에는 입법부, 대통령, 행정부처, 사법부 등이 포함된다. 비공식적 참여는 정책과정에 대한 참여가 보장되지 않으며, 참여의 권한을 가지지는 않지만 비공식적 참여를 통해 정책과정에 영향력을 행사할 수 있는 주체를 의미한다. 여기에는 정당, 이익집단, 언론, 전문가 집단, 시민단체 등이 포함된다.

Kingdon(2011)은 정책의 참여자를 정부 내부의 참여자와 정부 외부의 참여자로 구분하여 제시하고 있다. 전자의 경우에는 대통령과 참모(president and staff), 의

표 2-4 정책의제설정과 대안결정에서의 참여자 집단

참여자	의제설정/대안결정	참여자의 가시설
정부내부		
행정부	의제설정	가시적
공무원	대안결정	비가시적
의회	의제설정과 대안결정	가시적
정부외부		
이익집단	대안결정	가시적/비가시적 (이익집단의 행위에 따라 달라짐)
전문가집단	대안결정	비가시적
언론	의제설정(여론에 대한 영향력을 통해 간접적으로 참여)	가시적
특수 매체	의제설정(정책공동체의 의사소통 채널로서의 기능)	가시적
선거관련 참여자	의제설정	가시적
여론	의제설정	가시적

출처: Kingdon(1984).

회(members of congress), 공무원(civil servants)이 포함되며, 후자에는 특정 이익집단(special interest group), 언론(media), 학자(academics), 정당이나 컨설턴트(parties, consultants) 등이 포함된다고 하였다. 정부 내부의 참여자들은 자신들을 위해 활용할 수 있는 거부권(veto power)이라는 특별한 권한을 가지며, 외부의 참여자들은 전문성,

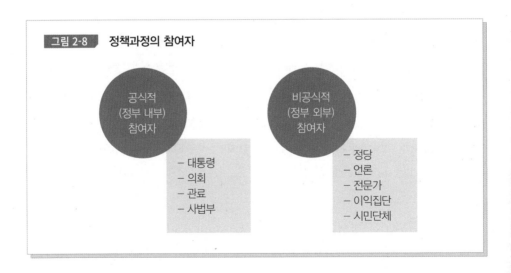

그림 2-8 정책과정의 참여자

공식적 (정부 내부) 참여자
- 대통령
- 의회
- 관료
- 사법부

비공식적 (정부 외부) 참여자
- 정당
- 언론
- 전문가
- 이익집단
- 시민단체

매스컴이나 캠페인을 통한 관심 유도와 같은 그들만이 활용할 수 있는 자원을 가진다고 한다.

어떠한 구분에도 정책에의 참여는 대통령, 의회, 관료 혹은 공무원, 법원, 정당, 언론, 전문가집단, 이익집단, 시민단체 등이 정책과정에 참여하고 있음이 공통적으로 제시되고 있다. 이후에서는 각각의 참여자에 대해서 자세하게 알아본다.

2 공식적 참여자

1) 의회

의회는 국가의 중요한 정책을 결정하는 최고의 의사결정기관이다. 의회는 선거를 통한 정당성을 바탕으로 법률제정, 예산 심의 등의 권한을 행사함으로써 정책 결정에 막강한 권한을 행사한다.

정책단계별로 의회는 의제설정 과정에서 국민들의 다양한 기대와 이해(interest)를 대변하며, 특정 이슈에 대해서 정책의제화 되도록 노력한다. 특히 입법에 관한 권한이 가장 핵심적이고 중요한 권한인 의회는 정책결정과정에서 매우 중요한 역할을 한다. 따라서 중요한 정책을 법률의 형태로 최종적으로 결정할 수 있는 권한을 가진다.

정책의 집행과 정책평가 단계에서는 의회의 존립 목적이 정책의 결정에 초점이 맞추어져 있기 때문에 정책집행에 의회가 직접적으로 개입하지는 않는다. 그러나 행정부가 제출한 예산심의를 통해서, 국정질의·국정감사·청문회 등을 통해 행정부의 정책 집행활동을 감시하고 통제함으로써 정책집행 혹은 정책집행 활동에 간접적으로 영향을 미칠 수 있다. 또한 국정조사 등의 권한을 통해 정책평가에 영향을 미칠 수도 있다.

한편 정책과정에서 강한 영향력을 행사하는 의회는 현대 행정환경에서 그 영향력이 상대적으로 위축되어가는 경향을 보이고 있다. 이러한 경향은 비단 우리나라 뿐아니라 세계적으로 나타나는 현상이다. 정책과정에서 의회 역할의 약화 현상은 다양한 원인에 기인한다.

먼저 시대적 흐름의 영향으로 20세기 이후 행정부의 역할이 확대되는 행정국가화 현상으로 인해 행정부의 권한이 강화된 반면, 의회의 권한은 상대적으로 약화되는 현상이 나타났다. 서구 선진국들은 복지국가의 영향으로, 후발 국가의 경우 경제적 성장을 위한 정부주도의 경제정책으로, 국가마다 처한 환경은 다르지만 정부의 역할과 권한이 강화되는 공통적인 경향을 나타내었다.

또한 산업화와 도시화의 급속한 진전으로 인해 발생되는 각종 사회·경제적 문제들을 사회나 시장이 자체적으로 해결하는데 한계를 나타냄으로써 정부의 개입을 촉진하게 되었다. 이러한 정부의 사회경제적 개입은 정부의 역할을 확장하는데 기여하였다.

결국 정부 역할의 확장과 권한 강화는 정책과정에서 행정부 주도 현상을 촉진하였으며, 의회는 행정부가 주도하는 정책과정에서 조력자의 역할로 그 위상이 축소되어 갔다. 행정부는 확장된 역할 속에서 사회의 문제해결과 국가발전을 위한 전문성을 확보해가는 반면, 의회는 행정부의 전문성에 미치지 못하였다. 그 결과 행정부가 제공하는 정보와 자료에 대한 의존성이 높아졌다. 행정부의 전문성에 의회가 미치지 못함으로써 정책과정에서의 주도권을 행정부에 넘겨주는 결과를 가져왔다.

우리나라 국회 역시 정책과정에서 중요한 역할과 권한을 행사한다. 입법절차를 통해 법률안의 제안권자는 국회의원 10인 이상과 정부(헌법 제52조), 그리고 국회 위원회(헌법 제51조)를 포함한다. 국회의원이 법안을 발의한 경우 다음과 같은 처리절차에 따라 법률이 제정된다.

의원발의 법률안은 국회의원 10인 이상의 찬성으로 제안(발의)할 수 있다. 국회의원 10인 이상만 찬성하면 관계부처 협의나 규제 심사 없이 법률안을 만들어서 제출할 수가 있다. 국회의장은 발의된 법률안을 소관상임위원회에 회부하여 심사하도록 한다. 국회에는 기획재정위원회, 국방위원회, 외교통일위원회, 교육문화관광체육위원회, 농림축산식품해양수산위원회 등 각각의 분야에 대한 소관상임위원회가 있다.

상임위원회 심사 전 국회입법의 경우에도 입법예고를 한다. 입법예고란 위원회에 회부된 법률안을 심사하기 전에 위원장이 그 법률안의 입법취지와 주요 내용 등을 국회 공보 또는 국회인터넷 사이트에 게재하는 방식으로 국민들에게 미리 알리는 것을 말한다. 입법예고 기간 동안 의견이 있는 자는 문서 또는 국회입법예고 사이트에

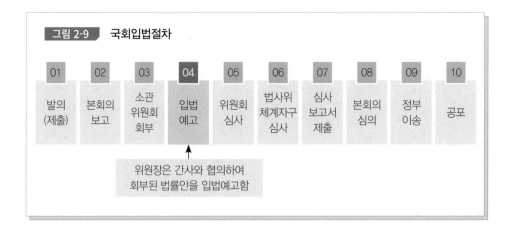

그림 2-9 국회입법절차

01	02	03	04	05	06	07	08	09	10
발의 (제출)	본회의 보고	소관 위원회 회부	입법 예고	위원회 심사	법사위 체계자구 심사	심사 보고서 제출	본회의 심의	정부 이송	공포

위원장은 간사와 협의하여 회부된 법률안을 입법예고함

게재하는 방법으로 의견을 제출할 수 있다. 입법예고 과정은 국민들이 입법에 참여할 수 있는 제도화 된 방법이라는 점에서 매우 중요한 과정이다. 국회입법예고 기간은 일부개정법률안의 경우는 10일 이상, 제정법률안, 전부개정법률안의 경우는 15일 이상이다.

위원회의 심사를 마친 법률안은 법제사법위원회에 회부되어 체계·자구 심사를 한다. 또한 정부조직에 관한 법률안, 조세 또는 국민에게 부담을 주는 법률안 등 주요의안에 대해서는 당해 안건의 본회의 상정 전이나 상정 후 재적의원 4분의 1이상의 요구가 있으면 의원 전원으로 구성하는 전문위원회 심사를 거쳐야 한다.

법제사법위원회의 심사를 거친 법률안은 본회의에 상정되어 심사보고, 질의 토론을 거쳐 재적의원 과반수의 출석과 출석의원 과반수의 찬성으로 의결(가결)된다. 만약 법률안이 의결(가결)요건을 충족하지 못하여 부결된 경우에는 법률안은 바로 폐기된다.

가결된 법률안은 바로 정부로 이송되어 대통령이 15일 이내에 공포한다. 만약 대통령이 가결된 법률안에 대하여 이의가 있는 경우 정부이송 후 15일 이내에, 즉 공포하기 전에 이의서를 붙혀 다시 국회로 환부하고 재의를 요구할 수 있다.

재의 요구된 법률안은 국회 재적의원 과반수 출석과 출석의원 3분의 2이상의 찬성으로 가결되면 법률안은 법률로서 확정된다. 대통령은 정부 이송 후 15일 이내에 공포해야 한다.

제헌국회부터 2016년 제20대 국회까지 의원입법과 정부입법의 제출건수와 가결

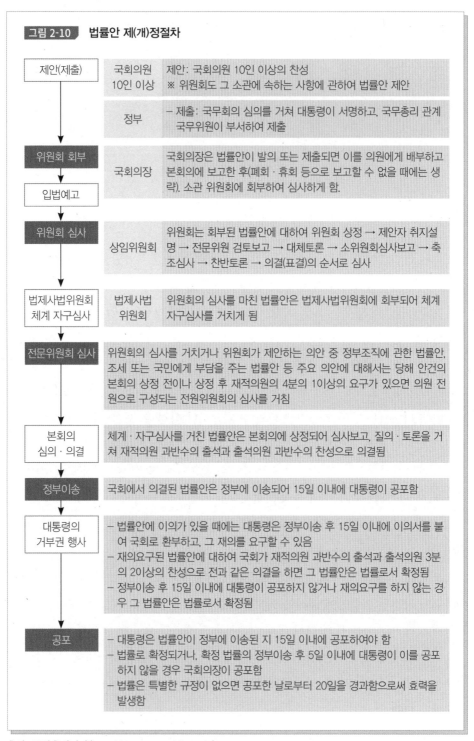

그림 2-10 법률안 제(개)정절차

제안(제출)	국회의원 10인 이상	제안: 국회의원 10인 이상의 찬성 ※ 위원회도 그 소관에 속하는 사항에 관하여 법률안 제안
	정부	－ 제출: 국무회의 심의를 거쳐 대통령이 서명하고, 국무총리 관계 국무위원이 부서하여 제출
위원회 회부 입법예고	국회의장	국회의장은 법률안이 발의 또는 제출되면 이를 의원에게 배부하고 본회의에 보고한 후(폐회·휴회 등으로 보고할 수 없을 때에는 생략), 소관 위원회에 회부하여 심사하게 함.
위원회 심사	상임위원회	위원회는 회부된 법률안에 대하여 위원회 상정 → 제안자 취지설명 → 전문위원 검토보고 → 대체토론 → 소위원회심사보고 → 축조심사 → 찬반토론 → 의결(표결)의 순서로 심사
법제사법위원회 체계 자구심사	법제사법 위원회	위원회의 심사를 마친 법률안은 법제사법위원회에 회부되어 체계 자구심사를 거치게 됨
전문위원회 심사		위원회의 심사를 거치거나 위원회가 제안하는 의안 중 정부조직에 관한 법률안, 조세 또는 국민에게 부담을 주는 법률안 등 주요 의안에 대해서는 당해 안건의 본회의 상정 전이나 상정 후 재적의원의 4분의 1이상의 요구가 있으면 의원 전원으로 구성되는 전원위원회의 심사를 거침
본회의 심의·의결		체계·자구심사를 거친 법률안은 본회의에 상정되어 심사보고, 질의·토론을 거쳐 재적의원 과반수의 출석과 출석의원 과반수의 찬성으로 의결됨
정부이송		국회에서 의결된 법률안은 정부에 이송되어 15일 이내에 대통령이 공포함
대통령의 거부권 행사		－ 법률안에 이의가 있을 때에는 대통령은 정부이송 후 15일 이내에 이의서를 붙여 국회로 환부하고, 그 재의를 요구할 수 있음 － 재의요구된 법률안에 대하여 국회가 재적의원 과반수의 출석과 출석의원 3분의 2이상의 찬성으로 전과 같은 의결을 하면 그 법률안은 법률로서 확정됨 － 정부이송 후 15일 이내에 대통령이 공포하지 않거나 재의요구를 하지 않는 경우 그 법률안은 법률로서 확정됨
공포		－ 대통령은 법률안이 정부에 이송된 지 15일 이내에 공포하여야 함 － 법률로 확정되거나, 확정 법률의 정부이송 후 5일 이내에 대통령이 이를 공포하지 않을 경우 국회의장이 공포함 － 법률은 특별한 규정이 없으면 공포한 날로부터 20일을 경과함으로써 효력을 발생함

출처: 국회홈페이지(http://www.assembly.go.kr).

표 2-5 의원입법처리현황

국회 대수	의원입법					정부입법				
	제출 건수	가결 건수	통과 건수	가결률	통과율	제출 건수	가결 건수	통과 건수	가결률	통과율
제헌	105	51	60	48.6%	57.1%	143	97	106	67.8%	74.1%
제2대	202	80	104	39.6%	51.5%	218	135	150	61.9%	68.8%
제3대	171	71	82	41.5%	48.0%	239	83	91	34.7%	38.1%
제4대	124	32	40	25.8%	32.3%	201	43	53	21.4%	26.4%
제5대	139	25	36	18.0%	25.9%	159	39	43	24.5%	27.0%
제6대	416	178	235	42.8%	56.5%	242	154	200	63.6%	82.6%
제7대	244	123	151	50.4%	61.9%	291	234	255	80.4%	87.6%
제8대	14	7	8	50.0%	57.1%	35	33	34	94.3%	97.1%
제9대	154	84	102	54.5%	66.2%	497	460	470	96.0%	98.1%
제10대	5	3	3	60.0%	60.0%	125	98	98	78.4%	78.4%
제11대	204	84	104	41.2%	51.0%	287	257	279	89.5%	97.2%
제12대	211	66	120	31.3%	56.9%	168	156	164	92.9%	97.7%
제13대	570	171	352	30.0%	61.8%	368	321	355	87.2%	96.5%
제14대	321	119	167	37.1%	52.0%	581	537	561	92.4%	96.6%
제15대	1,144	461	687	40.3%	60.1%	807	659	737	81.7%	91.3%
제16대	1,912	517	1,031	27.0%	53.9%	595	431	551	72.4%	92.6%
제17대	6,387	1,352	2,938	21.2%	46.0%	1,102	563	883	51.1%	80.1%
제18대	12,220	1,663	4,890	13.6%	40.0%	1,693	690	1,288	40.8%	76.1%
제19대	16,729	2,415	6,627	14.4%	39.6%	1,093	379	803	34.7%	73.5%
제20대 ('16.5~'17.11)	9,639	881	2,221	9.1%	23.0%	545	141	285	25.9%	52.3%

출처: 법제처(2017), "의원입법 지원업무편람".

건수, 가결률을 살펴보면 시간이 지날수록 의원입법의 제출건수와 가결건수가 높아지는 추세를 보이고 있다. 그러나 의원입법의 경우 가결건수 증가가 제출건수에 미치지 못함으로써 전체 가결률은 감소하는 추세를 보이고 있다. 즉, 의원입법의 경우 양적으로는 증가했으나 실제 법률로 가결된 건수는 감소하는 특징을 보여준다.

2) 대통령

대통령은 정책과정에 영향을 미치지만 국가마다 통치제도의 차이로 인해 영향을 미치는 양태는 다양하게 나타난다. 통치제도는 크게 대통령 중심의 대통령제와 의회

중심의 의원내각제(내각책임제)로 구분된다. 대통령제의 경우 대통령은 행정부의 수반이자 국가원수로서의 지위를 가진다. 행정부의 수반으로서 지위를 가지는 대통령은 정책과정에 강한 영향을 미친다. Kingdon(2003)에 따르면 정책이 이루어지는 정치체제 내에서 어떤 행위자들도 정책의 의제를 설정하고, 결정하는 데 있어서 대통령의 능력을 따라갈 수 있는 사람은 없다고 한다. 또한 실제 조사에서도 정책과정에서 대통령의 중요성에 관해 대다수의 응답자가 긍정하고 있다(Kingdon, 2003). 이렇게 대통령제 국가에서 정책과정 중 대통령의 영향력은 강하다. 특히 정책의 결정과 집행과정에서의 대통령의 역할이 강조될 수 있다.

행정부의 수반으로서 정책과정에 영향을 미칠 수 있는 대통령의 권한으로는 법률안을 제안할 수 있는 권한, 법률안을 거부할 수 있는 권한, 국회의 의결을 요하지 않는 정책을 결정할 수 있는 권한 등이 있다(정정길, 2000).

먼저 법률안을 제안할 수 있는 권한은 대통령의 행정부 수반으로서의 지위에서 비롯된다. 법률안 제출권은 기본적으로 의회의 권한이나 행정부 역시 법률안을 제출할 수 있는 권한을 가지고 있다. 대통령은 행정부 수반으로서 이러한 권한을 행사한다. 구체적인 정부의 입법절차는 [그림 2-11]과 같다.

정부입법절차에서 법률안에 대한 대통령 재가 절차가 최종적으로 이루어질 경우

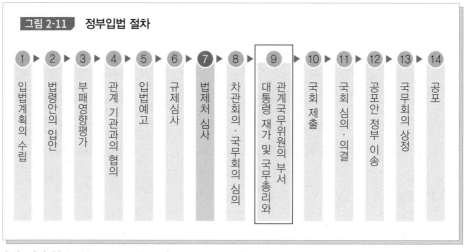

그림 2-11 정부입법 절차

① 입법계획의 수립 ▶ ② 법령안의 입안 ▶ ③ 부패영향평가 ▶ ④ 관계 기관과의 협의 ▶ ⑤ 입법예고 ▶ ⑥ 규제심사 ▶ ⑦ 법제처 심사 ▶ ⑧ 차관회의 · 국무회의 심의 ▶ ⑨ 대통령 재가 및 국무총리와 관계국무위원의 부서 ▶ ⑩ 국회 제출 ▶ ⑪ 국회 심의 · 의결 ▶ ⑫ 공포안 정부 이송 ▶ ⑬ 국무회의 상정 ▶ ⑭ 공포

출처: 법제처(http://www.moleg.go.kr).

법률안이 의회에 제출되기 때문에 대통령은 행정부 법률안의 최종 의사결정권자라고 할 수 있다.

법률안 외에 의회의 동의를 요하지 않은 정책에 대해서 대통령은 법규명령의 형태로 의사결정을 할 수 있다. 대통령령은 법제처 심사 후 차관회의·국무회의 심의를 거쳐 대통령 재가, 국무총리와 관계 국무위원의 부서를 통해 공포된다. 대통령령은 법률적 효력을 갖는 정책의 의사결정과정으로 최종 결정권자는 대통령이 된다.

이렇게 대통령은 행정부 수반의 지위에서 발생되는 정부의 법률안 제출권과 대통령령 제정권 등 국가의 중요한 정책의사결정에서 핵심적인 참여자로 역할을 하게 된다.

이외에도 대통령은 행정수반으로 행정기관을 지휘하고 모든 정책의 집행을 감독해야 하는 권한과 책임이 있으며, 국군 통수권자로서 외교, 안보, 국방 관련 정책을 결정하고 집행하는데 핵심적인 역할을 한다. 또한 국가의 위기상황을 관리하는 위기관리자로서의 역할도 포함된다(정정길, 2000).

이러한 대통령의 정책과정에서의 역할과 영향력은 국가마다 차이가 있다. 백승기(2011)는 대통령의 정책과정상 역할에 대해서 선진국과 우리나라를 비교해서 설명하고 있다. 선진국의 경우 정책의제설정 단계에서는 과거 대통령의 역할이 약하게 인식되었던 것과 달리 최근 들어 강화되고 있다. 정책결정단계에서는 대안에 대한 공식

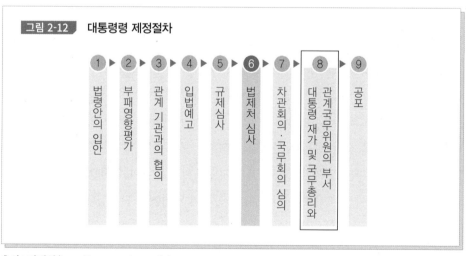

그림 2-12 대통령령 제정절차

① 법령안의 입안 ▶ ② 부패영향평가 ▶ ③ 관계 기관과의 협의 ▶ ④ 입법예고 ▶ ⑤ 규제심사 ▶ ⑥ 법제처 심사 ▶ ⑦ 차관회의·국무회의 심의 ▶ ⑧ 대통령 재가 및 국무총리와 관계국무위원의 부서 ▶ ⑨ 공포

출처: 법제처(http://www.moleg.go.kr).

적 선택 단계에서 강력한 영향력을 행사하지만, 정책의 유형별로 차이가 있다. Ripley and Franklin(1984)에 따르면 대외정책에 비해 국내정책에서의 영향력은 약하다. 배분정책에서의 영향력은 약한 반면, 규제정책은 어느 정도의 영향력을 행사하며, 재분배정책의 경우에는 조정역할을 수행함으로써 중요한 영향을 미친다고 한다. 정책집행 및 평가단계에서 대통령은 의회에 대해서 공식적인 영향력을 행사하는 반면, 행정 각 부처는 대통령의 집행의지에 따르지 않는 경우도 있다(정정길, 2000).

우리나라의 경우에는 전통적으로 대통령의 권력이 매우 강했으며, 정책과정에서 대통령의 역할 역시 거의 절대적이었다고 할 수 있다. 정책과정에서 우리나라 대통령의 역할을 살펴보면 먼저 개발연대시기에서는 국가발전과 성장을 위한 강력한 대통령의 역할이 수행되었으며, 대통령은 전 정책과정에서 주도적인 역할을 하였다. 1980년대 후반 민주화 이후 시민사회의 발달, 평화적 정권교체 등을 통해 과거 고도성장을 이끌었던 행정부 중심의 정책과정에서 강력한 권한을 행사했던 제왕적 대통령에 대한 비판이 고조되었다. 이러한 상황에서 과거만큼 대통령의 정책과정에서의 강력한 역할은 어느 정도 감소되었다.

그럼에도 불구하고 우리나라에서 정책과정에서의 대통령은 여전히 강한 영향력을 행사하고 있다. 정책의제설정, 정책결정, 정책집행 등 정책의 전 과정에 걸쳐 대통령은 정책을 지배하고 있다. 특히 최종적으로 대안을 선택하는 정책결정 과정과 행정부 중심의 정책집행 과정에서의 대통령의 영향력은 절대적이다.

3) 관료

한국이 세계에서 유례없는 고도성장을 이룩하는 데 있어서 관료들의 역할을 빼놓고 논의하는 것은 불가능하다. Johnson(1999)은 발전국가론을 통해 국가의 경제성장에서 정부와 관료의 역할을 강조하며, 우리나라를 비롯한 동아시아 국가들이 경제발전과정에서 크고 강한 정부와 정부를 구성하는 관료들의 강력한 영향력을 강조하였다. 과거 한국경제가 달성한 고도성장의 과정에서 관료들이 수행한 역할은 매우 중요했다. 이렇게 경제정책 뿐 아니라 다양한 정책의 영역에서 관료집단은 핵심적인 역할을 수행한다.

Kingdon(2003)에 따르면 관료들은 수많은 정책의제 아이템들의 원천으로 여겨진다. 그들은 정책과정에서 필요한 전문성과, 정책프로그램 구현을 위한 헌신, 프로그램 확장에 대한 관심, 권력을 유지하는 능력 등을 가지고 있다. 이러한 관료의 특징들은 그들로 하여금 정치인의 포획(capture), 국회의원과 이해관계자들과의 긴밀한 관계형성, 정책제안에 근본적인 정보의 흐름을 형성하도록 만든다(Kingdon, 2003). 이러한 과정에서 관료들은 정책과정에서의 그들의 영향력을 확대한다.

정책과정에서 관료들이 가지는 영향력의 원천은 첫째, 그들이 가지는 전문성에 있다. 관료들은 오랜 기간 동안 해당 분야의 업무를 수행하였으며, 또한 일선에서 직접 정책을 집행하면서 관련 정보를 누구보다 많이 접하고 획득할 수 있다. 업무수행 과정에서 습득된 지식으로 인해 그들은 정책과정에서 어떤 행위자보다도 전문성이 높다고 할 수 있다. 따라서 이러한 전문성은 정책과정에서 강력한 영향력의 원천이 된다. 둘째는 신분보장과 정치적 중립성이다. 우리나라 국가공무원법(제68조)은 "공무원은 형의 선고, 징계처분 또는 이 법에서 정하는 사유에 따르지 아니하고는 본인의 의사에 반하여 휴직·강임 또는 면직을 당하지 아니한다."고 규정하고 있다. 이는 관료들이 신분보장을 통해 장기간 업무수행의 안정성과 연속성을 유지하기 위한 것이다. 또한 정치적인 영향력에서 배제시킴으로써 국민들을 위한 업무수행에 전념할 수 있도록 하고 있다. 관료의 신분보장은 장기간의 연속성 있는 업무수행을 통해 앞에서 언급했던 전문성을 제고하고 안정적인 행정이 이루어질 수 있는 조건을 형성한다. 따라서 관료들의 신분보장은 그들의 전문성 제고와 업무수행의 정보축적을 통해 정책과정에서의 관료들의 영향력을 증대시키는 요인이 된다. 또한 관료의 정치적 중립성은 행정부처가 소관사항과 관련된 이익집단, 의회 상임위원회 등과 일정한 관계를 유지하게 하므로 정책과정에서 관료는 상당한 영향력을 행사할 수 있게 된다(남궁근, 2012). 마지막으로 관료들이 가지는 재량권도 관료들이 가지는 영향력의 원천이 될 수 있다. 정책과정별로 관료들의 영향력은 정책의제설정과 정책결정 과정보다는 정책집행 과정에서 더욱 커진다. 정부부처, 즉 행정부는 결정된 정책을 집행하는 업무가 주를 이루기 때문에 집행과정에서 관료들의 역할과 책임은 크다. 또한 관료들은 정책집행과정에서 필요한 지침 뿐 아니라 인적·물적자원의 동원을 통해 정책의 내용을 국민에게 전달하는 역할을 한다. 현대사회와 같이 행정환경이 급변하는 상황에서 관료들은 집행과정에서 수많은 정책의 수정과 보완이 이루어진다. 현장에서 경험하는 정보와 지식에 근거하여 정책의 수정과 보완은 관료들이 가지는 정보와 지식에 의존할 가능성이 많다. 정책집행 과정에서 법령의 범위 내에서 상황에 맞는 정책집행을 통해 집행의 효율성을 높일 수 있다. 따라서 이러한 재량권은 정책집행 과정에서 관료들의 영향력을 증가시키는 요인으로 작용한다.

정책집행 과정 뿐 아니라 정책결정 과정에서도 관료들의 역할은 크다. 앞에서 살펴보았듯이 대통령을 수반으로 하는 행정부는 법률안 제출권한을 가지고 있다. 이러한 정부입법 과정에서 관료들은 중요한 역할을 한다. 또한 행정부는 총리령·부령제정권을 가지고 있다.

정책의 시행과 관련하여 입법이 필요하다고 판단되면, 정책의 주무부처인 중앙행정기관이 그 소관 사항에 대하여 법령안을 입안한다. 일반적으로 관료는 정책결정과정에서 전문연구기관에 의한 조사·연구, 정책추진팀 또는 협의체의 구성 등을 통하여 정책의 내용에 관하여 심도 있는 논의를 하게 된다. 법령안의 작성은 이러한 정책결정과정에서 검토·정리한 결과를 객관적인 언어로 구체화·규범화 하는 과정이며, 이 과정에 관료들이 깊게 관련되어 있다.

정책평가단계에서는 감사원이나 국무조정실 등을 통하여 정책을 평가하고, 평가와 관련된 자료를 관련 기관과 공유함으로써 평가에 영향을 미친다. 즉, 정책평가단계에서 관료들은 평가의 기획, 방법, 자료공유, 평가결과의 활용 등에 영향을 미치게 된다.

그림 2-13 총리령·부령 제정절차

1 ▶ 법령안의 입안
2 ▶ 부패영향평가
3 ▶ 관계 기관과의 협의
4 ▶ 입법예고
5 ▶ 규제심사
6 ▶ 법제처 심사
7 공포

출처: 법제처(http://www.moleg.go.kr).

4) 사법부

정책과정에 사법부의 역할은 제한적이다. 즉, 사법부의 개입은 사후적이고 다툼이 있는 경우에 한정된다. 따라서 정책의 집행과 평가 과정에서 다툼이 생긴 경우 사법부가 적법성을 판단함으로써 정책의 수행에 영향을 미칠 수 있다. 그러나 헌법재판소는 정책과정에서 중요한 영향을 미치는 참여자이다.

헌법재판소는 헌법상 규정된 헌법기관으로 고도의 독립성과 국가정책의 수행근거인 법률의 헌법합치성 등을 판단한다. 헌법재판은 국민에게 의무를 지우거나 국민의 자유를 제한하는 국가 공권력의 작용이 헌법에 위반된다고 다툴 때 헌법에서 정한 권한 있는 재판기관이 그 분쟁에서 과연 무엇이 헌법에 합치되는 것이고 합치되지 않는 것인지 판단하는 것이다. 이를 통해 헌법에 반하는 법률조항이나 공권력 행사를 바로잡음으로써 해결하는 것이다.

헌법은 국가의 기본적이고 으뜸가는 법으로서 모든 하위 법령, 즉 법률, 명령, 규칙 등의 내용은 헌법에 위반되어서는 안 된다. 따라서 대통령, 입법부, 행정부, 사법부 등 모든 국가기관은 모든 통치권의 행사에서 헌법을 준수하여야 한다. 이는 결국 정부의 정책 역시 헌법의 내용에 위배되어서는 안 되며, 만약 헌법에 위배되었을 시 그에 대한 수정이 반드시 필요함을 의미한다. 헌법재판의 결과에 의해 정책은 종료, 변동 등의 과정을 거치게 된다.

이와 함께 구체적인 문제에서는 어떻게 하는 것이 헌법에 부합하는 것인지에 관하여 국가기관 사이, 또는 국가기관과 국민 사이에서 의견의 차이와 분쟁이 발생할 수 있다. 이러한 다툼을 해결하여 국가 공권력 작용으로 하여금 헌법을 준수하게 하고 국민의 기본권을 보호하게 하도록 한다.

헌법재판은 법률의 헌법합치 여부를 판단하는 위헌법률심판, 국가의 행위 혹은 공권력이 국민의 기본권을 침해했을 때 이를 보호하는 헌법소원심판, 정부기관 간의 권한과 관련된 다툼이 생겼을 때 이를 판단하는 권한쟁의심판 등이 있다.

[그림 2-14]에서 볼 수 있듯이 헌법재판소의 사건접수 및 처리현황은 최근 5년 동안 증가하는 추세를 보이고 있다. 2017년에는 과거 4년보다 접수 및 처리현황이 큰 폭으로 증가하는 것을 알 수 있다. 이러한 경향은 그만큼 헌법재판소가 정부의 정책

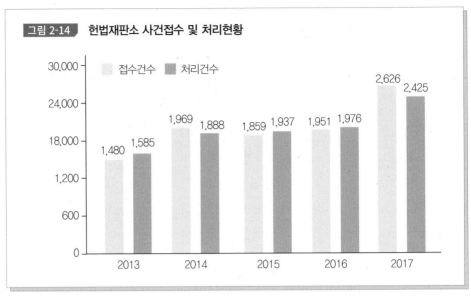

그림 2-14 헌법재판소 사건접수 및 처리현황

출처: 헌법재판소(http://www.ccourt.go.kr/)

결정과 집행에 영향을 미칠 수 있는 가능성이 높아지고 있음을 의미한다.

3 비공식적 참여자

1) 일반 시민

현대 민주 정치의 특징으로서 시민참여의 중요성은 지속적으로 증가하고 있다. 특히 이해관계를 달리하는 개인이나 집단의 갈등상황에서 시민참여를 통한 갈등의 해결 혹은 완화는 가장 바람직한 방안으로 강조된다.

특히 민주화된 사회에서 시민의 참여는 대의민주주의의 한계를 보완한다. 정책 과정에의 시민참여는 정책설계를 위한 지식기반을 확충하며(본질적 효과), 이해관계 자들의 순응과 지원 가능성을 증진시키며(수단적 효과), 정책의 민주적 정당성을 강화 시킨다(규범적 효과)는 기대효과 때문에 많은 관심과 주목을 받고 있다(Pelletier, et al., 1999; 김상묵 외(2004)에서 재인용). 정책과정에서 정책결정자가 시민의 참여를 원하는 이유는 [표 2-6]와 같다.

정책과정에서 시민 참여의 방법은 다음과 같다. 가장 기본적인 방법으로 선거와

표 2-6　정책결정자가 시민의 참여를 필요로 하는 이유

정책개발단계	시민 참여를 원하는 이유
1. 문제 정의	• 발견 역할: 국민의 의견이 문제를 정의하는데 도움을 준다.
2. 결정기준 마련	• 발견 역할: 국민의 의견이 평가기준 마련 또는 좋은 정책의 기본원칙을 정의하는데 사용된다.
3. 정책대안 개발	• 발견 역할: 국민의 의견이 정책대안 모색에 활용된다. • 교육 역할: 관련 정보를 얻고, 문제를 논의하고 또는 대안을 제시하는 참여활동을 한다. • 정당화: 대안 개발 시 국민의 관여는 정책 결과의 수용성 확대를 위한 중요한 기반이 될 수 있다.
4. 정책대안 평가	• 교육 역할: 제시된 대안에 대한 토론 • 평가 역할: 대안에 대한 국민의 선호도 평가 • 정당화: 대안 평가 시 국민의 관여는 정책 결과의 수용성 확대를 위한 중요한 기반이 될 수 있다.
5. 정책대안 채택	• 교육 역할: 제시된 대안에 대한 토론 • 설득 역할: 채택된 대안을 국민이 수용하도록 납득시킨다. • 정당화: 대안 채택 시 국민의 관여는 정책 결과의 수용성 확대를 위한 중요한 기반이 될 수 있다.

출처: Curtain(2003) ; 김상묵 외(2004)에서 재인용.

투표권 행사로서 자신의 정치적 의견을 표출하는 것이다. 주민회의의 참석을 통해 지역발전에 필요한 정책 수립을 위하여 지역 주민들이 함께 의논하고 의견을 개진하는 것이다. 시민단체에 참여하여 사회의 공적인 목표 달성을 위해 활동한다. 정당활동을 통해 동일한 이익을 가진 사람들과 정치적 영향력을 행사하는 것이다. 주민청원, 언론기관 투고, 집회나 서명운동 등을 통해 자신들의 의견을 적극적으로 알리는 것이다.

시민이 국가정책에 무관심할 경우 소수 집단에 의해서 정책결정이 이루어지고 공익이 아닌 소수 집단의 이익을 위한 의사결정이 될 수 있다. 즉, 전체 시민들의 의사와 일치하지 않은 정책결정의 가능성이 높아지는 것이다. 따라서 정책과정에서 적극적인 시민들의 참여와 역할은 정부 정책에 대한 감시와 통제기능을 수행하고 공공의 이익을 위한 정책이 이루어지도록 압력을 가하게 된다.

2) 언론

국가의 정책과정에서 언론이 미치는 영향은 어떤 공식적 참여자 못지 않게 크다고 할 수 있다. 정책학자들은 특정 이슈에 대한 언론의 관심은 국가의 정책결정에 상

당한 영향력을 행사한다는 데 동의한다(박기묵, 2015). 박기묵(2015)은 정책결정 과정에서 언론의 역할을 분석한 연구에서 많은 이슈가 여론의 방향대로 정책결정이 이루어진다는 것을 발견하였다. 또한 정책집행 단계에서도 언론의 영향력이 일정 부분 존재함을 주장하였다.

정보통신기술의 발전으로 다양한 매체의 등장과 함께 국민들의 의견수렴과 이에 대한 전달, 사회의 여러 정책문제들에 대한 발견과 이슈화, 정부정책에 대한 감독과 통제 등의 역할을 통해 언론의 영향력이 증가하고 있다.

특히 언론의 의제설정 과정에서의 역할은 매우 중요하다. 언론은 국민들의 의견을 수렴하고 전달하는 역할을 하며, 사회문제에 대한 이슈화를 통해 국민들의 관심을 증폭시키는 역할을 한다. 국민들의 문제에 대한 인지와 관심의 증가는 정부로 하여금 해당 사회문제를 해결하도록 하는 압력으로 작용하게 된다. 즉, 언론은 정부의 정책 의제화를 위한 투입요소들을 활성화 시키는 촉매제 역할을 하는 것이다. 왕재선·김선희(2012)는 무상급식 정책 사례를 분석하면서 이슈에 대한 관심이 고조되는 단계에서 언론보도 횟수는 653건으로 이전의 단계에서 10건이었던 것에 비해 급증하는 경향을 보여주고 있다. 이러한 현상은 Cobb & Elder(1983)가 주장한 것과 같이 정책이슈의 확산에 중요한 역할을 하는 언론의 의제설정과정에서 영향력을 보여준다. 많은 대중에게 이슈를 알리기 위해 미디어를 활용하는 것은 이슈 확산에 큰 도움이 되며, 미디어에 노출된 빈도가 높을수록 더 많은 대중들의 관심을 확보하고 지속적으로 미디어가 관심을 가질 경우 관심의 범위가 확산되어 간다(박치성·명성준, 2009). 앞서 무상급식 이슈의 사례에서 무상급식에 대한 언론보도의 횟수가 급증했다는 것은 이슈확산과 의제설정에 언론이 영향을 미쳤음을 의미한다.

이와 함께 정책의 집행과 평가 과정에서도 정책집행의 정보, 정책의 효과 혹은 부작용, 개선점 등을 국민들에게 알리는 기능을 한다. 때로는 정책을 비판함으로써 정책의 개선을 촉구하기도 하며 때로는 정책에 대한 국민의 이해를 제고시키는 역할을 한다.

정부는 특정 이슈에 대한 정부의 입장정리나 정책에 대한 반응을 살피기 위해 의도적으로 언론에 정보를 흘리기도 한다. 또한 이미 결정된 정책에 대한 지지를 얻기 위해 언론을 활용하기도 한다. 이처럼 언론은 현대사회에서 입법부, 행정부, 사법부에 이은 '제4부'라고 지칭할 만큼 강력한 비공식적 권한을 가지고 있다(권기헌, 2014).

최근 인터넷 매체와 SNS의 등장과 발달은 언론의 이슈확산 능력을 더욱 강화시키는 결과를 가져왔다. 노화준(2012), 남궁근(2008)은 다음과 같이 주장한다.

"최근에는 인터넷 매체 및 SNS(Social Network Service)가 등장하여 젊은 연령층을 중심으로 독자가 늘어나고 있다. 인터넷 매체 및 SNS가 발달하면서 가상공간(cyberspace)에서 독자들이 특정 정책문제에 관하여 댓글 형태로 의견을 자유롭게 개진하고 이에 대한 다른 독자들의 반응이 추가되어 이슈를 폭발적으로 증폭시키는 경우도 나타나고 있다." 이러한 주장은 현대사회에서의 인터넷과 SNS를 중심으로 한 언론의 정책과정에의 영향력 강화를 의미한다.

3) 전문가 집단

정책과정은 다양한 정보와 정보에 대한 분석을 요구한다. 특히 정책결정과정에서 문제의 원인과 정책대안을 탐색할 때, 그리고 대안들에 대한 분석을 실시할 때 정책결정과정에서 전문가가 가진 분석역량과 지식은 중요하게 활용될 수 있다. 또한 정책을 집행하고 평가하는 단계에서도 전문가들의 전문지식을 활용하는 것이 집행과 평가의 효율성을 담보하는 방법 중의 하나이다.

현대사회에서 정책문제가 매우 복잡해지고, 정책의 내용 역시 복합적인 요소를 가지고 있다는 점에서 전문적 지식을 가진 전문가들의 중요성이 증가하고 있다. 전문가들로 이루어진 싱크탱크, 연구기관의 역할 역시 정책과정에서 영향력이 증대되고 있다.

싱크탱크는 정책 지향 연구·분석 및 국내외 문제에 대한 자문을 제공함으로써 정책 입안자와 대중이 공공 정책에 대한 정보에 입각한 결정을 내릴 수 있게 하는 공공정책 연구분석 및 참여 조직이다(McGann, 2017; 정성춘(2017)에서 재인용). 싱크탱크는 정치, 사회, 경제, 문화, 군사 등 한 나라의 각 부문에 걸쳐 정부가 관련 정책을 입안하거나 실행하는 데 도움을 주고 영향을 끼치기 위해 설립된 정책 중심의 연구소이다.

미국의 경우 정부의 국내 정책은 물론 대외 정책에 두뇌집단인 싱크탱크가 영향을 미친다. 미국에서는 전문가들로 이루어진 싱크탱크가 국가의 정책에 대한 자문이나 분석을 통해 다양한 정보를 제공함으로써 정책과정에서의 영향력을 행사한다. 미국에는 2015년 기준 총 1,835개의 싱크탱크가 보고되고 있으며 전 세계 싱크탱크 Top 50개 가운데 13개가 미국 소재 기관이다. 미국에서는 이러한 싱크탱크가 활성화 되어 정부정책에 강력한 영향력을 행사하고 있다.

우리나라의 경우 각종 정부출연연구기관들이 정부정책에 대한 싱크탱크 역할을 하고 있다. 이들은 정부부처가 업무와 관련한 정책아이디어의 발굴을 위해 전문가 집단을 활용하기 위해 산하기관으로 설립한 기관이다. 과거 국가주도의 경제개발 시기에 각 부처 산하에 여러 연구기관이 설립되어 국가의 정책결정과 집행에 큰 역할을 수행하였다. 특히 정부주도로 설립된 정부출연연구기관은 정책과 관련한 정보와 자료를 쉽게 얻을 수 있고 직접적인 정책 현안을 다룬다는 점에서 정책 결정이나 집행 과정에 큰 영향을 미친다(김두얼·김광호, 2014).

표 2-7 미국 주요 싱크탱크 현황

기관명	순위	연구분야
Brookings Institution	1	사회과학
Center for Strategic and International Studies	4	외교, 안보
Carnegie Endowment for International Peace	5	
RAND Corporation	7	
Woodrow Wilson International Center for Scholars	8	
Council on Foreign Relations	10	
Cato Institute	11	
Heritage Foundation	12	정치·경제·외교·안보
Center for American Progress	14	
Peterson Institute for International Economics	20	국제경제
American Enterprise Institute for Public Policy Research	25	

주: TTCSP 순위는 전 세계 싱크탱크 순위.
출처: 정성춘(2017).

표 2-8 공공연구기관 연구원 수

		2009	2010	2011	2012	2013	2014	2015	2016
공공연구기관	연구원	24,318	26,235	28,800	28,822	31,140	33,322	35,550	36,280
	증감률	16.1	7.9	9.8	0.1	8.0	7.0	6.7	2.1

출처: 과학기술정보통신부·KISTEP(http://www.index.go.kr/potal/main/EachDtlPageDetail.do?idx_cd=1332).

공공연구기관에서 종사하는 전문가인 연구원 수는 지속적으로 증가하는 추세를 보이고 있으며, 이러한 현상은 그만큼 전문가 집단의 정책과정에서 수행하는 역할과 영향력이 증가하고 있음을 보여준다.

4) 이익집단

이익집단(interesting group)은 집단구성원들이 공통의 이익을 제고하기 위한 목적으로 구성된 단체를 의미한다. Kingdon(2003)에 따르면 이익집단의 중요성은 명확하게 나타난다. 정책참여자의 중요성에 대한 설문조사에서 이익집단은 행정부와 의회에 이어 세 번째로 중요성이 높은 비율을 나타내고 있다.[2]

이익집단은 의제설정, 정책결정 등 정책의 전반적인 과정에 영향을 미친다. 그들은 새로운 의제의 아이템들을 지지하는 것에 의해서 의제설정에 영향을 미친다. 구성원의 이익을 표출하고 결집하여 국가기관에 전달하는 역할을 한다. 실제 다수의 이익집단은 의제설정과정에서 긍정적 지지가 아닌 부정적인 차단을 시도하는 경우가 많다. 그들은 기존에 그들이 향유했던 편익을 보호할 목적으로 의제설정에 영향을 미치고자 시도한다. 즉, 정책의제설정 과정에서 부정적인 차단을 시도하는 그들의 동기는 그들의 편익이 훼손되는 경우이다. 반면에 이익집단은 정부의 의제설정에 긍정적 압력으로 작용하기도 한다. 이익집단의 의제에 대한 지지 유도, 서명, 대표단 파견 등의 행위를 통해 정부관료들이 이슈에 대한 관심을 유발하는 역할을 한다.

이익집단의 핵심적인 활동은 이렇게 의제의 아이템들 중에서 자신들에게 유리한 의제가 선택되도록 하는 것이다. 이를 위해 이익집단은 로비를 비롯해 다양하고 적극적인 활동을 통해 자신들의 이익이 보호되거나 증가되도록 의제선택에 영향을 미치고자 시도한다. 박천오·변녹진(2013)은 이익집단의 이익표출의 활동방식을 합법적인 방식과 비합법적인 방식으로 구분하고 전자에는 간담회·공청회, 민원창구, 각종 위원회 참여 등이 포함되며, 후자에는 시위 등의 방식이 있음을 제시하고 있다. 그들은 집단이익을 달성하기 위해 정책이나 법안의 결정권자에게 영향력을 행사하기도 하며, 파편화 된 개별 집단의 이익을 하나의 정책대안으로 집약시킨다.

---

2   Kingdon(2003)에 따르면 다양한 정책참여자의 중요성을 분석한 결과에서 행정부는 응답자의 94%, 의회 91%, 이익집단 84%의 순서로 긍정적 응답(매우 중요+어느 정도 중요) 비율을 보고하고 있다.

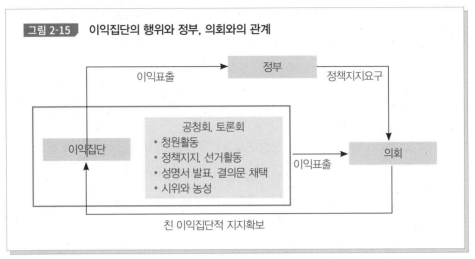

출처: 황창호(2011) 한·미 FTA와 이익집단정치에 관한 연구: 한·미 FTA 저지 범국민본부를 중심으로, 공공행
정연구 12(1): 65-83.

이익집단이 가지는 영향력의 근원은 다양하다. 남궁근(2012)은 이익집단의 영향
력의 근원으로서 이익집단이 보유하고 있는 지식과 정보, 경제력과 재원, 응집력 등
을 제시한다. 이익집단이 가지는 지식정보, 경제력, 조직 등의 자원을 동원하여 정책
결정과 정책집행 과정에서 최대한 그들에게 유리한 방향으로 정책이 이루어지도록
노력한다. 또한 집행과정에서 그들의 이익을 훼손하는 정책의 경우 불응의 행태를 통
해 정책의 실질적인 집행을 무력화 시키려 시도한다. 즉, 이익집단이 정책으로 인한
비용부담의 주체가 될 경우 정책을 유명무실하게 만들기 위해 정책집행을 방해하는
거부점(veto point)으로 작용한다(권기헌, 2014).

5) 시민단체

시민단체는 비정부단체(Non-Government Organization: NGO)라고도 부른다. 이
는 공공의 이익을 추구하기 위해 민간이 자발적으로 조직한 민간기구이다. 시민단체
혹은 NGO는 시민사회의 개념과 관련하여 논의되어 왔다. 시민사회는 사회구성원들
의 공통의 이익을 증진시키기 위하여 자발적으로 형성되었으며, 개념적 구성요소로
제도와 조직, 개인으로 구분된다(배응환, 2007).

시민사회의 개념적 구성요소로서 조직적 차원에서 시민사회조직, 자발적 조직

등이 포함되어 시민단체 혹은 NGO가 논의된다. [표 2-9]와 같은 구분에 의하면 시민단체 혹은 NGO는 정부기관이나 수익을 추구하는 민간조직과는 차이가 있다.

시민단체의 역할은 사회문제해결을 위한 직접적 활동 뿐 아니라 정부에 문제해결의 압력을 가하는 것이며, 왜곡된 사회적 구조로 인해 발생하는 다수의 사회적 약자, 소외계층의 이익을 대변하기 위해 집합적 활동을 하는 것이다(권기헌, 2014). 또한 시민단체는 정부나 시장에 대한 견제역할을 한다(배응환, 2007). 정부에 대해서는 정부정책에 대한 비판과 대안제시, 예산낭비 등에 대한 감시를, 시장에 대해서는 소비자와 근로자를 보호하며, 이들의 입장에서 분쟁을 조정하는 역할을 한다.

Salamon(1992)은 시민단체의 특징을 다음과 같이 제시한다(노화준(2012)에서 재인용). 첫째, 일회성 집회로 끝나거나 비공식적 모임이 아닌 공식적인 조직을 가지고 있어야 한다. 둘째, 정부로부터 자유로운 독립성을 확보해야 한다. 그러나 대부분의 시민단체는 정부의 재정적 지원을 받는다. 셋째, 영리를 목적으로 하지 않는 비영리조직이어야 한다. 단체의 활동으로 인해 얻은 이익은 단체의 활동목적과 공익을 위해 활용되어야 한다. 마지막으로 공익추구이다.

시민단체 혹은 NGO의 성장은 우리나라의 정치·경제적 환경의 변화와 관련성을

표 2-9 **시민사회의 개념적 구성요소**

	제도	조직	개인
포함되는 차원	• 언론출판집회결사의 자유 • 법의 규칙 • 입법과정 • 인간권리 • 민주적 과정 • 자선 • 책임성과 투명성 • 시민성	• 시민사회조직 • 자발적조직 • 비정부조직 • 비수익조직 • 재단 • 사회운동조직 • 시민사회조직들 간의 네트워크 • 공동체집단 • 자조집단 • 기업책임프로그램	• 활동가 • 자원봉사자 • 구성원 • 지도자 • 관리자 • 고용인 • 사용자 • 편익제공자
포함되지 않는 차원	• 시민사회에 직접 관련되지 않는 제도들(시장교환이나 선거 및 가족형태 등)	• 정부기관 • 수익조직 • 시민규칙과 시민가치의 외부 영역에 존재하는 조직	• 비구성원 • 비참여자 • 시민규칙과 시민가치의 외부영역에 존재하는 개인

출처: Anheier(2004)(배응환(2007)에서 재인용).

가진다. 과거 정부주도의 경제적 고도성장의 시기에는 시민사회가 성숙되지 못했으며, 시민단체 혹은 NGO의 조직과 활동은 정책과정에서 영향력이 미미했다. 경제성장이라는 확실한 목표에 매몰되어 정부가 절대적인 권한을 행사하는 상황에서 정부 이외의 다른 주체들이 정책과정에 참여하여 의견을 제시하거나, 정부의 정책적인 활동을 감독하고 통제하는 것은 거의 불가능하였다.

1980년대 경제적 성장이 고도화 되고, 정치적 민주화가 진전되면서 정부와 시장에 대한 비판적 시각과 불신이 증가하기 시작하였다. 이러한 상황에서 공공목적을 위한 정부의 활동을 감시하고 통제하는 역할에 초점이 맞추어진 시민단체 혹은 NGO의 활동이 활발해지기 시작하였다. 특히 경제적 성장의 목표로 인해 간과되었던, 복지, 환경 등의 분야에서 경제발전의 부작용으로 나타난 문제해결을 위한 시민단체의 영향력이 증가하기 시작하였다.

민주화의 시기와 함께 급격하게 성장한 시민단체는 현대의 정책과정에서 배제되어서는 안되는 중요한 역할을 한다. 일반 시민들, 특히 사회적 약자들의 이익을 대변하고, 집약시키며, 그들을 대상으로 하는 사회적 문제들을 부각시켜 이슈화함으로써 정부의 정책의제 설정과정에 영향을 미친다. 또한 시민들의 정책참여의 통로로서 역할을 한다.

[그림 2-16]에서 알 수 있는 바와 같이 2011년부터 시민단체의 등록 숫자는 지속

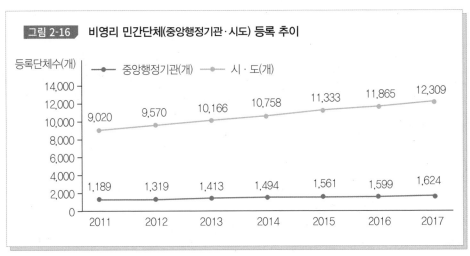

그림 2-16 비영리 민간단체(중앙행정기관·시도) 등록 추이

출처: 행정자치부

적으로 증가하는 경향을 보이고 있으며, 특히 시·도에 등록된 지역의 시민단체가 급격하게 증가하는 것을 보이고 있다. 이는 중앙의 정책과정 뿐 아니라 지방의 정책과정에서도 지역시민단체의 역할이 증가하고 있음을 시사한다.

정책결정과정에서는 이익집단과 유사하게 자신들이 추구하는 목적에 적합한 대안이 선택될 수 있도록 압력을 가하는 역할을 한다. 여기에서 이익집단이 그들 자신의 이익을 위한 대안 선택이라면 시민단체는 각 분야에서 최대한 공익에 부합하는 정책대안을 이끌어내기 위해 영향력 행사를 시도한다. 정책집행과 평가과정에서는 감시와 견제의 기능을 수행한다. 집행의 효율성이나 예산낭비에 대해서는 비판자의 입장에서 감시·감독하며, 또는 집행의 효율성을 제고하기 위해서 협력자로서의 역할을 하기도 한다.

시민단체의 정책참여 방식에는 제도적 참여와 비제도적 참여로 구분한다. 제도적 참여에는 정부의 위원회 등에 참여, 공청회·청문회 참여, 위탁업무 수행 등이 있으며, 비제도적 참여에는 집회·시회, 서명운동, 성명서 발표 등을 포함한다.

6) 정당

정당은 "국민의 이익을 위하여 책임있는 정치적 주장이나 정책을 추진하고 공직선거의 후보자를 추천 또는 지지함으로써 국민의 정치적 의사형성에 참여함을 목적으로 하는 국민의 자발적 조직을 말한다."(정당법 제2조) 즉, 국민의 이익을 위해 정치적 주장 뿐 아니라 정책을 추진하는 등 정책과정에서 깊숙이 개입하는 것이 정당이다. 또한 많은 학자들은 정당을 정의하면서 정권 획득을 위한 결사체, 정권의 획득과 유지를 위해 자신들의 정치적 견해를 투입하는 조직으로 정의한다(남궁근, 2012; 노화준, 2012; 권기헌, 2014). 이는 다른 이익집단이나 시민단체와 같은 결사체와 명확하게 구분이 되는 정당의 속성이다.

특히 정당은 정책을 추진하는 가장 권한 있는 주체인 공직선거의 후보자를 추천함으로써 정책과정에서 영향력을 발휘한다. 또한 특정 이념적 정향을 가짐으로써 그와 일치하는 정책의제의 설정과 대안선택이 되도록 노력한다. 우리나라에서는 정당 간의 경쟁인 선거를 통해 정권교체의 유무에 따라 정책이 변동되거나 정책적 방향이 변화하는 현상이 나타난다.

정책과정별로 정당은 이익을 표출하고 결집함으로써 정당이 대변하는 계층, 이념 등이 추구하는 이슈가 의제화 되도록 노력한다. 특히 선거직 공직자를 배출한다는 점에서 정당에서 배출한 공직자들과의 유대관계를 통해 영향력을 행사한다. 정책결정과정에서 통치형태를 비롯한 각 국가의 상황에 따라 영향력의 정도가 달라질 수 있으나 일반적으로 집권정당의 구성원들로 내각이 구성된 내각책임제를 채택하고 있는 국가에서 집권정당의 결정은 내각에서 그대로 결정되는 경우가 대부분이다. 그만큼 정책결정에 대한 정당의 영향력이 강하다고 할 수 있다. 반면 미국이나 우리나라와 같이 삼권분립에 의거하여 대통령중심제를 채택하는 국가의 경우 대통령과 국회의 권력구조에 따라서 정당의 영향력이 제약될 수 있다. 정당이 제도화되지 못한 후진국에서 정당의 정책결정기능은 미약하다. 정책집행과정에서 집권정당은 정책의 집행에서 자신들이 원하는 방향과 방법으로 추진되도록 행정부의 정책집행을 총괄하는 장관, 차관 등에게 영향력을 행사한다.

우리나라의 경우 정당이 정책과정에 개입하는 통로로서 당정청협의회, 고위당정협의회 등이 대표적이다. 당정협의업무운영규정에 따르면 "행정부가 정당과의 정책협의업무(이하 "당정협의업무"라 한다)를 수행함에 있어서 필요한 사항을 정함으로써 당정협의업무의 책임성과 효율성을 높이는 것을 목적으로 한다."고 규정함으로써 정책협의 과정에서 정당의 역할을 보장하고 있다. 당정협의업무의 대상은 법률안, 대통령령안, 국민생활 또는 국가경제에 중대한 영향을 미치는 정책안에 대해서 각 부·처·청 및 위원회의 장의 여당과 협의를 의무화하고 있다. 당정협의 업무를 위해 고위당정협의회, 부처별 당정협의회 운영 등을 규정하고 있다. 이상과 같은 규정을 통해 정당은 부처별 정책현안에 대해서 영향력을 행사할 수 있는 제도적 장치가 보장된다.

4 정책참여자 네트워크

1) 다원론과 엘리트이론

정책과정에서의 참여자 중 정책결정의 주체에 대한 논의로서 엘리트이론과 다원론이 대표적이다. 다원론은 모든 문제는 정책의제로 형성될 가능성을 보유하고 있다고 간주한다. 정치적 영향력이나 권력은 사회 각 계층에 비교적 널리 분산되어 있으며, 엘리트들의 사회 전반에 걸친 영향력 행사를 인정하지만, 그들 역시 상호 경쟁적 관계로 파악한다. 엘리트들의 경쟁과정에서 일반 국민들은 자신의 이익을 정책과정에 반영시키려고 시도한다. 엘리트들은 자신들의 정치적 지위 유지를 위해 일반 시민들의 요구에 민감하게 반응하게 된다.

엘리트 이론에 의하면 정책은 지배엘리트의 선호와 가치의 표현으로서 사회는 권력을 가진 소수와 그렇지 못한 다수로 구성된다. 사회의 제반 가치는 소수의 손에 의해 배분될 뿐 대중은 정책결정에 영향력 행사가 불가능하다고 본다. 소수의 지배계층은 피지배계층인 대중을 대표하지 않으며, 엘리트들은 사회체제의 기본 가치 및 체제의 유지에 합의하는 경향을 보인다.

엘리트론자들은 어떠한 사회문제든지 정치체제로 침투할 수 있고 무수한 사회문제 중에서 무작위로 정책의제가 형성된다는 다원론자들의 주장을 비판한다. 또한 소수의 지배엘리트들이 정책과정의 전 국면을 장악하며, 특히 정책의제의 형성과정에서 막강한 영향력을 행사한다고 주장한다.

표 2-10 엘리트 이론과 다원론 비교

	엘리트이론	다원론
권력의 원천	엘리트 집단	사회적 이해
권력의 본질	집중화	분산적
권력에 대한 분석	중립적	긍정적
궁극적 주장	체제에 대한 수용	체제와 함께 참여

출처: Barry(2012).

2) 정책네트워크

현대사회에서의 정책환경은 정책과정에서 조직화된 행위자들이 급증하고 있으며, 정부부문과 시장, 즉 공적부문과 사적부문의 경계가 모호해지는 특성을 가진다. 정책문제의 복잡성과 정책자원의 분산, 그에 따른 조직 간의 상호의존성도 증가하고 있다.

정책네트워크 모형은 정책과정을 다양한 공식적·비공식적 참여자들의 상호작용이 이루어지는 과정으로 상정한다. 정책은 이러한 상호작용을 통해 의견과 정보의 교환이 이루어짐으로써 나타나는 산출물이다. 위해서 살펴보았던 엘리트이론과 다원론의 내용이 이분법적이며, 정책이 특정 주체에 의해서 이루어지는 과정으로 정책과정을 지나치게 단순화 하는 한계를 보완하기 위하여 정책네트워크 모형은 정책과정의 역동성과 복잡성 등을 설명하려는 시도이다.

정책네트워크는 정책과정에서 자신의 주장을 반영하고자 하는 비교적 다수의 상호의존적인 정책참여자 간에 형성되는 관계의 집합으로서, 수평적 상호작용이 지배적인 공식적·비공식적인 측면을 모두 포괄하는 정책결정구조의 한 형태이다.

정책네트워크의 특징은 정책을 중심으로 네트워크를 구성하는 행위자는 공공부문과 민간부문에 존재하는 조직화된 행위자이다. 다수의 행위자가 존재하지만 현실에서는 그 수와 규모가 제한적이며, 행위자 사이의 상호작용은 수평적인 관계 속에서 정책자원의 이동경로가 된다. 정책네트워크는 공식적으로 제도화 되어 있기도 하지만 비공식적으로 존재하기도 한다. 정책네트워크는 정책문제의 해결과 관련하여 전개되는 정책과정의 전반을 포괄적으로 제약하거나 규정하는 거시적 틀로서 작용한다.

Rhodes(1990)는 정책네트워크의 형태를 결정하는 핵심적인 요인으로서 다음을 제시한다. 첫째, 네트워크 구성원들의 안정성과 관련하여 정책과정에 걸쳐 동일한 행위자들이 지속적으로 정책네트워크를 형성하는지 혹은 구성원들이 특정 정책이슈에 따라서 변화하는지이다. 둘째, 네트워크의 고립성(insularity)으로 외부인의 배재 혹은 다른 목적을 가진 행위자들을 흡수하는지이다. 마지막으로 자원의존성의 강도이다. 네트워크의 구성원들은 상호간에 자원의존성이 강한지 아니면 독립적인지와 관련된다. 이러한 세 가지의 요소에 따라 정책네트워크의 유형이 달라질 수 있다고 주장한다. 이러한 정책네트워크의 유형으로서 하위정부모형을 비롯하여 정책공동체, 이슈네트워크 등의 유형이 있다.

하위정부모형은 정책과정에서 행정부의 관료, 입법가(국회의원), 이익집단 등 특정 조직과 참여자의 역할을 강조하는 모형이다. 관료와 국회의원, 이익집단이 네트워크를 형성하여 정책결정에 영향을 미치는 것이다. 철의 삼각(iron triangle)으로도 불리는 삼자의 연합은 소수의 엘리트들이 연합을 통해 하위체제를 형성하여 정책결정과정에서 영향력을 발휘하는 현상을 설명하고 있다. 그러나 본 모형은 이익집단이 급증하면서 집단 간의 갈등이 빈번하게 발생하고, 시민단체의 영향력이 강화되며, 민주화에 따른 의회 권력구조가 변화하는 최근의 환경에서 과거에 비해 설득력이 많이 약화되었다는 비판을 받는다(남궁근, 2012).

정책공동체는 소수 특정 집단의 참여와 네트워크를 가정하는 하위정부모형이 현대 행정환경에서의 정책과정을 설명하는데 한계를 보임에 따라 이를 보완하는 모형으로서 정책공동체 모형이 등장하였다. 정책공동체는 특정 분야에서 전문적 식견을 가진 정부 내·외부의 전문가들로 구성된다(Kingdon, 2003). 전문가들은 공통적으로 주어진 정책 영역에서 발생하는 정책 문제와 서로의 상호 작용, 그 과정에서 정책 대안을 개발한다. 정책대안의 개발에 참여하는 활동은 "신문 발행, 기사 출판, 청문회 개최, 증언 발표"에서 "입법안 초안 작성 및 추진"에 이르기까지 다양하다(Kingdon, 2003).

정책공동체 모형은 정책에 비록 하위정부모형보다 참여의 폭이 확대되었지만, 정책참여자가 전문가 그룹으로 한정되어 있으며, 전문가라는 특정 집단이 정책결정에 중요한 영향을 미친다는 논리는 하위정부모형과 크게 다르지 않다. 그러나 정책결정과정이 다양한 전문가집단에 분산되어 있으며, 전문성을 확보하고 있다는 점에서 하위정부모형과 차별화 된다.

이슈네트워크는 철의 삼각, 삼자연합 등 정책참여자가 제한된 하위정부모형과 대조되는 모형이다. 정책 결정에 대한 접근이 제한된다는 생각과는 달리, Heclo(1978)는 서로 다른 환경에 있는 사람들이 상호의존하면서 정책에 참여하며, 정책에 영향을 미치는 현상이 관찰되고 있음을 강조하였다. 이슈네트워크는 참가자들이 네트워크 안팎으로 끊임없이 이동하면서 구성이 다양하기 때문에 네트워크가 중단되는 것과 시작되는 것의 구분이 거의 불가능한 특징을 가지고 있다(Heclo, 1978).

하위정부모형과 정책공동체는 정도의 차이는 있으나, 특정 정책 분야에서 정책을 형성하는 네트워크가 상대적으로 안정적이며, 네트워크의 경계가 명확하게 정의될 수 있음을 가정한다. 네트워크 참여자는 일반적으로 관료, 정치인 및 이해 집단 간 그리고 전문가의 관계로 간주한다(Thatcher, 1998). 반면 이슈 네트워크는 상대적으로 많은 수의 이해 관계자가 관련되어 있으며 느슨한 시스템을 가정한다. 이러한 네트워크의 참여자는 정부 이외에 전문가 집단, 저명 개개인, 일반 시민 등을 포함한다(남궁

표 2-11 **정책참여정도에 따른 정책네트워크 유형**

구분	하위정부모형	정책공동체모형	이슈네트워크모형
참여자수	제한적 참여 〈HL〉	제한적 참여 〈LL〉	무제한 참여
참여 배제성	높음	보통	낮음 (개방적)

주: 〈HL〉은 높은 수준, 〈LL〉은 낮은 수준, 〈ML〉은 중간 수준을 의미함. 이는 변수·항목의 상대적 수준에 기초함.

출처: 양승일(2015).

근, 2012). 이슈 네트워크의 중요한 특징은 멤버십이 끊임없이 변하고, 상호 의존성이 종종 비대칭이며, 정책 공동체와 비교할 때 지배적인 행위자를 확인하는 것이 더 어렵다는 점이다(Heclo, 1978).

생각해 볼 문제

• 정책과정에서 공식적 참여자와 비공식적 참여자가 어떤 차이가 있는지 생각해보시오.

> 정책참여자란 정책과정을 주도적으로 이끌거나 또는 이 과정에 개입하여 직·간접적인 영향을 미치는 개인이나 집단을 의미한다. 정책참여자는 국가의 권력구조, 정치문화 또는 정책의 내용 및 종류에 따라 그 유형이 다양하게 나타난다. 정책과정에서의 참여자는 공식적 참여자와 비공식적 참여자로 구분할 수 있다(정정길, 2000).
>
> 공식적 참여자는 정책과정에 대한 참여가 법적, 제도적으로 보장된 참여자, 즉 정책과정에서의 참여에 대한 법적 권한을 가진 주체를 의미한다. 여기에는 입법부, 대통령, 행정부처, 사법부 등이 포함된다. 비공식적 참여는 정책과정에 대한 참여가 보장되지 않으며, 참여의 권한을 가지지는 않지만 비공식적 참여를 통해 정책과정에 영향력을 행사할 수 있는 주체를 의미한다. 여기에는 정당, 이익집단, 언론, 전문가 집단, 시민단체 등이 포함된다.
>
> Kingdon(2011)은 정책의 참여자를 정부 내부의 참여자와 정부 외부의 참여자로 구분하여 제시하고 있다. 전자의 경우에는 대통령과 참모(president and staff), 의회(members of congress), 공무원(civil servants)이 포함되며, 후자에는 특정 이익집단(special interest group), 언론(media), 연구자와 학자(researchers, academics), 정당이나 컨설턴트

(parties, consultants) 등이 포함된다고 하였다. 정부 내부의 참여자들은 자신들을 위해 활용할 수 있는 거부권(veto power)이라는 특수한 자원을 가지며, 외부의 참여자들은 전문성, 매스컴이나 캠페인을 통한 관심 유도와 같은 그들만이 활용할 수 있는 자원을 가진다고 한다.

- 다원론과 엘리트론의 차이점에 대해서 생각해보시오.

정책과정에서의 참여자 중 정책결정의 주체에 대한 논의로서 엘리트이론과 다원론이 대표적이다. 다원론은 모든 문제는 정책의제로 형성될 가능성을 보유하고 있다고 간주한다. 정치적 영향력이나 권력은 사회 각 계층에 비교적 널리 분산되어 있으며, 엘리트들의 사회 전반에 걸친 영향력 행사를 인정하지만, 그들 역시 상호 경쟁적 관계로 파악한다. 엘리트들의 경쟁과정에서 일반 국민들은 자신의 이익을 정책과정에 반영시키려고 시도한다. 엘리트들은 자신들의 정치적 지위 유지를 위해 일반 시민들의 요구에 민감하게 반응하게 된다.

엘리트 이론에 의하면 정책은 지배엘리트의 선호와 가치의 표현으로서 사회는 권력을 가진 소수와 그렇지 못한 다수로 구성된다. 사회의 제반 가치는 소수의 손에 의해 배분될 뿐 대중은 정책결정에 영향력 행사가 불가능하다고 본다. 소수의 지배계층은 피지배계층인 대중을 대표하지 않으며, 엘리트들은 사회체제의 기본 가치 및 체제의 유지에 합의하는 경향을 보인다.

엘리트론자들은 어떠한 사회문제든지 정치체제로 침투할 수 있고 무수한 사회문제 중에서 무작위로 정책의제가 형성된다는 다원론자들의 주장을 비판한다. 또한 소수의 지배엘리트들이 정책과정의 전 국면을 장악하며, 특히 정책의제의 형성과정에서 막강한 영향력을 행사한다고 주장한다.

제 3 장
정책의제설정

학습개관

1. 정책의제설정이 왜 중요한가?
2. 정책의제설정은 어떠한 과정을 통해 이루어지는가?
3. 정책의제설정의 영향요인은 무엇인가?
4. 정책의제설정에서 편견의 동원이란 무엇인가?

제1절 정책의제설정의 의의

1 정책의제설정의 개념과 중요성

1) 정책의제설정의 개념

정책은 산출되고 실행되는 데 있어 일정한 단계를 거치며, 그 자체가 일련의 진화(error correction)의 과정이다. 즉, 정책은 정책의제설정에서부터 정책결정, 정책집행, 정책평가, 정책변동에 이르기까지 복잡하고 동태적인 순환과정을 거치게 되며, 이러한 정책과정에서 정부가 사회문제를 정책의제로 채택하는 정책형성(policy formation) 활동이 바로 정책의제설정이다. 정책의제설정은 정책과정의 첫 번째 단계로서 문지기 역할(gate keeping)을 한다는 측면에서 뿐만 아니라(Palumbo, 1988: 36), 다음 단계를 결정하고 방향지운다는 측면에서, 그리고 앞으로 전개될 전 정책과정을 통해 개입할 다양한 정치세력들이 처음으로 등장하는 국면이라는 측면에서 가장 핵심적이라 할 수 있다.

정책의제설정(policy agenda setting)이란 "수많은 사회문제 중에서 정부가 그것을 정책적으로 해결하기 위해서 의도적으로 채택한 문제"로서 각종 개인 및 사회집단의 요구들이 정부의 관심대상으로 전환되어가는 과정이다. 즉, 수많은 문제들 중에서 정부가 진지하게 검토하기로 한 문제로 볼 수 있다.

정부에 의해 정책결정으로 받아들여지기 전까지 사회에는 수많은 사건들과 문제들이 발생되며, 이들 중에는 이미 사회에 부각되어 경쟁이나 갈등을 야기하고 있는 문제도 있고, 잠재되어 장차 심각한 문제로 예견되는 문제도 있다. 또한 사회에서 정부로 하여금 그 해결을 요구하는 문제도 있고, 정부가 미리 예측하여 적극적으로 해결하려고 나서는 문제도 있다. 그리고 이들 문제는 그 성격에 따라 순수한 개인에 국한된 개인문제도 있을 수 있고, 사회전체에 중대한 영향을 미치는 공공문제도 있으며, 이들의 중간영역에 위치한 문제들도 있다.

그러나 이와 같은 문제들 중에서 정부가 나서서 그 문제를 해결하려고 하는 문제는 사실 얼마되지 않는다. 정책의제설정은 정치체제의 역량(인적·물적 자원)의 한계로 인해 모든 사회문제를 정부가 해결할 수 없기 때문에 수많은 사회문제 중에서 가장 시급하고 중대한 사회문제들을 정책의제화하는 것이 중요하다. 정책의제설정은 사회문제 중에서 어떤 문제는 정책의제로 채택되고 나머지는 채택되지 않는다는 측면에서, 그리고 사회문제가 어떠한 과정을 거쳐 정책의제로 채택되느냐 하는 점에서 중요한 관심의 대상이 아닐 수 없다. 즉, 정책의제에서 어떻게 쟁점(issue)이 창출되는지, 어떤 것이 사회문제에서 정책의제로 성공하게 되는지, 그리고 그 과정은 어떠한 정치적 성격을 띠는지 등이 핵심사항이다.

2) 정책의제설정과정의 중요성

사회에서 대두되는 수많은 문제들 중에서 단순히 개인적인 문제로 취급되어 사회적 관심을 받지 못하는 문제가 있는가 하면, 일반 시민들의 큰 관심과 지지 속에서 공공문제로 부각되어 정부의 공식적인 해결의제로 채택되는 경우도 있다. 이처럼 수많은 사회문제 중에서 정부가 그것을 정책적으로 해결하기 위해서 의도적으로 채택한 문제를 정책의제라고 하며, 이러한 정책의제를 채택하는 과정을 정책의제설정과정(policy agenda setting) 또는 정책형성과정(policy formation process)이라고 한다.

정책과정은 크게 정책형성 → 정책결정 → 정책집행 → 정책평가라는 과정을 거치게 되며, 그 첫 번째 정책형성과정이 정책의제설정에 해당된다. 즉, 정책의제설정과정은 정책과정을 태동시키는 과정이며, 정책대안의 실질적 제안과 범위를 특정짓고, 의제설정과정에서 어느 집단이 주도하느냐에 따라 이후의 정책과정에도 커다란 영향을 미치게 되며(백승기, 2016: 161), 환경으로부터 요구와 지지를 체제 내로 투입시키는 투입과정이다. 또한 정책의제설정과정은 정부 입장에서 보면 환경과 처음으로 접촉한다는 측면에서 매우 민감하고 정치적이기도 하다.

많은 경우에 문제가 아무리 사회적 쟁점으로 등장하였다고 하더라도 정책적 해결방안이 존재하지 않으면 정책의제로 채택되기 어렵게 된다. 왜냐하면 문제를 해결할 수 있는 정책대안이 존재하지 않는 사회문제를 정치체제가 정책의제로 채택할 가능성은 희박하기 때문이다. 따라서 많은 경우에 정책의제로 채택된 사회문제는 이미 정책의제설정과정에서 정책결정자와 정책대상집단 간의 해결을 위해서 어느 정도의 정책결정이 이루어진다는 점이 특이하다. 가령, 위험 폐기물과 같은 경우가 그러하다. 정책연구의 본질은 기존의 정책문제 해결수준을 넘어서 적극적 문제탐색을 통해 미래의 새로운 가치와 비전을 수립해 나가는 데 있으며, 따라서 국가적 차원에서의 사회문제 탐색, 정책의제설정 및 민주적 공론화 과정이 무엇보다 중요하다.

그러나 지금까지 정책과정에 대한 연구를 보면 정책의제설정은 주어진 것으로 간주하고, 주로 정책결정이나 정책집행, 정책평가에 초점을 두어왔다. 따라서 정책의제설정에 대해서는 미국 등 서구선진국 학자들의 전유물로 여겨져 온 것이 사실이다(사득환, 1997). 따라서 정책과정의 최초 단계로서 정책의제설정과정의 중요성이 그 어느 단계보다 중요성이 부각될 필요가 있다.

2 정책의제설정의 과정과 유형

1) 정책의제의 본질

정책의제는 문제가 사회 속에서 하나의 사건이나 쟁점으로 발생하여 다수 시민들의 관심과 지지를 받음으로써 사회문제, 사회적 쟁점, 정책문제, 제도의제 등으로 진행된다. 그러나 종국적으로는 정부가 그것을 해결할 의도를 가지고 공식적으로 결정한 의제가 되었을 때 비로소 정책의제로서 지위를 획득하게 된다.

정책의제의 본질을 연구한다는 것은 이처럼 하나의 사건이나 쟁점이 정부의 해결을 보기 위해 의도적으로 채택되기까지의 전 과정을 분석함으로써 정책의제가 갖는 성격과 의미를 파악해 내는 것을 의미한다. 정책의제의 설정과정은 사회 속의 무수한 개인이나 집단들이 자신들의 이익을 보장받기 위해서 정치체제로 하여금 문제를 해결하거나 방치시켜 줄 것을 요구·경쟁하는 정치적 과정으로서 성격을 갖고 있다. 따라서 이 과정에서의 정치적 속성을 밝히는 것도 중요하다.

그러나 정책의제가 사회에서 요구되어 정부로 진입된 것이냐, 아니면 정부 내부에서 태동하여 선택된 의제이냐에 따라 그 정책과정이나 내용이 달라질 수 있다. 따라서 여기서 설명하는 정책의제설정의 본질은 민주국가에서 통상 사회문제가 정부의 정책의제로 진입하는 과정에 초점을 둔다.

(1) 사회문제

어느 시대, 어느 국가를 막론하고 정도의 차이는 있지만 수많은 시민들은 현대사회의 각종 문제로부터 고통을 받고 있으며, 정부나 공공기관은 그것을 해결하기 위해 다양한 노력을 기울이고 있다. 그러면 흔히들 '문제'라고 하는 것은 무엇을 의미하는가? Anderson(1984: 44-45)은 문제를 "사람들로부터 구제나 해결욕구를 불러일으키는 불만스런 상황 내지 조건"으로 정의한다. 그리고 Jones는 "해결책이 요구되는 인간의 욕구"라고 규정하고 있다. 이처럼 '문제'라는 용어에 대해 학자들마다 개념정의는 다양하다. 그렇다면 이러한 문제는 어떻게 해서 발생하게 되는가? 일반적으로 볼 때, 문제의 발생은 인간과 자연의 활동에 의해 야기된 갖가지 사건과 그 사건에 대한 인간의 문제의식이라는 두 가지 요인이 동시에 작용할 때 이루어지게 된다. 다시 말해서 아무리 많은 사건이 연속적으로 발생한다고 하더라도 그것을 불만스럽게 느끼지 않는 한, 사건은 있으나 문제는 존재하지 않게 되며, 설령 불만스럽게 느낀다고 하더라도 그것을 해결하고자 하는 욕구가 없다면 사회문제나 정책문제로 진전되지 못한 채 사장되어버릴 것이다(최종기, 2008: 124-125).

문제는 어떤 사건에 대해 개인이 인식한 문제는 개인문제, 그리고 그 사건에 대해 직·간접적으로 영향을 받는 불특정 다수인들이 공통으로 인식하는 문제는 사회문제 내지 공공문제가 된다. 즉, 사회문제는 개인문제가 확산되어 공감대가 형성되면서 만들어지는 문제로서, 불특정 다수인이 느끼는 불만족 상태 또는 조건을 말한다. 다시 말해 사회의 많은 사람들이 장기간 반복적으로 느끼는 결함이나 기대에 미치지 못하는 상황을 의미한다.

그런데 여기서 불특정 다수인이라는 다수의 사회구성원이 불만만 가진다면 언제나 사회문제가 발생할까? 욕구충족의 기대수준과 현실 간에 격차가 있다고 해서 항상 문제가 발생하는 것은 아니며(최봉기, 2008: 126-127), 그러한 불만족에 대한 불특정 다수인의 인내가 그 한계를 넘었을 때 비로소 사회문제가 된다. 이러한 불만족에 대한 사회구성원들의 인내의 정도는 나라마다, 지역마다, 시민마다 다르다. 따라서 사회구성원들의 욕구에 대한 기대충족 정도는 계속 상승하는 한편, 실제 욕구의 충족정도는 이에 미치지 못함으로써 그 용인의 정도를 넘어서면 그때까지 참아왔던 불만상태에 대한 폭발이 현실로 나타나게 되고, 이것이 사회문제로 등장하게 된다.

원칙적으로 개인문제는 개인이 해결해야 하는 문제이지만, 사회문제는 공동체 모두가 해결해야 하는 문제이다. 개인문제는 유사한 곤란을 경험할지도 모른다는 개연성 때문에 사회문제로 진화될 가능성이 매우 높다. 특히 사회문제는 불특정다수인과 관련되어 있다는 측면에서, 또한 그것을 해결하지 않으면 사회의 존속이 위협받을 수 있다는 측면에서 개인문제와 차이가 있다.

(2) 사회적 쟁점

지금까지 많은 연구들을 보면 쟁점의 생산과 확산이 정책의제설정과정에서 매우 중요한 국면임을 제시하고 있다. 그렇다면 무엇이 쟁점(issue)인가? Anderson(1984)은 "공공문제는 그것이 정책의제로서의 지위를 획득하기 위해서는 쟁점으로 전환되어야 한다"고 주장한다. 그런데 여기서 공공문제란 일반적으로 사회문제를 말하며, 쟁점이란 여러 가지 공공문제 중에서 논쟁의 대상이 되는 문제(controversial public problem)를 지칭한다. 논쟁의 대상이 된다는 측면에서 특정 개인의 내부문제가 아니라 '사회적'임을 의미한다. 따라서 쟁점은 사회적 쟁점을 말하는데, 사회적 쟁점(social issue)이란 사회문제 중에서 불특정 다수인이 지속적으로 불만족 상태를 갖는 문제 중에서 사회적 이슈로 쟁점화된 것을 말한다. 이때 쟁점은 어떻게 해서 발생하는가? 쟁점이 생성되는 데는 보통 네 가지의 방법 내지 동기가 작용한다(Eyestone, 1978: 82-84). 첫째, 지위나 자원분배가 불리하게 편재되어 있다고 지각한 경쟁적 당사자 중의 어느 한편이 쟁점을 만들어 내는 경우이고, 둘째 자신들의 이익을 위해 쟁점을 찾아 만들어 내는 방법이다. 셋째, 예기치 못한 사건이 발생했을 때, 그 사건에 반응하는 자들이 쟁점을 만드는 경우이고, 넷째 사회적 약자나 소외계층들을 위해 이슈를 만들어 내는 방법이다. 이들 네 가지 방법은 특정한 집단이 이슈를 만들어내기 위한 동기라고 할 수 있으며, 그것이 지속적으로 다수 시민들에게 확산됨으로써 정책담당자의 관심을 끌게 되어 정책의제로 채택되게 된다.

그렇다면 쟁점으로서의 이슈가 지속적으로 보다 많은 시민들에게 확산되기 위한 조건은 무엇인가?(최봉기, 2008: 128-129) 우선, 사회문제가 사회적 쟁점이 되기 위해서는 극적인 사건이나 위기와 같은 촉발장치(triggering mechanism)가 있어야 한다. 즉, 어떤 쟁점이 완만하게 진행되고 있을 때나 특정계층 혹은 특정집단 간의 갈등상태에

머무르고 있을 때, 이 쟁점과 관련된 새로운 사건이 발생함으로써 그 사건 때문에 쟁점이 크게 부각되고 다수의 시민들에게 확산되었다면 그 사건은 촉발장치가 역할을 한 것으로 볼 수 있다. 둘째, 이러한 쟁점이 지속적으로 확산되기 위해서는 문제 자체가 어떻게 규정되느냐에 따라 달라진다. 셋째, 그 쟁점의 주창자들이 언론에 대한 접근력이나 사람들의 마음을 움직이게 하는데 필요한 자원을 가지고 있어야 한다는 것이다. 권력과 재력은 물론 상징조작이나 프레이밍(framing) 등 가능한 모든 자원이 여기에 포함될 수 있다.

그러나 정부에 대해 해결책을 요구해 오는 사회적 쟁점이 모두 정책문제가 되는 것은 아니며, 정책문제가 되기 위해서는 다음과 같은 속성을 갖추어야 한다(최봉기, 2008: 128-129). 첫째, 그 쟁점이 정부의 정책결정체제에 의해 포착이 되어야 한다. 둘째, 정책문제는 쟁점당사자 간에 해결이 불가능하거나 쟁점문제의 해결주체가 없어야 한다. 셋째, 정책문제는 그 해결에 방대한 자원이 요구된다. 즉, 그 문제해결에 대해 누구나 필요성은 인정하면서도 그것에 소요되는 자원과 비용이 특정한 개인이나 집단이 부담할 수 있는 능력을 초과하는 것일 때, 그 문제는 정부가 해결해야 할 정책문제가 되는 것이다. 넷째, 문제해결의 결과에 대한 경제적 유인이 희소하여 민간부문의 투자유인력이 저조한 것이어야 한다. 예를 들어, 환경오염문제나 청소년문제 같은 것은 그대로 방치할 경우 모두가 피해자가 될 수 있는 것임에도 불구하고 그 해결결과로부터 아무런 경제적 이익이 기대되지 않기 때문에 민간부문의 투자를 기대하기 곤란한 문제로서 정책문제화되는 것이다. 다섯째, 체제유지나 정책정당성의 유지와 직결되는 문제와 같이, 그 문제가 고도의 정치성을 띨 경우에는 그것은 정책문제로 바뀔 가능성이 높다.

사회문제 중에서 시민사회 내 논쟁의 대상이 되는 이유는 사람들마다 갖고 있는 가치관의 차이, 경험의 유무, 역할인지의 차이, 상이한 사회화 과정, 서로 다른 정보

그림 3-1   사회문제와 쟁점화

사건 ⟶ 사회적 쟁점 ⟵ 인지

획득 등에 기인한다. 따라서 충분한 토론과 숙의의 과정을 거치는 사회적 쟁점과정이 문제해결에서 무엇보다 중요하다. 즉, 사회문제의 개념이 어떻게 규정되느냐에 따라 해결방법이 달라지고, 해결방법이 어떻게 결정되느냐에 따라 이 문제의 해결에 의한 수혜자와 피해자가 달라지기 때문에 사회적 쟁점화 과정이 곧 문제정의를 위한 토론과 이해조정의 과정이기도 하다.

(3) 정책문제(공중의제)

정책문제는 정부에 의해 인지된 쟁점적 문제를 말한다. 따라서 정책문제는 수많은 사회문제 중에서 정부의 정책으로 해결되어야 할 문제로서 통상 공중의제의 단계를 거친다. 그러나 이러한 정책문제도 매일 수없이 등장했다가 사라진다. 따라서 모든 정책문제가 정부에 의해 해결을 보는 것은 아니다. 정책문제 중에서도 극소수의 문제만이 정부에 의해 해결을 보게 된다. 많은 경우에 정책문제는 사회 내 자율적인 해결메커니즘에 의존하기 어렵고 정부가 갖고 있는 자원은 한정되고, 이해관계가 복잡하게 얽혀 있는 경우가 많다.

(4) 정책의제(제도의제)

정책의제는 정부가 공식적으로 해결하기로 표명한 정책문제이다. 즉, 정책담당자가 공식적으로 다루기로 결정한 정책문제를 말한다. 정책의제는 정부의 개입이 개인적으로나 사회적으로 정당하다는 것을 공식적으로 확인하고 이에 필요한 다양한 정책을 만들기 이전의, 정부의 공식적 할 일로 결정된 상태의 정책활동이다(이해영, 2016: 74).

이러한 정책의제는 반드시 사회적 쟁점이나 공중의제인 정책문제화의 단계를 거치는 것은 아니다.[1] 사회문제의 단계에서 바로 정책의제로 진행될 수도 있고, 공중의제인 정책문제의 단계로까지 이행된 후에 정책의제로 채택될 수도 있다. 더 나아가 정책의제는 일단 의제로 채택되었다고 해서 의제목록(agenda list)에서 불변의 확고부동한 위치를 점하는 것은 아니며 우선순위가 정해져 있는 것도 아니다. 또한 시간의 경과에 따라 문제 자체의 성격이 변화함으로써 정책의제로서의 지위를 잃는 것이 있

---

[1] 모든 사회문제가 일반적인 정책의제설정 단계를 거치는 것은 아니다. 어떤 의제는 사회문제가 사회적 쟁점화나 공중의제화의 단계없이 정책의제화되는 경우도 있다. 가령, 예산배정문제나 공무원보수 인상이나 쌀수매가격결정 등과 같은 매년 반복적·루틴화된 문제는 큰 사회적 쟁점 없이 정부의제화되기도 한다.

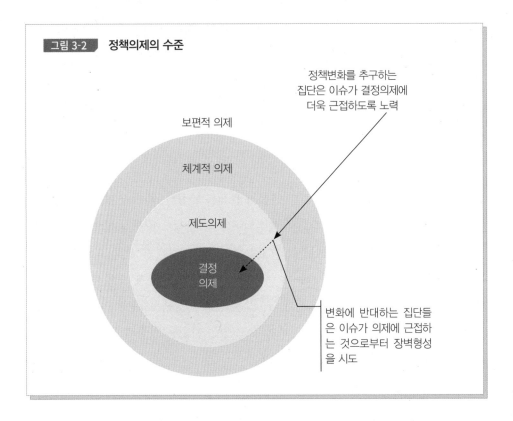

그림 3-2 정책의제의 수준

정책변화를 추구하는
집단은 이슈가 결정의제에
더욱 근접하도록 노력

보편적 의제

체계적 의제

제도의제

결정
의제

변화에 반대하는 집단들
은 이슈가 의제에 근접하
는 것으로부터 장벽형성
을 시도

는가 하면, 새로운 의제의 채택으로 인해 그 중요성이 떨어져 순위가 뒤로 밀려나는 경우도 있다(최봉기, 2008: 131).

정책의제는 각 수준에 따라 다음과 같이 유형화할 수 있다(Bernstein, 2017).

- 보편적 의제(Agenda universe) 혹은 재량의제(Discretionary agendas): 보편적 의제는 사회 혹은 정치체제 내에서 다루어질 수 있는 모든 이슈를 포함하며, 재량의제 역시 체계적 의제 혹은 제도의제에 의무적으로 포함되지 않아도 되지만 논의가 가능한 모든 문제들을 의미한다.
- 체계적 의제(Systemic agendas): 체계적인 의제는 정책 입안자들이 주목할 가치가 있으며 해결할 수 있는 권한 영역 내의 모든 문제를 포함한다.
- 제도의제(Institutional agendas): 제도의제는 체계적인 의제의 내용으로부터 형성된다. 여기서 정책형성자는 제한된 시간 내에 문제와 제안된 해결책을 분석한다.

- 결정의제(Decision agendas): 결정의제는 정책 결정주기의 다음 단계로 넘어갈 최종 쟁점 목록이다.

2) 정책의제설정의 과정

정책의제설정은 사회적 환경과 정치체제가 상호작용하는 과정으로서 학자들마다 용어는 조금씩 다르지만 통상 사회문제의 인지 및 구체화단계 → 쟁점의 확산단계 → 공식화단계를 거치게 된다(Cobb & Elder, 1983; 사득환, 1997: 48-54).

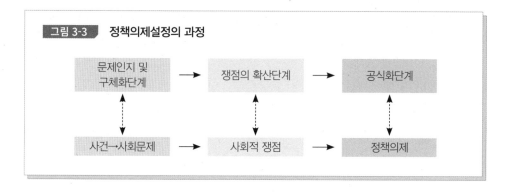

그림 3-3 정책의제설정의 과정

(1) 문제인지 및 구체화단계

정책의제설정과정에서 가장 최초의 단계는 문제에 대한 인지이다. 인지(cognition)란 "일어난 어떤 일에 대한 이해 또는 인식"을 의미한다. 따라서 어떤 문제를 인지한다는 것은 그것에 대한 발견, 정보수집 및 파악, 그리고 그것을 해석한다는 것을 의미한다. 어떤 문제에 대한 인지의 결과는 문제의 존재 여부와 그것의 해결방법으로 귀결된다. 어떤 문제에 따라서는 사람들에게 아무런 불만이나 불평, 갈등 등을 야기시키지 않은 것도 있지만, 어떤 문제는 그 해결을 필요로 하는 인간적 욕구를 불러일으키기도 한다. 이처럼 인지의 결과 "해결을 필요로 하는 인간적 욕구"를 야기시키는 상태를 문제인지라고 한다(최봉기, 2008: 149). 문제인지가 이루어지면 그 문제를 구체화해야 하는데 이때 구체화란 그 문제를 야기시키는 문제의 효과를 분석·진단하여 문제의 내용을 명확히 밝히는 것이다.

(2) 쟁점의 확산단계

이 단계는 앞에서 구체화된 문제들이 해당 문제와 관련되는 많은 사람들의 이해관계가 얽힌 문제로 확산되고, 그 결과 다수가 공통적으로 인식하는 문제로 나타남으로써 주도집단이 그 문제를 보다 효과적으로 정책의제가 될 수 있도록 언론 등을 활용하여 쟁점화시키는 단계이다. 다시 말해 문제로 인식한 주도집단은 그것을 다수의 사람들과 관련된 문제로 확대시킨다. 그리고 이를 공통적으로 받아들인 사람들이 자신의 문제가 정책의제로 채택되기를 바라면서 힘을 합친다. 이를 위해 언론 등을 동원하여 최대한 다수의 문제로 전환함으로써 정책담당자들이 검토하도록 노력한다(최봉기, 2008: 149). 민주국가에서 많은 이익집단들은 이러한 쟁점의 확산을 통해 여론정치를 도모한다.

(3) 공식화단계

공식화단계란 문제가 정부에 귀속되어 정책의제의 지위를 얻고 의제목록에 오르는 것을 말한다. 정책의제는 정부에서 해결하기 위한 주요 쟁점들의 목록을 지칭하며, 정책의제설정과정이란 그들이 어떻게 그곳에 도달하게 되었는가의 과정을 연구하는 것이다.

그러나 정책의제로 채택되었다고 해서 모두 정책으로 결정되어 집행되는 것은 아니다. 언제든지 새로운 문제가 발생할 수 있고 변형, 왜곡, 탈락 등이 나타날 수 있다. 따라서 정책의제로서 계속적으로 지위를 유지할 수 있도록 유지, 방어하는 역할도 게을리 해서는 안된다.

3) 정책의제설정의 유형

정책의제설정은 문제제기 집단이 정부 내부에 있는가, 그렇지 않고 정부 외부에 있는가에 따라 차이가 있게 된다. Cobb & Elder(1983)는 주도집단의 차이에 따라 미국과 같이 다원화된 정치체제 하에서 주로 나타나는 외부주도형과 후진국에서 주로 나타나는 동원형, 그리고 양자의 성격이 혼합된 내부접근형 세 가지로 유형화하였다.[2]

---

2   Rogers & Dearing(1988)은 의제형성의 주체별로 의제의 유형을 세 가지로 구분하였다. 먼저 대중의제 형성(Public agenda setting)으로 대중에 의해서 의제가 형성되는 것이며, 둘째는 언론의제형성(Media agenda setting)으로 언론이 의제형성의 주체가 되는 것이다. 마지막으로 정책의제형성(policy agenda setting)은 엘리트 정책형성가가 의제형성의 주체가 되는 것을 의미한다.

(1) 외부주도형

외부주도형(outside initiative model)은 정부 밖의 시민들이나 집단들에 의해 문제가 제기되어 사회적 쟁점을 거쳐 정부에 의해 적극적으로 해결이 표명된 정책의제로 전환되는 모형이다. 이 유형은 민간주도형이라고도 하며, 주로 이익집단들에 의해 제기된 문제가 여론을 형성해 공중의제로 확산되고, 마침내 정책결정자들에 의해 공식의제로 채택되는 모형으로 주로 다원주의 체제에서 많이 나타난다.

외부주도형의 특징을 보면 다음과 같다(권기헌, 2018: 182). 첫째, 외부주도형은 정부에 대하여 압력을 가할 수 있는 이익집단들이 발달하고 정부가 외부의 요구에 민감하게 반응하는 정치체제, 즉 다원화되고 민주화된 선진국 정치체제에서 많이 나타나는 유형이다. 따라서 이 모형에서는 언론의 역할이나 정당의 역할, 시민사회의 활동 등이 모두 활발하다.

둘째, 상호 대립되는 이해관계인들 간의 갈등과 타협은 정책의제설정과정에서뿐만 아니라 정책결정, 집행 및 평가에 이르기까지 계속되어 나타나며, 따라서 정책과정에서 많은 시간(muddling through)이 소요된다.

셋째, 정책이 외부주도집단에 의하여 의제화되고 상호 대립되는 이해관계인들의 타협 또는 조정의 산물이기 때문에 정책내용이 상호 충돌, 모순적이며 단기적·단편적 성격을 띤다.

넷째, 외부주도집단이 반대집단을 누르고, 정부의 정책결정자를 움직일 만큼의 정치적 영향력을 가지고 있느냐에 따라 사회문제가 정부의제로 공식적으로 거론될 수 있느냐의 여부가 결정된다.

다섯째, 정책의제설정과정이 일반적인 사회문제 → 사회적 쟁점 → 정책문제 →

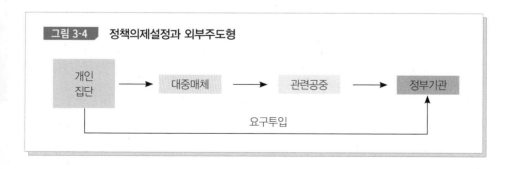

그림 3-4 정책의제설정과 외부주도형

정책의제 단계를 거치는 경우가 많다.

(2) 동원형

동원형(mobilization model)은 정부기관 내부에서 문제가 생성되어 자동적으로 정책의제화하는 모형이다. 주로 시민사회의 힘이 취약한 후진국에서 많이 나타나는 유형으로서, 정치지도자의 지시에 따라 사회문제가 바로 정부의제로 채택되고 정책집행의 성공을 위해 필요한 일반 시민들의 지지를 얻기 위해 정부는 대중매체 활용을 통해 공중의제로 확산시켜 국민들로부터 지지를 확보하는 과정을 거치게 된다.

동원형의 특징은 다음과 같다. 첫째, 동원형은 정부의 힘이 강하고 민간부문이 취약한 후진국에서 많이 나타나는 유형이나, 선진국에서도 정치지도자가 특정한 사회문제 해결을 주도하는 경우가 종종 나타나기도 한다.

둘째, 사회문제가 정부의제로 먼저 채택되고, 정부의 의도적인 노력에 의해서 공중의제로 확산된다. 즉, 사회문제 → 정부의제 → 공중의제로 진행된다. 이때 공중의제화는 통상 정책결정이 진행되면서 이루어지는데 정책결정 이후에 이루어지는 경우도 있다.

셋째, 이 모형에서는 정책결정이 더욱 분석적으로 이루어지고 그 산출로서 정책의 내용이 종합적·체계적이며 장기적인 성격을 띤다.

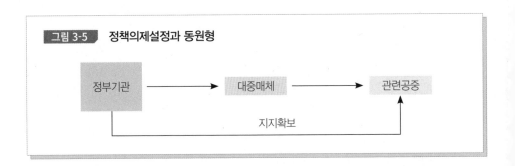

그림 3-5 정책의제설정과 동원형

(3) 내부접근형

내부접근형(inside access model)은 정부기관 내의 관료집단이 비밀스럽게 사회문제를 의제로 설정하는 경우를 말한다. 즉, 이 모형은 사회문제가 정책담당자에 의해 바로 정책의제로 채택되면서 일반공중에게 확산을 거치지 않고 관료제 내부에서 은

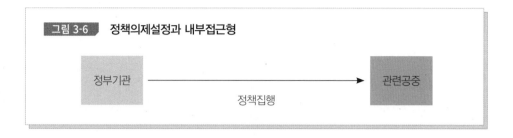

그림 3-6 정책의제설정과 내부접근형

정부기관 ──────────────→ 관련공중
          정책집행

밀하게 정책의제설정을 하는 형태를 취한다. 다만, 정책결정자집단은 자신들의 의제를 공식의제로 상정되도록 압력을 행사할 수 있는 유사집단과 주의집단에게만 쟁점을 확산시킨다.

내부접근형의 특징을 보면 다음과 같다. 첫째, 내부접근형은 사회문제 → 정부의제의 성격을 나타내며, 주로 부와 지위가 불평등하게 분배되어 있는 후진국에서 볼 수 있으나 미국과 같은 선진국의 경우에도 무기구입정책 등에서 종종 찾아 볼 수 있다.

둘째, 정부가 어떤 문제를 다룰 때, 일반 시민들이 그것을 사전에 알면 곤란하거나 극심한 사회적 갈등이나 국가적 손실이 요구되거나, 시간이 촉박한 정책의 경우에 흔히 나타난다.

셋째, 이 유형은 동원형과 유사하나, 동원형의 주도세력이 최고통치자나 고위정책결정자인 데 반해 내부접근형은 이들보다 지위가 낮은 고위관료인 경우가 많고, 동원형은 주도집단이 공중의제화를 시도하나 내부접근형은 공중의제화를 막는다는 점에서 차이가 난다(강근복 외, 2017).

이상의 Cobb & Elder 등의 모형이 정책의제형성의 과정에 대한 이해의 폭을 넓혔다는 긍정적인 기여에도 불구하고 몇가지 한계를 가지고 있다. 그 중의 하나가 정책의제에 대한 너무도 당연한 것을 이론으로 정리한 것에 불과하고 레짐(regime)의 성격만 지나치게 강조함으로써 정책의 하부시스템과 문제 자체의 성격 간의 상호작용의 관점에서 정책의제설정을 개념화하는 것이 부족하다는 지적이다(Howlett & Ramesh, 1995: 116). 좀 더 구체적으로 말하면, 정책의제설정에서 중요한 것은 국가와 사회집단 중 누가 과정을 주도하는가와 문제해결에 보내는 일반 대중의 지지도가 어느 정도인가라는 것이다. 이에 따라 Howlett와 Ramesh는 〈표 3-1〉과 같은 상호관계를 나타내고 있다.

표 3-1 정책형태(policy type)에 의한 의제설정모형

주도자	공중의 지지자의 성격 (nature of public support)	
	높다	낮다
사회행위자 (societal actors)	외부주도 (outside–initation)	내부접근 (inside–access)
국가 (state)	공고화 (consolidation)	동원 (mobilization)

자료: Howlett & Ramesh, 1995: 116.

그들은 여기서 공고화(consolidation)를 특히 강조하였다. 공고화는 정부가 문제 해결에 나서고자 할 때 이미 광범위한 일반 대중의 지지가 있는 경우에 일어난다. 이 경우에는 주도집단의 노력과는 상관없이 단지 존재하는 지지를 더욱 강화해서 정책 의제설정을 하게 된다. 정부가 대중지지에 관심을 두는 이유는 정책집행에서 수월성 을 확보하기 위해서이다. 만약 공중의 지지가 높지 않다면 동원형(mobilization model) 에 의존하게 될 것이다.

제 2 절 **정책의제설정의 영향요인**

정책의제설정에 영향을 주는 요인에 대해서는 학자들마다 다양하게 제시되고 있 다. 먼저, Cobb & Elder(1983)는 문제의 성격, 주도집단의 사회적 유의성이 정책의제 설정의 중요한 요인이라고 하였다. 사회문제가 구체적일수록, 사회적 유의성이 클수 록 정책의제로 채택될 가능성이 크다는 것이다. 여기서 사회적 유의성이란 사회문제 로 인해 피해자의 수가 많거나 피해의 강도가 크거나 피해의 사회적 파장이 큰 것을 말한다. Hirshman(1975: 388-391)은 남미의 여러 국가의 정책실패를 연구하면서 정책 의제가 어떻게 채택되었는지를 기준으로 정권담당자들의 선택, 정치체제 외부의 압 력으로 설명하고 있다. Kingdon(2003)은 주도집단과 참여자, 정치적 상황, 문제의 특 성과 사건이라는 세 가지 요인이 정책의제설정을 좌우하는 요인이라고 주장하였다.

여기서는 Kingdon의 견해를 중심으로 논의하기로 한다(권기헌, 2018: 186-189).

1 주도집단과 참여자

주도집단은 정책의제설정의 주체로서 의제형성에 중요한 영향을 미친다. 이들의 영향력은 두 가지 측면에서 좌우되는데 하나는 그들이 정치체제 내부에 있느냐 또는 외부에 있느냐이며, 다른 하나는 그들이 가지고 있는 정치적 자원이 많느냐 또는 적느냐 하는 것이다. 따라서 주도집단이 정치체제 내부 또는 외부에 있으면서 정치적 자원이 많을 경우 사회문제가 정책의제로 채택될 가능성이 더 높다고 할 수 있다.

표 3-2 주도집단의 영향력

구분		정치체제	
		내부	외부
정치적 자원	많다	Ⅰ	Ⅱ
	적다	Ⅲ	Ⅳ

1) 대통령 등 공식참여자

정책주도집단이 정부 내의 대통령 등 최고정책결정자인 경우 정책의제화는 매우 수월하게 이루어질 수 있다. 동원형과 내부주도형은 정책의제화가 쉬우나, 외부주도형은 다양한 이해관계자의 개입으로 정책의제화가 상대적으로 어려울 수 있다.

공식참여자로서는 대통령 외에 정부관료, 의회, 정책하위정부 등을 들 수 있다. 대통령은 정책의제설정에서 가장 큰 영향력을 행사함은 물론이다. 그리고 정부관료(government administrators)는 정책의제설정에서 힘있는 집단 중의 하나이다. 전통적으로 정부관료는 중립적 전문가로 인식되어 왔으나 이러한 견해는 정부관료의 역할을 지나치게 과소평가한 측면이 있다. 정부관료는 정책의제설정 초기단계부터 개입하여 정책결정에 이르기까지 영향력을 행사한다. 정부관료의 영향력 원천 중의 하나는 그들의 전문성(expertise), 예산권, 인사권 및 재량권 등에 기인한다.

미국의 경우 의회의 역할이 막강하다. Kingdon에 따르면 의회는 정책의제설정

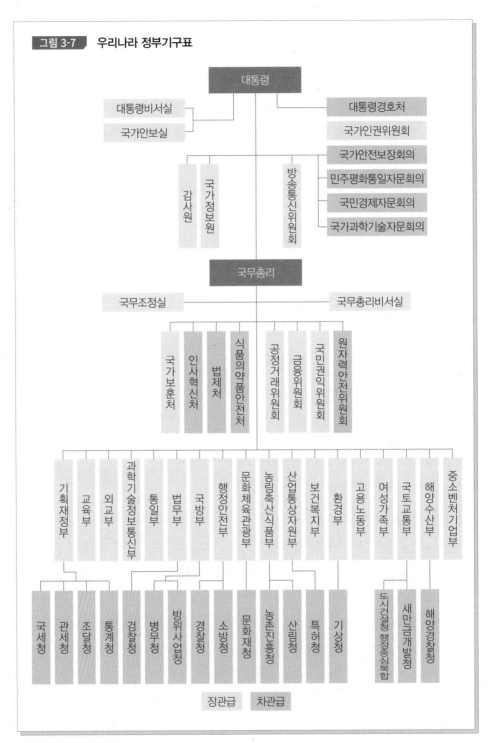

그림 3-7 우리나라 정부기구표

대통령

- 대통령비서실
- 국가안보실

- 대통령경호처
- 국가인권위원회
- 국가안전보장회의
- 민주평화통일자문회의
- 국민경제자문회의
- 국가과학기술자문회의

감사원 / 국가정보원 / 방송통신위원회

국무총리

국무조정실 ── 국무총리비서실

국가보훈처 / 인사혁신처 / 법제처 / 식품의약품안전처 / 공정거래위원회 / 금융위원회 / 국민권익위원회 / 원자력안전위원회

기획재정부 / 교육부 / 외교부 / 과학기술정보통신부 / 통일부 / 법무부 / 국방부 / 행정안전부 / 문화체육관광부 / 농림축산식품부 / 산업통상자원부 / 보건복지부 / 환경부 / 고용노동부 / 여성가족부 / 국토교통부 / 해양수산부 / 중소벤처기업부

국세청 / 관세청 / 조달청 / 통계청 / 검찰청 / 병무청 / 방위사업청 / 경찰청 / 소방청 / 문화재청 / 농촌진흥청 / 산림청 / 특허청 / 기상청 / 도시건설청 행정중심복합 / 새만금개발청 / 해양경찰청

장관급   차관급

자료: 행정자치부, 2018.

에서 대통령과 비슷한 힘을 갖고 있다. 이 힘은 의회의 입법권과 인사권, 기금심의 등 법적 권위에서 기인한다. 많은 경우에, 비록 대통령이라 할지라도 의회에서 정책의제 설정을 주도하기를 바라는 사회문제가 있다. 그러나 의회 역시 논쟁적인 이슈에 대해서는 기피하기를 원한다. 동시에 의원들은 자신의 지역구를 만족시키기를 원하기 때문에 훌륭한 공공정책 목표를 달성하고자 한다.[3] 따라서 자신의 관심과 이해관계 및 전문성을 고려하여 선거구민들의 문제를 해결해 줄 수 있는 상임위원회에 소속되기를 희망한다.

한편, 사회 내 직능집단, 관료 및 의회 상임위원회가 결합된 정책하위정부(policy subgovernments)는 정책의제설정에서 매우 영향력이 있다. 정책하위정부는 정치학자들에 의해 '철의 삼각'(iron triangles), '정책네트워크'(policy networks) 등으로 불리며, 이들은 공식적인 법률로 나타나기 전에 프로그램을 창도하는 역할을 수행한다. 정책하위정부는 다음 두 가지 방법으로 의제설정을 통제한다(Palumbo, 1988: 51). 첫째, 그들은 외부인들이 인식할 수 없도록 정책이슈를 논의하거나, 문제정의에 있어서 사람들이 참여하지 못하도록 장벽을 쌓는다. 둘째는, 자신의 이익에 부합하도록 이슈를 정의하는 것이다. 따라서 정책과정을 폐쇄화시키면서 결탁 등과 같은 단점이 있다.

2) 외부주도집단

외부주도집단의 경우 정치적 힘의 크기에 따라 정책의제설정이 좌우되게 된다. 즉, 집단의 규모, 응집력, 재정력, 구성원의 지위 등 정치적 자원이 많을수록 정책의제화할 가능성이 높다. 이 때 중요한 행위자는 정책창도자(policy entrepreneur)이다. 정책창도자는 주도집단의 쟁점을 보다 넓고, 보다 많은 시민들이 인식할 수 있도록 문제의 중요성에 의미를 부여하여 공중에게 확산시키는 역할을 수행한다(kingdon, 1984). 이들은 쓰레기문제나 범죄문제 등과 같은 사회문제가 정부의제 혹은 제도적 의제로 전환하는 것에 대한 진지한 관심을 가지고 있고, 이들은 문제를 다소 모호하게 정의함으로써 많은 수의 사람들과 관련되도록 사회적 중요성을 부여한다.

대표적인 외부집단으로는 언론과 이익집단을 들 수 있다. 언론은 사회문제에 즉

---

3 의원들이 출신지역의 환심을 사기 위해 자신의 지역에 이권 또는 정책보조금을 받기 위한 쟁탈전을 벌이는데 이것을 Pork Barrel(구유통정치)라고 하며, 이권이 결부된 법안을 관련의원들이 서로 담합하여 통과시키는 행태를 log-rolling(통나무굴리기식 의사결정)이라고 한다.

각적으로 반응하며, 많은 경우에 이슈를 의회나 법원의 의제로 강제하는 역할을 한다. 언론은 이슈를 창출할 뿐만 아니라 반영하기도 한다. 언론은 정책의제설정에서 가장 중요한 도구 중의 하나이다. 언론은 사건을 해결하는 원칙적인 원천이기 때문에 공공정책 논쟁에서 가장 중요한 건축가(architects) 중의 하나이다(Hillsman, 1971). 언론은 매일 사건을 해석하고 언론가는 직접적으로 정책의제를 형성한다. Nelson(1984)은 언론이 아동학대 이슈에 대해 정책의제형성에서 핵심적 역할을 하였음을 입증하고 있다. 또한 Jacob(1984)은 범죄문제에서 언론의 역할이 지대하였다고 주장한다.

그리고 이익집단도 의제형성에서 중요한 역할을 수행한다. Kingdon(1984: 49)은 이슈의 가시성이 낮고, 덜 이념적이고 편파성이 적을수록 이익집단의 영향력은 크게 나타난다고 밝히고 있다. 미국의 경우에는 경제 및 노동단체, 의사협회, 주류협회 등과 같은 직능단체들의 영향력이 매우 크고, 우리나라의 경우에는 자율적 시민단체들의 영향력이 증가하는 추세에 있다(사득환, 1997).

2 정치적 상황

1) 정치이데올로기와 정치적 구조

정치이데올로기는 자유주의, 사회민주주의, 공산주의 등에 따라 정책의제설정이 달라질 수 있다. 자유주의 체제의 경우 외부주도형이 대부분이나, 공산주의로 갈수록 내부접근형이나 동원형이 많다. 또한 정치체제의 구조가 중앙집권적이냐, 아니면 지방분권적이냐에 따라 정책의제설정에 영향을 미친다. 일반적으로 후진국의 경우 중앙집권적이기 때문에 외부주도형보다는 동원형이나 내부접근형으로 정책의제설정이 이루어지고, 선진국의 경우 지방분권적이기 때문에 외부주도형으로 이루어지는 경우가 많다. 그리고 정치문화의 변화는 정책의제설정에 영향을 미친다. 예를 들어, 1960~1980년대에는 경제성장 제일주의로 인해 환경·노동·복지 등은 의제화되지 못했는데, 1980년대 중반 이후부터는 사회가 점점 다원화·민주화되면서 이들 문제도 의제화되고 있다.

2) 정책담당자의 태도

정책담당자의 신념이나 가치가 어떠하느냐에 따라 정책의제설정에 많은 영향을 미친다. 정책의제설정은 사실의 문제가 아니라, 사회문제에 대한 의미와 가치화의 문제에 가깝기 때문이다. 미국의 경우 음주운전과 낙태, 총기사용 규제, 이민자 문제 등이 끊임없이 정책의제로 등장하는 이유가 여기에 있다.

Jones(1977: 37-39)는 정책담당자가 특정한 사회문제에 대해 취하는 태도로 방관적 태도(let it happen), 후원적 태도(encourage it happen), 주도적 태도(make it happen)로 구분하고 있다. 방관적 태도를 위하는 정부는 사회의 갈등에 개입하지 않는다. 후원적 태도를 취하는 정부는 사회적으로 불이익을 받고 있다고 판단되는 사람들이 정책과정에 참여할 수 있는 각종 제도적 장치를 마련해 주는 데 초점을 둔다. 주도적 태도를 취하는 정부는 문제정의에서부터 정부가 적극적인 역할을 수행한다. 사회로부터 요구가 올 때까지 기다리는 것이 아니라 정부가 사회 전체에 미치는 영향을 검토해 직접 나서서 정책의제를 설정한다. 결국 정책담당자가 주도적 입장을 취하면 의제화가 수월해지고, 방관적 태도를 취하면 의제화가 어려워진다고 할 수 있다(백승기, 2016: 175).

3) 정치적 사건

시위, 폭동, 인구변화 등과 같은 정치적 사건은 정책의제설정에 큰 영향을 미칠 수 있다. Kingdon에 따르면, 정치적 사건은 사회문제가 정책의제화하는데 점화역할(triggering point)을 한다. 미국의 9.11테러와 같은 사건은 미국의 출입국정책에서 큰 변화를 초래하였음이 나타나고 있다.[4] 또한 선거와 같은 정치적 사건은 정권의 변동을 초래하고 의제설정 주체의 변동을 가져와 의제화에 큰 영향을 미친다.

---

[4] 극적인 사건의 대표적인 사례로는 미국의 9.11 테러를 들 수 있다. 9.11 테러의 발생은 미국으로 하여금 반테러주의와 국가안전이라는 문제를 정책의제로 설정하도록 만들었고, 미국의 비자정책과 국익우선의 정책을 추진하는 결과를 가져왔다.

3 문제의 특성과 사건

1) 문제의 중요성과 상징

문제의 특성 중에서 가장 중요한 것은 문제의 사회적 중요성(social significance)으로, 사회문제로 인해 영향을 받는 사람들의 수가 많을수록, 또한 그것의 파급효과가 클수록 정책의제가 될 가능성이 그만큼 커진다. 가령, 음주운전이나 낙태와 같은 문제가 그러한 예들이다.

또한 정책의제설정에서 상징(symbols)이나 프레이밍(framing)의 사용도 많은 영향을 미친다. 상징은 문제에 정당성(legitimacy)을 부여하는 것을 말한다. '평화와 번영', '법과 질서', '아동보호', '삶의 질' 등과 같은 표현들은 모든 사람들에게 공감을 일으키는 상징들이다. 이것은 정책이슈가 일반적으로 사실(facts) 자체에 기초하지 않고 이들 사실에 대한 해석(interpretation of those facts)에 기초한다는 것을 말해 준다.

2) 문제의 형태

문제의 형태도 많은 영향을 미친다. 문제의 형태에는 구체성의 정도, 사회적 유의미성, 시간적 적합성, 복잡성의 정도, 범주적 선행성의 정도가 중요하다(최봉기, 2008: 128-129). 즉, 문제가 모호하게 규정될수록, 문제가 사회적으로 유의미할수록, 시간적 타이밍이 적합할수록, 덜 복잡한 문제일수록, 명백한 선례가 없는 문제일수록 정책의제화 할 가능성이 높아진다. 또한 현 시점을 뛰어넘어 존재할 수 있는 문제이거나 비기술적이고 단순한 문제일수록 정부의제로 될 기회가 넓어진다고 본다(Palumbo, 1988: 37).

3) 문제의 내용

문제가 갖는 내용이 배분, 규제, 재분배, 구성정책 중 어떤 유형에 속하느냐에 따라 정책의제화가 달라질 수 있다. 예컨대, 규제정책의 경우 문제해결로 인한 혜택은 전체가 보게 되지만 해결비용은 규제를 당하는 일부 집단이 집중적으로 부담하게 되어 정책의제화하기 어려운 반면에, 배분정책의 경우 유치경쟁이, 재분배정책의 경우 배제경쟁이 이루어짐으로써 정책의제화가 복잡성을 띠게 된다.

4) 선례와 유행성

선례와 유행성도 많은 영향을 미친다. 선례가 있거나 유행성이 있는 문제의 경우 쉽게 정책의제화될 수 있는 반면에 그렇지 못한 경우 기회가 줄어든다.

5) 위기 등 사건

문제를 극적으로 드러내주는 지진 등과 같은 자연재해, 기후변화, 재난 등과 같은 사건으로서, 이는 정치적 사건과 더불어 문제를 정책의제화하는 양대 점화장치(triggering devices)이다.

제 3 절 정책의제설정의 전략

1 정책의제설정 전략

사회문제가 정부의 관심을 받아 해결을 보기로 하였다 하더라도 언제나 자동적으로 정책의제가 되지는 않는다. 민주국가에서는 정책의제로 형성되기 이전에 사회적 이슈화가 요구되어진다. 사회적 쟁점화를 통해 여론형성을 도모하는 전략이 중요하다. Cobb & Elder(1983)와 이해영(2016: 75-77)은 다음 네 가지 전략을 제시했다.

첫째는, 자신이나 집단 등의 개인적인 이해관계를 달성하기 위해 쟁점을 제기하는 이기적인 착취자(exploiter) 전략이다. 즉, 개인적인 이해관계를 전면에 앞세우지는 않지만, 정부의 정책개입을 강력히 주장하는 근본적인 동기나 발단은 개인의 입장이나 손익계산 등을 이용하는 전략이다. 예를 들어, 동성결혼의 경우 전적으로 개인의 산물이다. 2015년 6월에 미국 대법원의 동성결혼 합법화를 이끌어 낸 것은 동성결혼자나 앞으로 동성으로 결혼하겠다는 사람들의 'exploiter' 전략이었다.

둘째로, 예상하지 못한 사건이나 사고에 의해서 발생되는 이슈(circumstantial

구분	자연적	인위적
국내적	자연재해	경제난, 기술진보, 각종 사건사고
국외적	기후변화	전쟁, 무역분쟁, 무기개발

표 3-3 점화사건의 유형과 사례

reactions)의 전략이다. 평소 아무도 관심이 없었던 지지부진했던 일이 중요한 사건이나 사고 등에 의해 광범위한 여론이 형성되면서 정부로 하여금 신속하게 대응하게 만드는 것이 그러한 예에 속한다. 예를 들어, 2015년 5~6월과 2018년 8월에 발생한 MERS(중동호흡기 증후군) 사태를 계기로 쉽게 사회적 이슈로 확산되면서 정부가 정책의제로 채택하는 경우이다. 이러한 점화사건으로는 자연적·인위적, 국내적·국외적 사건으로 나눌 수 있다. 많은 경우에 천재지변이나 전쟁, 가뭄, 홍수, 대형재난 등과 같은 불가항력적인 사건이나 사고 등은 정책의제설정을 수월하게 할 수 있는 기회를 만들 수 있다.

셋째는, 기존의 체제나 가치 및 제도 등에 도전적인 입장으로서, 자신에게 돌아올 불이익이나 손해 혹은 편견 등을 없애기 위해서 서로 간의 이해관계자의 경쟁에서 발생되는 재조정자(readjuster) 전략이 있다.

넷째는 정책전문가나 기타 공공의 이익을 추구하는 단체 또는 개인 등이 사회적인 정의와 선과 평화와 행복을 달성하기 위해서 제기하는 선행주의자(do-gooders) 전략이다. 국가의 기간산업이나 교육, 국방이나 외교정책, 자원개발, R&D사업, 경제성장과 분배정책 등은 사회적 가치나 공공목적을 실천하고자 하는 전문가나 일반 시민들의 여론형성, 언론이나 시민사회단체 등의 문제제기와 대안제시, 정책담당자의 의지 등이 상호 선행중심으로 전략이 모아졌기 때문에 보다 쉽게 정책의제로 나타날 수 있다.

한편, 최봉기(2008: 171-173)는 정책의제설정에서 사회집단과 정부가 공통적으로 사용하는 전략으로 문제의 명확화, 자원의 동원, 정확한 상황분석, 지도자와의 유대강화, 매스컴의 활용 등을 들고 있다. 먼저, 문제의 명확화 전략이란 정책의제화를 요구하는 자신들의 문제가 구체적으로 무엇을 요구하고 어떻게 해줄 것을 바라는지 그 내용을 분명히 해야 함을 뜻한다. 그리고 문제의 목표를 분명히 하고 사회적 유의성을 부각시키며, 사회대중의 공통관심사로 확대시켜나가는 작업도 함께 병행해야 한다는 것이다.

둘째, 자원의 동원 전략이란 문제의 정책의제화를 위한 활동에 필요한 각종 인적·물적 자원은 물론 제도적 자원, 정치적, 자원, 시간적 여유 등을 확보하고, 이들을 최대한 효율적으로 배분해야 한다는 것이다. 사실 어떠한 전략보다도 현실적으로 그 영향력이 가장 현저한 것은, 바로 자원의 동원과 배분전략인 것만은 분명하다.

셋째, 상황분석 전략이란 사회집단이나 정부의 정책결정자들은 주어진 상황 속에서 자신들의 문제와 관련된 각종 정보를 최대한 확보하고 이를 종합·분석함으로써 주변의 상황변화를 정확하게 파악해야 한다는 것이다. 다시 말해 정보의 수집과 분석을 통해 현황에 대처하고 미래예측을 통해 장차 전개될 상황변화에 충분한 지식과 대응방안을 강구해야 한다는 것이다.

넷째, 지도자와의 유대강화 전략이란 정부나 사회집단들이 자신들의 문제를 정책의제화시켜 나가는 과정에 참여하게 되는 수많은 개인 및 집단들 중에서 핵심적인 영향력을 가진 자를 파악해서 그들과 기밀한 유대관계를 맺어나가야 한다는 것이다. 정부는 물론 사회집단 속에는 사실 엄격한 권력관계가 존재하고 있어 이것을 정확히 파악하여 권력의 핵이나 집단의 실질적 리더들과 우호적 관계를 유지하는 것 역시 실속있는 전략이다.

다섯째, 매스컴 활용전략이란 문제를 주도하는 집단이 자신들의 문제를 다수에게 알리고 확산시킬 수 있는 중요한 전략수단으로 언론을 활용하는 것을 말한다. 언론을 활용한다는 것은 자신들의 문제에 보다 많은 시민들이 관심을 갖고 지지해 준다는 것을 의미한다. 따라서 문제를 주도하는 집단 입장에서는 문제를 정책의제로 전환시키는 데 있어 매스컴 활용전략이 매우 중요한 전략이라 볼 수 있다.

2 정책의제설정에서 편견

1) 정책의제설정과 편견의 동원

사회 속에는 해결해야 할 문제가 무수히 많다. 이러한 문제들 중에는 순전히 개인적인 문제에서부터 국가 전체적 존립에 관한 문제에 이르기까지 그 종류는 다양하다. 그러나 이처럼 다양한 문제들 모두가 정책의제로 채택되어 정부에 의해 그 해결을 보게 되는 것은 아니다. 이들 수많은 사회문제 중에서 어떤 문제는 방치되고, 어떤 문제는 정부에 의해 해결을 보게 된다. 어떤 문제를 정부가 정책의제로 형성한다는 것은 그 문제를 해결하기 위해 대안을 마련하겠다는 의지를 표명한 반면에, 어떤 문제를 의도적으로 방치하고 정부의제로 등장하는 것을 사전에 억제한다는 것은 바로 그 문제를 다루기 위한 그 어떤 조치도 취하지 않겠다는 것을 표명한 것이라 볼 수 있다.

왜 어떤 문제가 정책의제로 채택되느냐 하는 것은, 왜 어떤 문제는 정책의제로 채택되지 못하느냐 하는 질문과 동전의 양면관계에 있는 것이다. 전자와 관련된 연구를 정책의제설정론이라고 한다면 후자는 무의사결정론(non-decision theory)으로 연구되고 있다. 무의사결정론은 근본적으로 정치체제와 사회에 편견(bias)이 동원되어 있다는 시각에서 출발한다. 무의사결정이론을 최초로 주창한 Bachrach & Baratz(1979: 44)는 무의사결정을 정책결정자의 이익과 가치에 대한 도전을 억누르거나 방해함으로써 사전에 이를 좌절시키는 결정으로 보고 있다. 이들은 엘리트론의 관점에서 의제 억제 문제를 설명하고 있는데, 권력은 두 개의 얼굴(two faces of power)을 가지고 있는 바, 한 얼굴은 권력을 가진 집단이 자신들에게 유리한 방향으로 정책결정이 이루어지도록 하는 측면이고, 다른 하나는 그들에게 불이익을 가져다주거나 권력의 배분상태에 위협적인 요구는 사전에 표면화되지 않도록 봉쇄하거나 은폐시키는 측면이다. 즉, 사회가 편견으로 제도화되어 있다는 것이다.

그런데 어떠한 정책이든 그것으로 인해 이익을 보는 집단이 있는 반면에 손해를 보는 집단이 있기 마련이다. 그러므로 어떤 사회문제가 정책의제로 설정되어 피해를 보게 되는 집단이 특히 엘리트집단일 때는 이러한 사회문제가 정책의제화하지 못하도록 방해할 것임은 쉽게 짐작할 수 있다.

2) 무의사결정의 발생원인

그렇다면 정책의제설정에서 편견이 일어나는 원인은 무엇인가? 그것은 정책문제 자체의 성격, 정치체제의 속성, 정책체제의 과부하 등에서 찾을 수 있다. 우선, 사회문제 자체가 정책문제로 등장하기 어려운 경우를 들 수 있다. 가령, Lindblom(1980:

184)은 미국사회에서 사유재산제도의 철폐라든지 대통령제를 내각제로 바꾸는 것과 같은 문제는 정치지도자들 사이에서 절대로 거론하지도 않고 제의하지도 않는다고 지적한다. 그것은 미국사회가 기업자율성, 사기업제도 유지, 사유재산제도, 그리고 점진적인 부의 재분배 등에 관해 묵시적으로 합의하고 있기 때문이다.

둘째는 정치체제가 갖고 있는 가치와 신념, 관례들, 즉 편견(bias)의 동원에 의해서 정책의제화가 무산된다. 즉, 정책체제 밖의 정책의제화 반대집단의 요구나 정책체제 자체의 기득권을 보호하고 있는 집단들에게 필요 이상의 부담을 주지 않을까 하는 우려 등에서 정책의제화가 제한된다(민진, 2016: 147).

셋째는 정책담당자나 정책체제의 재량권이나 역량범위를 벗어났을 때 정책의제설정의 무의사결정이 이루어진다. 즉, 인력이나 예산 그리고 정보 등이 제한되어 있거나 법적, 지리적 범위를 벗어났을 때 무산될 수 있다.

3) 무의사결정의 수단

정책의제설정을 억제하거나 봉쇄하기 위한 무의사결정 수단이란 특정문제의 의제화를 억제하고자 하는 집단이 정부에 압력을 행사함으로써, 혹은 정부 스스로의 판단에 따라 그 문제를 정책의제로 채택되지 않겠다는 결정을 내리는 수단을 말한다. 무사의결정의 수단은 주도집단이 그들과 반대되는 집단의 주장을 포기하거나 약한 정책으로 나타나도록 압력을 행사하거나 관련 시민들의 참여를 억제하도록 하기 위해 취해지는 방법으로서 크게 권력의 행사, 특혜지원, 사적 문제화, 회피 내지 지연전략 등을 들 수 있다(최봉기, 2008: 174-175).

우선, 권력의 행사란 문제의 주도집단 및 그 구성원들에 대하여 직접적으로 공권력을 행사한다거나 세무조사, 신원조회, 징병연기거절, 공직임용제한 등의 방법을 사용하는 것을 말한다.

둘째, 특혜지원이란 정부당국의 입장으로 보아 곤경에 처할 우려가 있는 어떤 문제에 대해 그것이 다수의 시민들에게 확산되기 전에, 그 문제를 정부가 어떤 특혜를 주도집단에게 우선 지원해 줌으로써 반대집단의 요구를 스스로 포기하도록 하는 것으로 이것은 문제의 해결이 아니라 문제의 은폐 내지 잠재화가 될 소지가 있다.

셋째, 사적문제란 제기된 문제가 공익을 위한 것이 아니고 사적인 특수이익의 추구를 위한 것으로 프레이밍하는 것을 말하며, 예를 들어 문제와 관련된 집단의 성격을 사적 집단으로 규정하거나, 어떠한 정책요구를 비국가적·비공익적인 것으로 규정지음으로써 일반 시민들의 관심을 배제시키는 것 등이 여기에 해당된다.

넷째, 회피 및 지연전략이란 의도적으로 제기된 문제를 외면하고 다른 문제에 관심을 보이거나, 연구검토라는 미명하에 위원회에 회부시키는 것과 같은 방법을 통해 그 문제와 직접 마주치지 않거나 의도적으로 시간을 지연시키는 것을 뜻한다.

4) 무의사결정의 유형

Wolfinger에 따르면 무의사결정의 유형으로 포기(reuniciation), 자제(abstention), 비참여(non-participation)가 제시되고 있다(최봉기, 2008: 146-147). 첫째, 포기는 이미 정책의제를 주도하고 있는 행위자가 다른 사람들이 자신의 제안이나 요구를 수용하지 않을 것이라는 것을 예견함으로써 스스로 제안이나 요구를 포기하는 것이다. 이것은 정책의제설정과정에서 가장 일반적으로 나타나는 현상이며, 요구와 반대 간의 사전적 결과로 볼 수 있다.

둘째, 자제는 정책과정에 참여하고자 생각했던 행위자가 다른 사람들의 부정적인 반응을 예견해서 참여하지 않고 참는 것을 말한다. 포기와 자제는 정책의제설정에 개입하지 않겠다는 의도적 결정이라는 점에서 유사하다.

셋째, 비참여는 행위자가 자신의 이익을 고려하지 않고 정책의제과정에 참여하지 않는 것을 말한다. 즉, 애당초 정책과정에 참여하는 것에 관심이 없어서 참여를 결정하지 않는 경우가 이에 해당된다. 자제와 비참여는 정책의제설정과정에 참여하지 않는다는 점에서 동일하나, 자제는 자신의 이익을 의도적으로 제한하는 것인 반면에 비참여는 자신의 이익에 대해 전혀 모른다는 점에서 서로 차이가 난다.

제 4 장

정책결정

학습개관

정책이 결정되는 과정을 이해하고, 정책결정을 설명하는 여러 이론의
주요 내용을 학습한다.

1. 정책결정의 의의, 유형 그리고 과정을 알아본다.
2. 합리포괄모형
3. 만족모형
4. 연합모형
5. 점증모형
6. 최적모형
7. 쓰레기통모형
8. 앨리슨(Allison) 모형에 대해 알아본다.

" 정직함이 결국은 항상 가장 좋은 정책이다
(Honesty is always the best policy in the end). "

– Gerald R. Ford

제1절 정책결정의 의의와 과정

1 정책결정의 의의

국가의 성공과 실패는 적어도 정책관리자들의 정책결정의 결과라고 말할 수 있다. 예컨대, 정책결정은 국민을 위한 정책이 어떻게 운영되어야 하고 국가 정책이 어떻게 변해야 하는지 등에 대해서 결정하고 선택하는 과정이다. 정책결정(policy decision)은 해당 정책에 관한 공식적인 권한을 가진 결정자가 어떠한 의도를 공식적 혹은 비공식적 방법으로 표출하는 것을 의미한다. 이는 공공의 목적을 달성하기 위한 '일종의 권위 있는 결정'이며, 행위·사건·선택의 전개 등으로 나타난다(배용수·주선미, 2004).

국가는 정책결정이 이루어지는 과정을 계속해서 발전시켜야 하고, 변화하는 환경에 대응할 수 있도록 보다 효과적인 방법을 개발하여야 한다. 이 장에서는 먼저 정책결정의 의의와 과정에 대해 알아본다. 그리고 정책결정 과정이란 국가의 목표를 달성하기 위해 모든 대안을 비교·검토하여 최적의 대안을 선택하는 과정을 말한다.

이 장은 이러한 정책결정에 대한 이해를 제고하기 위해 정책결정의 유형과 합리모형, 만족모형, 연합모형, 점증모형. 최적모형, 쓰레기통 모형, 앨리슨(Allison)의 모형, 그리고 정책의 적정성 진단을 위한 정책집행 모형 등 정책결정의 여러 이론모형에 대해 살펴본다.

정책결정(policy making)이란 바람직한 목표를 달성하기 위해 이용 가능한 여러 대안(alternatives) 중에서 최선의 대안을 선택하는 과정이자 문제를 해결하는 과정이다. 즉, 어떤 행동을 실행하기 전에 결과를 미리 분석해보는 과정이라 할 수 있다 (Gore, 1964: 19). 따라서 정책결정이란 행정기관이 국가목표를 달성하기 위해 정책대안을 탐색하고 그 결과를 예측함으로써 최종적으로 승인, 가감, 혹은 거부하는 것과 관련된 일련의 행위를 말한다(Anderson, 2000: 5-6).

다시 말해, 국가 운영상 목표 달성을 위한 최선의 대안을 선택하는 일련의 과정이라고 할 수 있다. 정책결정의 개념 속에는 다음과 같은 세 가지 핵심 내용이 내포되어 있다(박연호·오세덕, 2000: 460).

첫째, 정책결정은 선택 행위를 포함한다는 것이다. 만약 가능한 행동대안이 한 가지밖에 없다고 한다면 정책결정이란 존재할 수 없다.

둘째, 정책결정은 의식적인 수준에서 행해지는 정신적 과정(mental processes)을 내포하고 있다는 점이다. 정책결정에는 논리성이 강조된다. 그러나 그 과정에는 논리적인 측면 이외에도 감정적·비합리적 및 보수주의적 요소들이 작용하고 있음을 간과해서는 안 된다.

셋째, 정책결정은 목표 지향적이라는 점이다. 즉, 그것은 어떤 구체적인 목표를 달성하기 위해 이루어지는 행동 내지 과정인 것이다.

일반적으로 정책결정 과정을 바라보는 시각은 인간의 사고과정에 관한 심리학적 연구로부터 영향을 받은 학자들이 정책결정 과정을 일련의 연속적인 단계로 분류하는 것에 많은 영향을 받은 것으로 보인다. 학자마다 비슷한 내용으로 정책결정의 단계를 구분하고 있으나, 그러한 구분을 몇 개로 또한 어떻게 하는가에 관해서는 큰 차이를 보여 준다(성균관대학교 사회과학연구소, 1988: 186-187; 오석홍, 1990: 605-618; 윤우곤, 1977: 482-483). 많은 학자 중 정책결정에 관한 이론으로 널리 알려진 Simon의 정책결정과정을 살펴보면 다음과 같다(Simon, 1960: 2).

첫째, 정보활동(intelligence activity)이다. 정책결정을 해야 될 상황을 찾는 단계이다. 즉, 문제를 인식하는 단계라고도 할 수 있다. 문제의 인지는 자극이나 압력에 의해 해결해야 할 문제를 인식하는 것을 의미한다. 문제인지의 자극요인으로는 불만, 갈등, 불균형, 불편 등이 있다.

둘째, 설계활동(design activity)이다. 문제의 성격을 파악하여 가능한 행동지침을 창안하여 발전시키고 분석하는 단계이다. 해결할 문제가 일상적·정형적 문제인지,

예외적·비정형적 문제인지를 파악해 보고 그 결과가 해결할 수 없다거나 해결해서는 안된다는 판단을 내리면 정책결정과정은 더 이상 이루어지지 않는다.

마지막으로, 선택활동(choice activity)이다. 문제를 해결할 수 있는 모든 방안을 탐색해서 가장 이상적으로 해결할 수 있는 방안을 선택하는 단계이다. 예를 들어, 문제가 일상적, 정형적인 경우는 기존의 정책과 선례를 따르는 대안을 탐색하는 것이 좋다. 반면에, 예외적, 비정형적 문제는 대안 탐색범위도 넓고, 방향도 창의적인 것이 좋다.

2 정책결정의 유형

조직의 정책결정은 복잡성에서 차이가 있고, 정책결정이 되풀이되는 빈도에 따라 정형적 정책결정과 비정형적 정책결정으로 구분할 수 있다.

정형적 정책결정(programmed policy making)은 정책결정 규칙이 개발될 수 있을 정도로 빈번히 되풀이되는 정책결정이다. 여기서 정책결정 규칙이란 정책결정 상황에 관한 정보를 미리 제시하고 어떤 대안을 선택할 것인가에 대해 규정해두는 것을 말한다. 정형적 정책결정은 성공과 실패에 대한 기준이 명확하고, 양질의 정보를 이용할 수 있고, 대안을 쉽게 구체화할 수 있으며, 선택된 대안이 성공적일 것이라고 믿을 수 있을 때 가능하다.

한편, 조직이 이전에는 직면하지 못했던 문제와 정책결정 상황을 해결해야 하고, 정책결정자가 이전에 규정해두었던 정책결정 규칙에 의존할 수 없을 때가 있다. 이러한 정책결정을 비정형적 정책결정(nonprogrammed policy making)이라고 한다. 정형적 정책결정과 달리 비정형적 정책결정은 문제해결이 필요하다는 것이다. 정책 문제해결(policy problem solving)이란 의제가 독특하여 정책결정 규칙의 도움 없이 대안을 개발하고 평가해야 할 필요가 있는 정책결정의 한 형태라고 할 수 있다(Nutt, 1993; 2002: 226-251).

3 정책결정의 과정

정책결정은 여러 단계의 과정을 거친다. 첫째, 정책의제를 형성하는 과정, 둘째, 정책을 결정하는 과정, 셋째, 결정된 정책을 집행하는 정책집행 과정, 넷째, 집행된 정책이 제대로 시행되었는지의 여부를 평가하는 정책평가 과정, 그리고 마지막으로 정책변동 과정 등으로 구분할 수 있다.

정책단계별로 팀제의 도입 직후 폐지 사례를 살펴보면, 다음과 같다.[1]

1) 정책의제 설정 단계

행정자치부의 팀제도입 의제는 2005년 오○○ 장관의 취임과 함께 부상하였다. KOTRA 사장 재직 당시 팀제와 BSC 성과관리제도를 도입하여 공기업 경영평가에서 수위를 차지했던 KOTRA의 경험을 그대로 적용시키고자 한 것이다.

행정자치부는 2005년 1월 21일 장관주재 전 직원 대상 토론회를 시작으로 하여 팀제 도입의 전담조직을 구성하고 부서별 토론회, 간부대상 설명회를 개최하였다. 여기서 제기된 팀제도입의 배경과 목표는 계원(주사이하)−담당(사무관)−과장(서기관)−국장−차관보−차관−장관으로 이어지는 최소 7단계 이상의 복잡한 관료제 계선구조를 축소하고, 신속한 의사결정, 효율적인 조직을 지향하는 것이었다.

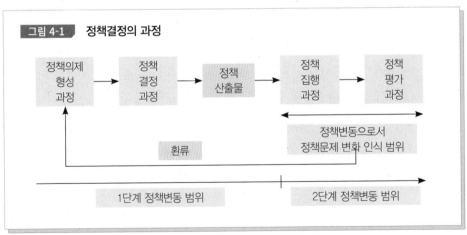

그림 4-1 정책결정의 과정

출처: 최창현외, (2005). 정책분석론, 시대고시기획

---
1   팀제도입사례, 중앙공무원교육원, 정책행정자료, 2010.

"밑에서 만들어온 검토보고서를 연필만 들고 자구만 고치던 중간관리자들을 축소시켜 행정상의 간접비용을 절감하자는 것"이 당초 취지였다. 여기에 더하여, 대면보고가 아닌 전자결재, 온라인보고 등을 결합시켜 의사결정의 소프트웨어와 행태를 변화시킴으로써, 장관까지의 결재절차를 단순하고 신속화하려 시도하였다.

정책의제의 설정 과정에서 주도적인 집단이 누구인가에 대해서는 외부주도형, 동원형 그리고 내부접근형이 있다.

(1) 외부주도형(Outside Initiative Model)

정부바깥에 있는 주도집단들의 요구에 의하여 정부의제로 채택되는 경우를 의미한다. 다원주의(pluralism) 사회에서 이익집단의 활동이 보장되고 정부 또한 외부의 요구에 잘 반응하는 정치체제라면 외부주도형 의제설정이 많이 일어날 수 있다. 다원화되고 민주화된 선진국 정치체제에서 많은 유형이다.

(2) 동원형(Mobilization Model)

정부 내의 정책결정자들에 의하여 주도되는 경우이다. 예를 들어, 우리나라에서 1970-1980년대 산아제한을 위해 가족계획을 실시한 적이 있는데 정부가 앞장서서 정부의제로 결정한 이후 국민들의 참여를 독려했다는 점에서 동원형으로 볼 수 있다.

그런데 동원형 의제설정과정은 권위주의적 정부나 후진국 사회에서 나타나는 모델이라고 할 수 있다. 정부의 힘이 강하고 시민사회나 민간의 힘이 약한 경우에 많이 나타나는 모형이다.

(3) 내부접근형(Inside Access Model)

정부기관 내의 관료집단이나 정책결정자에게 쉽게 접근할 수 있는 외부집단에 의하여 주도되어 최고정책결정자에게 접근하여 문제를 정부의제화하는 경우이다. 대표적인 예로 우리나라에서 1990년대 중반 김영삼 정부 시절 금융실명제 실시가 바로 내부접근형에 해당된다. 주로 국방정책, 한미관계와 같은 외교문제 등이 내부접근형 정부 의제라고 볼 수 있다

팀제도입 사례의 경우는 행자부 장관에 의해 주도된 동원형과 쓸데없이 많은 계층제 등의 관료제의 역기능에 대한 여론의 비판으로 인한 약간의 외부주도형의 형태로 정책의제가 설정되었다고 볼 수 있다.

2) 정책결정 단계

당시 2005년 행자부 장관은 노무현 대통령의 혁신 특보를 맡았었기 때문에 혁신 지향적이었다. 2005년 3월 23일 행정자치부는 팀제도입과 운영을 위한 지침을 결정하고, 이를 내부공문으로 시달하게 된다.

도입초기 국·과장 7명의 보직을 박탈하고 담당 6명을 팀장에 발탁하는 등 본부

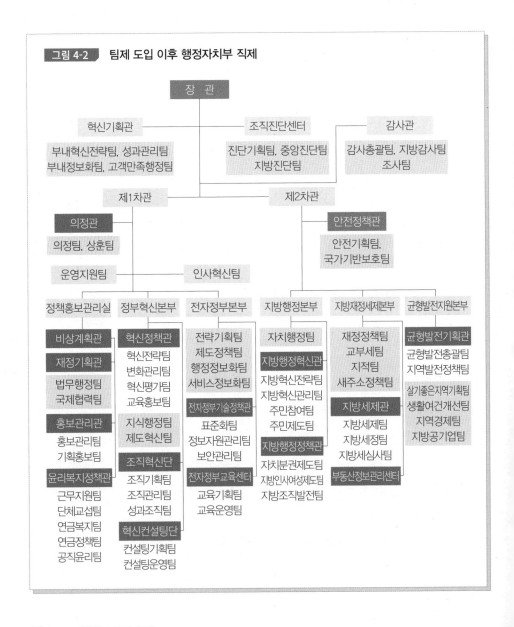

그림 4-2 | 팀제 도입 이후 행정자치부 직제

장 및 팀장 61명에 대한 인사를 24일 단행하여, 담당 직위를 없애고 일반 팀원으로 만들었으며, 국장과 차관보 등을 본부장으로 통합하였다.

팀제와 팀의 성과 및 보상을 연결하기 위한 실질적인 핵심적 소프트웨어는 〈BSC 성과관리제도〉의 도입이었다. 성과관리팀과 부내 정보화팀을 만들어서 〈하모니〉라는 전자문서시스템을 구현했다.

3) 정책집행 단계

관료제의 계급제는 그대로 존속하는 상태에서 팀제를 도입했다. "팀제의 도입 초기 국장급 이상 고위직의 경우는 100%가 반대하는 실정이었고, 과장과 담당급은 80%가 반대하는 상황이었다. 6급 이하는 담당이라는 직위가 없어지니까 혹시나 자기가 승진할까 하는 심정으로 60-70%가 찬성하는 상황일 뿐이었다." 위계질서를 강조하는 기존의 체계에 팀제는 적합하지 않았다. 팀제를 도입하는 측은 인사에 있어서의 서열파괴가 본래 목적이었으나, 이는 아예 추진되지도 못하였다.

팀장의 통솔범위 문제 등을 해결하기 위해 여러 번 팀제 운영지침이 수정보완 되었다. 큰 팀의 경우에 팀장과 팀원 사이에 〈파트리더〉라는 중간관리자를 두기로 한 예외규정이 그 대표적인 사례이다.

4) 정책평가 단계

팀제의 성과는 다음과 같다.

(1) 전면적 개혁의 추진

사무전결처리규칙과 행태를 계속해서 고치고 평가하는 과정에서 이전부터 존재했던 과를 팀으로 명칭만 바꾸었던 과거와는 질적으로 다른 효과가 나타난 것은 긍정적인 부분이다.

(2) 결재단계의 축소

실제적으로 최소한 2~3단계의 결재구조가 축소되는 효과가 있었다. 팀원-팀장-본부장-차관-장관의 결재라인을 설계하였다.

팀제의 문제점은 다음과 같다.

(1) 팀의 규모와 Span of Control의 문제[2]

"가장 중요한 문제로서 과(科) 내에 담당이라는 중간관리자가 없어지자, 팀장에게만 업무가 폭발적으로 집중했다." 팀장의 수비범위가 너무 넓고, 체계적 업무분장이 이루어지지 않았다. 10명 이내의 소규모 팀은 상관없으나, 15~20명에 이르는 팀의 경우는 팀장의 검토업무가 과중하게 되고, 팀원의 대면적 관리에 한계가 발생하였다.

(2) 업무과중과 의사소통의 문제

팀장, 본부장, 팀원들에게 업무가 늘어나는 문제가 발생하고 의사소통이 원활하지 않았으며, 팀 내 개별주의 성향이 표출되고, 업무협조에 미흡함이 나타났다.

(3) 책임성 약화의 문제점

팀원이 담당으로서 업무에 대한 책임을 지기보다는 기존의 관례대로 팀장에게 업무와 책임을 전가하는 경향이 발생하고, 무엇보다도 중요한 정부정책에 대한 깊이 있는 검토가 부족해질 우려가 있었다. 서기관, 5급 사무관, 주사 등이 각자 팀원으로서의 업무만 담당하려 하는 개별주의적 성향이 나타나기 시작하였다.

(4) 5급 사무관의 박탈감과 반발

도입단계부터 담당에서 팀원으로 전환된 5급 사무관들의 반발의식이 표출되었고, 이들이 '계' 단위에서 조정역할을 수행하지 않음으로써 초임 직원들은 업무처리에 어려움이 생겼다.

(5) 새로운 정권의 차별화 추구

2008년 2월 새로운 정부의 출범과 함께 차별성을 확보하려는 방향이 설정되고, 대국대과주의가 새롭게 강조되었다. "솔직히 인수위원회 당시 팀제, 성과관리 등 참여정부의 정부혁신에 대한 무조건적인 반감이 있었던 것이 사실이다. 보고서를 쓸 때도 혁신, 분권 이런 말들은 당선자가 무척 싫어하시니 용어조차 절대 쓰지 말라는 지시를 받았다."

실제로 당시 인수위원들로부터 혁신에 대한 많은 질타를 받아, 어찌 보면 팀제

---

2 2008년 7월 30일 행정안전부 g서기관과의 면담 결과.

같은 것은 참여정부의 대표적인 정부혁신 사례로 몰려 폐지될 운명이었다는 인식이 확산되었다. "처음에 무척이나 반발이 많았지만, 1년 이상 지나가면서 팀제가 어느 정도 정착되어 갔었는데, 이명박 신정부가 들어서면서 정말 허무할 정도로 한방에 팀제를 원상복귀 시키는 것을 보면서 정부정책을 너무나 빨리도 바꾼다는 자괴감이 들기도 했다."

제 2 절 정책결정의 이론모형

정책결정 과정이란 조직목표를 달성하기 위해 모든 대안을 비교·검토하여 최적의 대안을 선택하는 과정을 말한다. 일반적으로 합리적인 정책결정의 과정은 다음과 같은 다섯 단계를 거치게 된다.

1) 정책문제의 인지와 분석 단계

정책문제란 바람직한 상태와 현실의 상태 사이의 차이를 의미한다(강근복, 1996: 93). 즉, 정책결정을 하려면 우선 결정자가 문제의 성질을 명백히 인식하고 목표를 설정해야 하며, 인지된 문제를 해결하기 위해서는 그 문제에 대한 분석이 뒤따라야 한다.

2) 정책목표 설정 단계

정책목표란 달성하고자 하는 미래의 바람직한 상태를 의미한다. 다시 말해, 현재의 문제를 해결하여 조직구성원들의 심리적 긴장 상태를 없애고 만족스러운 상태를 이끌어 낼 수 있는 구체화된 미래의 상태를 말하는 것이다. 이 때 목표는 구체적으로 기술되어야 한다.

3) 정보의 수집·분석 단계

정책문제가 명확해지고 목표가 설정되면 이에 대한 대책을 강구하기 위해 정보(information)와 자료(data)를 수집하여 과학적으로 분석한다.

4) 정책대안의 탐색 및 평가 단계

정책목표의 달성을 위해 모든 대체적인 방안을 탐색하고 평가한다. 정책대안을 탐색할 때에는 수집한 정보와 지식 및 경험도 중요하지만 이 일을 담당하는 사람의 창의성에 크게 의존하게 된다. 정책결정자는 가장 불리한 상황에서도 모든 가능한 정책대안을 개발하기 위해 전력을 기울여야 한다(박연호, 2000: 273). 대안이 탐색된 후에는 이들의 장·단점과 대안들이 초래할 결과를 가급적 계량적으로 평가해야 한다.

5) 정책대안의 선택과 집행 단계

정책대안의 선택은 여러 대안들 중에서 최선의 대안을 하나 선택하는 과정이다. 최선의 대안을 선택한다는 것은 최대의 이익과 최소의 불이익을 가져올 것을 목표에 비추어 선택한다는 것을 의미한다. 이러한 대안의 선택이 곧 정책결정이다.

대안이 선택되고 나면 이는 실행에 옮겨져야 한다. 이 단계에서는 집행 담당자들의 집행 의지가 무엇보다 중요하다. 정책이 집행된 후에는 이에 대한 정책평가가 이루어진다.

누구나 합리적인 정책결정을 추구하고 최선의 선택을 했다고는 하지만 실제로는 결정을 내릴 때 사람마다 제각기 다른 접근을 하는데 이러한 접근법들은 한두가지가 아니다(임창희, 2009: 327). 여기에서는 다양한 정책결정 모형 중 대표적인 것들을 살펴보기로 한다.

1 합리포괄모형

합리포괄모형(rational comprehensive model)은 정책결정 시에 최대한의 합리성을 추구하고 가능한 모든 대안과 정책결정 기준을 포괄하려는 정책결정모형이다. 이 모형에 의하면, 정책결정자는 이성과 고도의 합리성에 근거하여 결정하고 행동한다. 즉, 합리모형은 인간이 정책결정에 필요한 모든 지식과 정보를 파악·동원할 수 있다는 전지의 가정(assumption of omniscience) 하에서 목표 달성을 위한 합리적 대안의 탐색·선택을 추구하는 규범적·이상적 접근 방법이다.

정책결정의 고전적 접근방법으로 인간과 조직의 합리성, 합리적 경제인, 완전한 정보환경을 전제로 하여 합리적인 정책결정을 모형화한 것이다. 즉, 모든 조건의 충분한 제공 하에서 합리적 인간이 최대의 효과를 얻을 수 있는 정책결정을 하는 것을 제시한다. 합리적 정책결정 모형의 특징을 살펴보면 다음과 같다(Arnold & Feldman, 1986: 396-402).

첫째, 합리적 정책결정모형에서는 문제의 발견과 진단, 대안의 탐색·평가, 대안 선택 등 정책결정의 각 단계들이 독립적으로 순서 있게 진행된다.

둘째, 조직이나 개인은 항상 추구하는 목적을 극대화시킬 수 있는 대안을 선택하게 된다.

셋째, 정책결정에 고려될 수 있는 대안은 모두 인지할 수 있으며 각 대안을 모두 탐색할 수 있고 그 대안들이 가져올 결과를 포괄적으로 분석할 수 있다.

넷째, 대안분석에 있어서 가중치나 확률 및 복잡한 계산이 가능하므로 어려운 정책결정 사항도 계산을 통해 최적의 대안을 선택할 수 있다. 마지막으로, 대안선택에 있어 영향을 줄 수 있는 비합리적 요인은 통제되고 일정한 기준에 따라 최적의 대안을 선택하게 된다.

〈표 4-1〉은 앞에서 설명한 절차에 따라 1. 문제의 정의(새로 노트북을 살 것인가 혹은 기존 PC를 업그레이드할 것인가?), 2. 대안 탐색 및 개발(삼성, LG, HP, 애플 등 어느 회사의 어느 모델을 살 것인가?), 3. 대안의 결과 예측(what if I buy LG), 4. 대안 비교 평가(실현가능성 기준으로 가격, 소망성 기준으로 CPU, RAM 등) 등 4가지 단계에 입각해 가장 합리적인 노트북 구매 결정의 쉬운 예를 든 것이다. 이 표에 효용을 입력한 후 엑셀에서 총효용 값을 구해 총효용이 가장 큰 값을 구하면 된다(여러분들이 자동차를 구입할 경우를 가정해 다음의 표를 작성해 보자).

그러나 합리포괄모형은 인간의 인지능력·정보획득·비용 및 가용시간 등의 제한성으로 인해 현실적으로 적용할 수 있는 가능성이 희박한 모형이며, 계량화할 수 있는 것만을 강조함으로써 제한된 부분에만 적용이 가능하다는 비판을 받고 있다.

예를 들어, 정부기관 혹은 여러분이 노트북을 구매하는 결정을 할 경우 요즈음은 해외직구도 가능한데 전 세계의 모든 노트북을 대안으로 한다면 시간과 지식적 제한으로 모든 대안의 탐색이 현실적으로 불가능할 것이다. 또한 정책결정 기준에 대한

표 4-1   합리포괄모형의 예

정책대안 / 정책결정기준	가격	CPU	Ram	HD 용량	크기	무게	추가 기준	총효용*
Samsung NB 노트북 Sense NT370	8	6						
노트북 NT900	7	7						
노트북 P560	6	8						
LG 노트북 NB XNote	7	8						
HP 노트북 NB	8	9						
애플 McBook	5	7						
McBook Pro	4	8						

* 총효용(Total Utility)은 0에서 10 사이, 1<=총효용<=10
출처: 최창현 외(2018), 정책분석평가와 성과감사, 윤성사.

그림 4-3   합리적 모형의 한계

정확한 미래 예측 곤란

계량화할 수 없는
질적 요인 분석

지식적 제약

모든 대안의 탐색
불가능

목표의 합의 곤란

시간적 제약

정책목표의 유동성 고려하지 못함

출처: https://blog.naver.com/valentineme/220566605290

고려에 있어서도 인간의 인지 능력은 보통 4–7개 이상을 동시에 고려하기는 힘들기 때문에 모든 기준을 고려하기는 힘들다.

전술한 바와 같이 합리포괄 정책결정 모형은 너무 이상적이고 규범적이기 때문에 현실의 의사전달 상황을 제대로 설명하지 못하는 면이 많다. 즉, 현실상황에 있어 미래상황에 대한 불확실성이나 정보의 결여 등이 발생하는 경우에는 정확한 미래 예측이 곤란하여 이 모형은 그 효용에 큰 문제가 있다. 결국 합리적 모형은 목표의 합의도 곤란하고 목표의 유동성도 고려하기 힘들어 예외적이고 비정형적 문제의 해결에 있어서는 적합하지 못한 모형이라고 할 수 있다.

2 만족모형

만족화모형(satisfying model)은 합리모형의 한계점을 극복하기 위해 제시된 정책결정모형으로 합리포괄모형에서와 같은 완전한 합리성에 입각한 최적화 모형이 아닌 제한된 합리성(bounded rationality)에 기초하고 있다. 이와 관련하여 사이먼과 마치(Simon & March, 1958: 138-139)는 인간은 학습 능력·기억 능력·계산 능력 등 각종 능력 면에서 제한을 받고 있기 때문에 최적의 대안을 선택할 수 없으며 어느 정도 만족스러운 대안이 나오면 그 수준에서 결정하게 된다고 주장하고 있다.

Herbert, Simon

March와 Simon은 합리포괄모형을 수정한 만족화모형을 제시하였는데, 이 모형을 제한된 합리모형이라고도 한다(March & Simon, 1958; Simon, 1948). 이 정책결정 모형에서 개인의 합리성은 가정되어 있지 않다.

조직 내에서의 정책결정자는 전체 문제에 대한 일부분의 정보만을 가지고 정책결정에 임하므로 합리적 정책결정을 저해하게 된다는 것으로, 최대로 가능한 만족을 어느 정도 희생하여 대충 만족만 할 수 있는 정책결정을 한다는 것이다. 만족모형의 기본적 가정을 살펴보면 다음과 같다.

첫째, 사람은 자신의 제한된 능력과 환경적 제약으로 인해 완전한 합리성을 발휘할 수 없다. 따라서 인간은 합리적이 되고자 노력할 뿐이며 대안의 분석에 있어도 완벽을 기하려고 노력할 뿐이다.

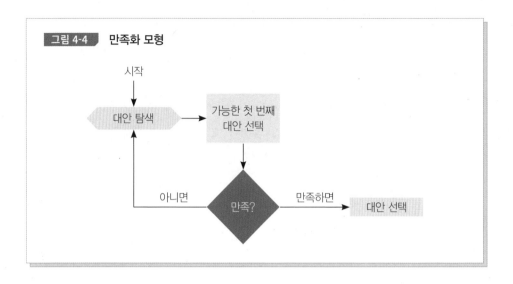

그림 4-4　만족화 모형

시작

대안 탐색 → 가능한 첫 번째 대안 선택

아니면　만족?　만족하면 → 대안 선택

둘째, 대안의 선택에 있어서도 최소한의 만족을 유지하지 못하는 경우가 계속된다면 그에 맞추어 대안의 선택기준을 낮추어 가게 된다.

셋째, 정책결정을 하는 사람의 가치관 등 심리적 성향에 의하여 형성되는 주관적 합리성이 정책결정의 기준이 된다.

마지막으로, 정책결정에서 탐색활동은 만족을 줄 수 있는 대안을 찾는데 그 목적이 있다. 즉, 주관적으로 좋다고 생각되는 대안을 선택하게 된다는 것이다.

여러분이 노트북을 구매하는 결정을 한다면 모든 노트북을 다 대안으로 선택하기보다는 광고에서 보거나 친구들이 사용하고 있는 몇몇 노트북을 대안으로 선택해서 각 대안을 비교하는데 만족할 것이다. 또 다른 예를 들어보면 학교 주변에 방을 구할 때 학교 주변뿐 아니라 온 시내의 복덕방에 다 들려서 몇 백 개의 방을 대안으로 비교해 보지는 않을 것이다.

이 모형은 고전적 합리포괄 모형과는 달리 완전정보, 완전대안, 완전선호체제를 부인하고 정책결정상황에서의 정보환경적 제약조건과 정책결정자의 심리적 제약조건 등을 강조하고 있다.

그러나 만족모형은 다음과 같은 비판을 받고 있다(정정길, 1991: 399-400). 첫째, 최선의 대안이 아니라 만족할 만한 대안을 찾은 후에 대안 탐색을 중단하게 되면 검토되지 않은 대안 중에 훨씬 더 중요한 대안이 있을지 모름에도 불구하고 이를 간과하게 된다.

둘째, 만족 여부는 정책결정자의 기대 수준에 달려 있는데, 이 기대 수준 자체가 극히 유동적이므로 어느 것이 만족할 만한 대안인지를 객관적으로 판단하기 어렵다.

셋째, 일상적이고 중요성이 떨어지는 정책결정에서는 무작위적으로 대안을 고려하고 만족할 만한 대안이 있으면 대안의 탐색이 중단된다는 주장이 일리가 있지만, 예외적이고 중대한 정책결정에는 좀 더 분석적 결정이 이루어질 가능성이 크다.

③ 연합모형

연합모형(coalition model)은 회사모형(firm model)이라고도 하며, 사이어트(R. M. Cyert)와 마치(J. G. March)가 개발했다. 이 모형은 개인적 차원의 만족모형을 한층 더 발전시켜 그것을 조직의 정책결정 과정에 적용시킴으로써 만족모형으로 설명할 수 있는 현상의 범위를 넓혔다는 데 가장 큰 의의가 있다(조석준, 1977: 266-268).

James G. March

조직을 개인과 집단의 연합체로 보고 기대, 욕구수준, 목표간 갈등의 부분적 해결, 조직의 경험축적 등 여러 가지 개념을 동원하여 합리적 정책결정모형을 수정하는 기술적 모형이 정립되었다. 이 모형을 정립한 Cyert와 March는 준거대상을 사기업조직으로 삼고 모형설정을 하였는데, 이들이 제시한 모형의 주요 내용을 다음과 같이 정리할 수 있다(Cyert & March, 1963).

첫째, 조직은 불확실성을 피하려는 노력을 한다.

둘째, 조직의 운용목표(operational goals)는 단일이 아니라 복수이다. 따라서, 대안선택의 기준은 여러 목표를 동시에 충족시켜 줄 수 있는 것이어야 한다.

셋째, 정책결정의 기준을 제시할 수 있는 운용목표는 조직이라는 연합체를 구성하는 사람들의 타협과 협상을 통해서 형성된다.

넷째, 조직은 성공과 경험 등의 과거 경험을 통해 성장하게 된다. 즉, 조직은 과거의 경험에 비추어 목표를 수정해 나가는 것이다.

다섯째, 조직은 여러 목표를 충족시켜 줄 수 있다고 생각되는 대안이 나타나면 그것을 바로 선택해 버리는 경향이 있다. 또한 조사를 계속해도 받아들일 수 있는 대안이 없으면 목표를 하향조정하게 될 것이다. 마지막으로, 대안의 조사에 편견이 개입하는 것이 보통이다. 즉, 대안조사를 하는 행동주체는 자신의 희망이나 지각 등을 반영해 탐색을 하기 때문이다.

이 모형은 조직의 정책결정에 조직의 목표와 문제의 우선순위에 관하여 의견을 같이하는 관리자들이 연합하여 최종해결안을 선택한다는 것으로, 정책결정과정에서 토론과 협상이 매우 중요한 구실을 한다는 것을 강조하고 있다.

조직의 행태를 경제적·시장 중심적 시각을 벗어나 조직의 구조·목표의 변동이나 기대의 형성과 선택의 관점에서 파악하려고 하는 것이 바로 연합모형이다. 연합모형에서는 목표가 서로 충돌하여 상호 갈등적 관계에 놓여 있는 단위 조직들 간의 갈등해결을 정책결정이라고 본다.

이와 같은 연합모형의 특징을 살펴보면 다음과 같다(김규정, 1986: 183). 첫째, 불확실성을 회피하려는 경향이 있다. 조직을 둘러싸고 있는 환경은 유동적이므로 대안이 가져올 결과를 불확실한 것으로 보고, 조직은 단기적 전략과 환경과 타협함으로써 불확실성을 회피하려는 경향을 갖는다고 본다.

둘째, 문제 중심적 탐색이다. 조직은 문제가 등장했을 때에만 탐색을 시작하여 적절한 해결 방안을 찾는다.

셋째, 표준운영 절차(standard operating procedure: SOP)를 중시한다. 조직의 정책결정은 조직이 존속해 오는 동안 경험적으로 터득한 학습된 행동 규칙인 표준운영 절차를 대개 따르고 있다.

이러한 연합모형은 다음과 같은 몇 가지 비판을 받고 있다. 첫째, 이 모형은 이윤을 목표로 하는 기업조직을 대상으로 하고 있기 때문에 공공 부문의 정책결정에 적용하는 데는 한계가 있다. 둘째, 이 모형은 표준운영 절차에 따르는 결정 방식을 채택하고 있다. 이는 상황이 안정적이라는 것을 전제하고 있는 것으로 급격한 변동 상황에 직면한 경우에는 적합하지 않다. 셋째, 이 모형은 권한이 광범위하게 위임되어 있고 자율성이 강한 조직을 전제로 하고 있으므로 권위주의적 조직의 정책결정에는 적용하는 데 제한이 있다(최창현 외, 2018).

4 점증모형

CHARLES E. LINDBLOM

점증모형(incremental model)에서는 인간의 지적 능력의 한계와 정책결정 수단의 기술적 제약을 인정하고 정책결정을 할 때 대안 선택이 종래의 정책이나 결정의 점진적·부분적·순차적 수정 내지 약간의 향상으로 이루어진다고 보고 있다. 따라서 정책결정 과정을 '그럭저럭 헤쳐 나가는(muddling through) 과정'으로 보고 있다(Lindblom, 1959: 79-88).

점증모형에 의하면, 합리포괄모형은 정책결정 목표를 달성하기가 불가능하기 때문에 포기할 수밖에 없으며, 대신에 제한적 비교 또는 거북이처럼 단계별(step by step) 연속적 점증주의의 전략에 의해 정책결정이 이루어진다고 한다.

점증모형은 주로 다원성을 가진 정치적·사회적 구조와 사회적 안정성과 같은 여건하에서 실효성을 거둘 수 있으나, 근본적으로 보수주의에 기반을 두고 있으므로 쇄신·혁신을 요하는 사회에는 적용하기 곤란하다. 또한 정치적 다원주의가 지배하는 선진국에는 적용이 가능하나 결정자의 판단이 주요 정책에 크게 영향을 미치는 후진국에는 적용하는 데 한계가 있다는 점을 지적받고 있다.

점증적 모형이란 정책결정이 순차적, 부분적으로 진행되고 정책결정과정에서 대안의 분석범위는 크게 제약을 받는다고 보는 모형이다(Lindblom, 1959). 합리적 정

그림 4-5 단계별(step by step) 연속적 점증주의

책결정 모형과 크게 다른 이 모형은 현재의 상황을 바탕으로 정책결정에서 선택된 대안이 기존의 정책이나 결정을 점증적으로 수정해 나간다는 것이다. 예를 들어, 정부 예산액의 결정에도 주로 점증주의적 방법이 적용되어 영기준에서 시작해 전면적으로 예산을 짜는 영기준예산(zero-base budgeting) 방식보다는 전년도 예산에 몇 프로 정도만 증액하는 방식으로 결정된다.

점증적 모형을 제시한 Lindblom은 정부조직을 준거집단으로 하면서 몇 가지의 가정을 제시했다. 첫째, 목표 또는 실현할 가치를 선정하는 일과 목표실현에 필요한 행동을 분석하는 일은 서로 밀접한 관계를 맺고 있다. 즉, 목표 또는 가치기준은 정책대안의 선택에 앞서 확정하기 어렵기 때문에 정책대안의 선택과 목표확정을 병행하게 된다.

둘째, 합리적 모형과 달리 점증적 모형은 목표와 해결대안을 함께 선택해야 된다고 보기 때문에 목표와 수단을 구별하기가 어렵다.

셋째, 정책대안은 끊임없이 만들어지고 바람직한 목표도 끊임없이 변동되는 가운데 정책결정은 바람직하다고 생각되는 목표를 향해 접근해 가는 연속적인 과정이라 할 수 있다. 즉, 정책대안의 비교와 선택은 순차적, 점증적으로 계속되는 것이다.

넷째, 어떤 정책(수단)이 좋은 정책인가를 판단하는 기준은 정책 자체에 대한 관련자들의 합의사항이다. 합리적 모형에서는 목표에 대한 합의가 없으면 정책(수단)에 대한 평가기준이 없는 것으로 파악된다. 그러나 점증적 모형에서는 목표에 대한 합의

표 4-2 합리모형과 점증모형의 주요 내용 비교

합리모형(근본적 의사결정 방법)	점증모형(지엽적 의사결정 방법)
가치와 정책 목표의 명확화는 정책대안의 경험적 분석보다 선행하여 수행	가치의 선택과 대안의 선택은 별개로 구분되는 것이 아니라 밀접하게 진행
정책은 목표-수단의 분석을 통해 작성 목표가 분리된 후 달성 수단 탐색	목표-수단이 명확하게 구분되기 어려우므로 목표-수단 분석이 부적절하거나 제한적 사용
'좋은' 정책의 여부는 목표를 달성하기에 가장 적절한 수단인지의 여부를 통해 판단	'좋은' 정책의 여부는 다양한 분석가들이 해당 정책에 얼마나 동의하였는가에 따라 판단
모든 관련 요소를 고려한 포괄적 분석 수행	제한적 분석 수행 - 발행가능한 중요 결과 무시 - 중요한 정책대안 무시 - 정책에 의해 영향 받는 가치 무시
이론에 크게 의존	비교가 중요하므로 이론에 의존할 필요성이 거의 없음

출처: 정정길 외(2010), 정책학원론, 대영문화사.

가 없더라도 수단선택에 대한 합의는 있을 수 있고, 수단의 평가는 합의 내용에 의존한다는 것이다.

다섯째, 점증적 접근방법에서는 정책결정의 단순화를 위해 고려요인을 의식적이고 체계적으로 축소시킨다. 정책결정을 체계적으로 단순화시키는 방법에는 1) 기존의 정책과 차이가 비교적 작은 정책대안들을 선택하여 비교하는 방법, 2) 정책대안 실현이 가져올 수 있는 중요한 결과의 일부와 그에 결부된 가치를 고려하지 않고 무시해 버리는 방법 등이 있다.

5 최적모형

최적모형(optimal model)이란 드로(Yehezkel Dror)가 제시한 모형으로 합리적 모형과 점증적 모형을 절충한 것으로, Dror가 정부기관의 주요 행동노선을 결정하는 정책결정과정을 준거대상으로 제안한 것이다(Dror, 1968).

그는 점증모형에 불만을 표시하면서 특히 과거에 선례가 없는 문제이거나 매우 중요한 문제의 해결을 위한 비정형적 결정 시에는 경제적·합리적 측면 이외에 창의성이나 통찰력 같은 초합리성을 중요시해야 한다는 입장을 취하고 있다.

즉, 정책결정자가 자원의 제약, 불확실한 상황, 지식과 정보의 부족 등으로 합리성의 정도를 높이는 데 제약이 따르므로 초합리적 요소가 개입되는데, 점증모형이나 행태이론이 이를 경시하는 것은 잘못이라는 것이다(Dror, 1968: 154-196).

그리고 그는 단순히 현실적으로 이루어지는 결정만을 연구할 것이 아니라 언제나 이상을 갖고 가능성의 영역을 개척하기 위해 정책결정 방법은 물론 결정이 이루어진 후의 집행에 대한 평가 및 환류(feedback)를 계속하게 되면 결정 능력이 최적 수준까지 향상될 수 있다고 주장한다(박동서, 1993: 253).

최적모형은 정책결정 과정의 쇄신과 가치관, 창의성 등의 초합리성을 강조한 이론모형으로서 관심을 끌고 있으나 다음과 같은 비판도 받고 있다. 첫째, 초합리성의 본질과 합리성과의 관계가 불분명하다. 둘째, 초합리성이라는 것의 구체적인 달성 방법이 명확하지 않으며 오히려 지나치게 이상에만 치우친 모형이라는 것이다. 셋째, 정책결정 시에 경제적 합리성을 지향하고 있으므로 정치적 합리성 등 사회적 과정에 대한 고찰이 미흡하다.

Dror는 합리포괄모형이 주장하는 인간의 완전한 합리성을 비판하고, 점증적 모형에서 제시하는 인간의 비합리성을 전제로 미래에 대한 예측이 합리적 증거에 의해 이루어질 수 없다는 것 또한 비판했다.

즉, 인간의 비합리성과 미래예측능력을 인정하면서 절충모형을 제시한 것이다. Dror의 규범적 최적모형은 계량적 측면과 질적인 측면을 구분하여 검토한 다음 이를 결합시키는 질적 모형이며 합리적 요인과 초합리적 요인을 함께 고려한 모형이라고 할 수 있다.

규범적 최적모형의 기본적인 내용을 요약하면 다음과 같다. 첫째, 조직의 목표, 가치기준, 결정기준 등을 어느 정도 분명하게 규정하며 새로운 대안을 고려할 수 있도록 의식적으로 노력하고 개발을 촉진해야 한다.

둘째, 여러 대안이 가져올 결과를 자세히 분석하여 전략을 결정해야 한다.

셋째, 최적정책의 결정기준은 정책결정에 참석하는 사람들의 충분한 토론을 거친 후 합의하여 결정해야 한다. 마지막으로 이론과 경험, 합리적 방법과 초합리적 방법을 병행하여 사용하여야 한다(최창현 외, 2018).

6 쓰레기통모형

쓰레기통모형(garbage can model)은 사회 내의 신념 체계, 가치 체계가 바뀌거나 정치 체제가 바뀌는 등의 좀더 복잡하고 혼란한 상황, 즉 '조직화된 무정부 상태(organized anarchies)' 속에서 조직이 어떠한 결정 행태를 나타내는가를 설명하기 위한 모형이다(Cohen, March, & Olsen, 1972: 1-25).

고도로 불확실한 조직상황하에서의 정책결정양태를 설명하기 위한 모형이 쓰레기통모형이다(Cohen, March, & Olsen, 1972: Daft, 1989: 372-376). 이 모형은 정책결정상황을 고도로 불확실한 상황이라고 전제하고 이러한 상황을 '조직화된 혼란상태'(organized anarchy)라고 규정했다. 이러한 혼란상태는 세 가지의 중요한 요소를 포함하고 있다. 그 내용을 살펴보면 다음과 같다.

첫째, 문제와 해결책, 목표 등 정책결정의 각 부분들은 분명하게 규정되어 있지

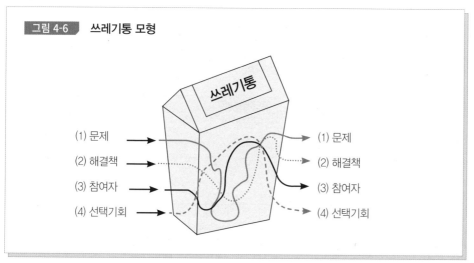

그림 4-6   쓰레기통 모형

쓰레기통

(1) 문제   (1) 문제
(2) 해결책   (2) 해결책
(3) 참여자   (3) 참여자
(4) 선택기회   (4) 선택기회

출처: Cohen, Michael D., James G. March, Johan P., Olsen, (1972). A Garbage Can Model of Organizational Choice Administrative Science Quarterly, vol. 17, no. 1.

않고 모호한 상태로 놓여 있다. 둘째, 정책결정과정에 참여하는 구성원들의 유동성이 심하다. 셋째, 정책결정에 적용할 인과관계에 대한 지식과 그 적용기술의 기초가 분명하지 않아 참여자들이 잘 이해하지 못한다.

쓰레기통 모형에서는 조직 내의 문제의 흐름, 해결책의 흐름, 참여자의 흐름, 선택기회의 흐름 등이 서로 독립되어 있다고 본다. 이 모형에 있어 정책결정은 논리적이고 순차적인 방법으로 이루지는 것이 아니라, 큰 쓰레기통 속에 각기 독립적으로 흘러 다니는 흐름이 우연히 만났을 때 문제가 해결되는 것이다. 그러나 이러한 연결로 반드시 문제가 해결되는 것이 아니라 문제가 해결되지 않을 수도 있고 해결이 적절하지 못한 경우도 있다.

모호한 상황하의 쓰레기통 속에서 정책결정은 여러 양태가 나올 수 있지만, 1) 문제에 대한 해결방안을 찾지 못한 경우, 2) 선택된 대안으로 문제가 해결되지 못한 경우, 3) 문제가 없는데 해결책이 제안되는 경우 등이 있을 수 있다.

쓰레기통모형은 극도로 불합리한 집단 결정에 대한 대표적인 이론모형이라 할 수 있으며, 복잡하고 급격한 변화가 일어나는 상황을 설명하는 데 적합한 모형이라고 볼 수 있다. 쓰레기통모형의 전제가 되는 조직화된 무정부 상태의 구체적 특성을 살펴보면 다음과 같다(Cohen, March, & Olsen, 1972: 16).

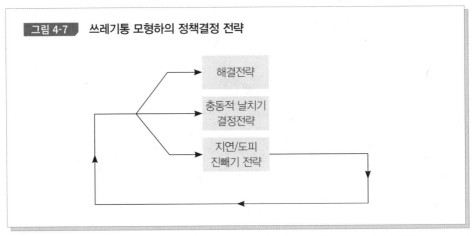

그림 4-7 쓰레기통 모형하의 정책결정 전략

해결전략

충동적 날치기
결정전략

지연/도피
진빼기 전략

출처: Cohen, Michael D, James G. March, Johan P, Olsen, (1972). A Garbage Can Model of Organizational Choice Administrative Science Quarterly, vol. 17, no. 1.

첫째, 문제성 있는 선호로서, 결정에 참여하는 사람들 간에 무엇을 선택하는 것이 바람직한지에 대해 합의가 없다는 점과 참여자 중에서 어느 개인 한 사람을 두고 보더라도 스스로 자신이 무엇을 좋아하는지조차 모르면서 결정에 참여하는 경우가 있음을 말한다. 둘째, 불명확한 기술로서, 정책결정에서 달성하려는 목표와 이를 달성하기 위한 수단 사이에 존재하는 인과 관계인 기술이 불명확하다는 것이다.

즉, 결정에 참여하는 사람이 목표를 명확히 알아도 무엇을 수단으로 선택해야 하는지 잘 모르는 경우가 많으며, 이 경우에는 시행착오를 통해 운영되는 것이 보통이라는 것이다. 셋째, 일시적 참여자로서, 모든 결정 과정에 참여하는 사람들은 그 자신의 시간적 제약 때문에 어떤 경우에는 결정에 참여하기도 하고 어떤 경우에는 참여하지 않기도 한다는 것이다.

쓰레기통 모형하의 정책결정 전략에는 문제 분석을 통한 해결전략(resolution), 쇼핑가서 충동적으로 물건을 구매하는 것처럼 별 분석 없이 결정해 버리는 충동적 날치기 결정전략(oversight), 그리고 정책결정을 연기하거나 결정상황에서 도피해 버리는 지연/도피 진빼기 전략(flight) 등이 있다.

쓰레기통모형은 이와 같은 전제하에 마치 여러 가지 쓰레기가 우연히 한 쓰레기통 속에 모여지듯이 정책결정이 이루어진다고 보는 것이다. 그러나 이 모형은 대부분의 조직은 쓰레기통모형에서 전제로 하는 조직보다 훨씬 더 체계적인 것이며, 여러 가지 정책결정과 관련된 요소들이 무질서하게 쓰레기통 속에 들어가 있으면 언젠가 정책결정으로 전환된다는 것은 가능성이 희박하다는 비판을 받는다.

킹던(Kingdon, 1984)이 제시한 정책 다중흐름 모형은 정책 의제가 설정되는 과정과 정책변동을 설명하기 위한 이론이었으나, 정책결정 과정에도 적용되고 있으며 특히 최근 한국의 다양한 정책을 대상으로 정책결정 및 정책변동 과정을 설명하는 학자들에 의해 다양하게 사용되고 있는데 이 킹던의 모형은 바로 쓰레기통 모형을 발전시킨 이론이다. 킹던의 모형은 정책변동 부분에서 다시 상세히 다룬다.

이 모형은 정책 문제의 흐름(problem stream), 정치의 흐름(political stream), 정책대안의 흐름(policy stream)이 각각 아무런 관련이 없이 자신의 고유한 규칙에 따라 흘러 다니다가 결합하여 정책 의제가 설정되거나 정책결정이 이루어진다는 이론이다. 문제의 흐름은 쓰레기통모형의 문제에, 정책대안의 흐름은 해결책에, 정치의 흐름은 참여자 및 선택기회와 어느 정도 흡사하다.

구체적으로 정책문제의 흐름에서는 흘러 다니던 사회 문제 중 어떠한 문제가 정책결정자의 관심을 얻게 되는지에 초점을 두고 있으며, 이에 주로 지표, 사건이나 위기, 환류 등이 영향을 미친다고 본다.

둘째, 정치 흐름에서는 정권 교체, 여론 변화, 이익집단의 압력 등에 영향을 받

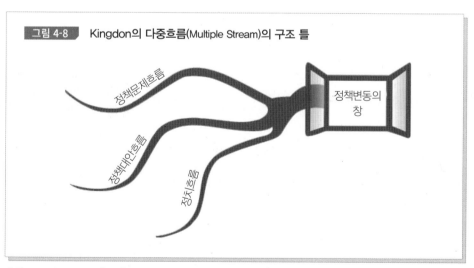

그림 4-8 Kingdon의 다중흐름(Multiple Stream)의 구조 틀

정책문제흐름

정책대안흐름

정치흐름

정책변동의 창

출처: Kingdon, J. W. (1984). Agendas, Alternatives, and Public Policies, Boston, Little Brown & Co. 수정 보완함.

아 정책 의제의 우선 순위가 변경되거나 새로운 의제가 등장하게 된다.

셋째, 정책 대안의 흐름에서는 이익 집단의 개입, 정책 공동체의 존재 정도, 정책활동가 또는 선도자(policy entrepreneur)의 활동 정도에 영향을 받는다. 이와 같은 세 개의 흐름은 개별적으로 흘러 다니다가 정치적 사건이나 대형 위기와 같은 초점사건(focusing event)의 발생을 계기로 만나게 되는데, Kingdon은 이렇게 흐름이 결합하는 현상을 정책의 창(policy window)이 열린 것으로 표현한다.

BTS의 성공 과정을 킹던 모형에 적용시켜보면, BTS의 진솔한 메시지나 SNS 활동은 대안의 흐름에, ARMY의 지지는 정치의 흐름에, 전반적 한류의 흐름은 문제의 흐름에 각각 해당된다고 해석해 볼 수도 있다. 이들 세 개의 흐름이 AMA(American Music Award)라는 촉발효과로 정책의 창이 열려 iTunes 60여 개국 1위와 빌보드 앨범 차트 1위를 하는 변동을 가져왔다고 볼 수 있다.

7 앨리슨(Allison) 모형

Allison 모형은 1960년대 쿠바 미사일 사태 연구를 계기로 기존의 합리포괄모형이나 최적화 모형 등의 합리적 모형은 실제 집단적 의사결정을 충분히 설명하지 못한다고 보고, 합리적 행위자 모형 이외에 두 가지 대안적인 모형인 조직과정 모형과 관료정치 모형 등 세 가지 모형을 비교 분석하고 있다(최창현 외, 2018).

정부를 잘 조정된 유기체로 보고 엄밀한 통계적 분석에 치중하는 결정방식을 합리적 행위자 모형(rational actor model)이라 하고, 느슨하게 연결된 준독립적인 하위 조직

Graham T. Allison

체들의 결정체를 조직과정 모형(organizational process model)으로 분류한 뒤, 정부를 상호 독립적인 정치행위자들의 집합체로 가정하는 관료정치 모형을 제3의 모형으로 제시하고 있다.

합리적 행위자 모형은 정부를 잘 조직된 유기체로 보고 조직의 최고 지도자가 조직의 두뇌적 기능을 하며, 정책결정에의 참여자들은 모두가 국가 이익을 위한 정책활

수립하고 정책의 대안도 통계분석 등의 기법을 통해 합리적으로 선택한다는 이론이다.

합리적 행위자 모형의 특징은 정부조직을 조정과 통제가 잘 되는 유기체로 가정한다는 점, 정부 특히 최고 지도자를 합리적인 의사결정 행위자로 본다는 점, 조직의 목표, 즉 정부의 목표와 조직 구성원인 관료들의 목표가 일치한다고 가정하며 따라서 정책결정에 참여하는 조직 구성원들은 국가의 이익을 위해 합리적인 정책을 결정하는 데 최선을 다한다는 점, 그리고 정책결정도 언제나 일관성이 유지된다는 점 등이다.

그러나 이러한 정책결정의 형태는 현실적으로 이루어지는 경우가 거의 없고, 다만 국방정책이나 외교정책의 결정에 있어서는 그 중요성에 비추어 이 모형에 가까워질 때가 많음을 볼 수 있다

조직과정 모형은 정책을 조직과정의 산물로 보고 전개한 이론 모형이다. 즉, 조직과정 모형은 정부조직을 느슨하게 연결된 하위조직들의 집합체로 보고, 정책은 각 전문분야의 하위조직에서 작성된 정책대안을 조직의 최고관리층이 그 하위조직의 전문성을 믿고 그대로 거의 수정없이 채택하는 것이라는 이론이다.

표 4-3 앨리슨 모형

	합리모형(모형 I)	조직과정모형(모형 II)	관리정치모형(모형 III)
조직관	조정과 통제가 잘 된 유기체적 조직(잘 정비된 명령 복종 체계)	느슨하게 연결된 하위조직들의 연합체	독립적인 개개인 행위자들의 집합체
권력의 소재	최고지도자가 권력 보유(집권)	반독립적인 하부조직들이 분산소유	개인적 행위자들의 정치적 자원에 의존
행위자의 목표 및 갈등	조직 전체의 전략적 목표 (갈등 없음)	전체목표＋하부조직 목표 (하부조직 간 갈등의 불완전한 해결)	전체목표＋하위목표 ＋개인목표 중시 (개인 간 갈등은 정치적으로 해결)
목표의 공유감 및 구성원의 응집성	매우 강하다	중간	매우 약하다
정책결정의 양태(원리)	최고 지도자가 명령하고 지시 (동시적·분석적 해결)	SOP에 의한 대안 추출 (순차적 해결)	정치적 게임에 의한 타협, 협상, 연합, 흥정 (정치적 해결)
정책결정의 일관성	매우 강하다	약하다	매우 약하다
적용계층 및 권위	전체계층에 적용가능, 공식적 권위	하위계층, 전문적(기능적) 권위	상위계층
합리성	완전한 합리성	제한된 합리성	정치적 합리성

출처: http://www.ggulpass.com/2015/09/2007-9_43.html

관료정치 모형의 특징은, 첫째로 정책결정의 주체를 정책결정에 참여하는 관료들 개인으로 보고 있다는 데 있다. 이 점에서 정부를 단일 주체로 보는 합리적 행위자 모형이나 하위조직인 부처조직을 주체로 보는 조직과정모형과 크게 구별된다.

둘째는 정책을 정치적 게임(game)의 결과로 파악하고 있다는 점이다. 이 논리에 의하면, 정책결정에 참여한 관료들 개개인이 서로가 자기에게 보다 유리한 방향으로 정책을 결정하기 위하여 정치적 게임의 규칙에 따라 상대방과 경쟁·협상·타협·지배 등을 하게 되며, 그 결과로 이루어진 산물이 정책이라는 것이다. 여기서 정치적 게임의 규칙이란 정책결정 과정에서 협상·타협·지배 등에 필요로 하는 헌법·법률·판례·관행 등을 말한다.

지금까지 설명한 여러 가지 정책결정 모형이 있는데도 불구하고 왜 최고의 엘리트 집단이 최악의 어리석은 결정을 할까? 어빙 재니스(Irving Janis)는 집단 사고를 집단 구성원들의 과도한 응집력, 외부 의견으로부터 단절되는 폐쇄성, 지시적 리더 그리고 정책대안 평가 절차의 부재 등의 구조적 결함, 그리고 마지막으로 높은 스트레스나 낮은 자존감 등의 상황적 원인 때문에 발생하는 것으로 설명한다.

이러한 원인으로 인해 집단사고의 경향성이 커져 집단의 능력을 과신하고 집단적 합리화를 통해 집단의 폐쇄성이 나타나고 동조압력과 만장일치라는 환상에 빠지

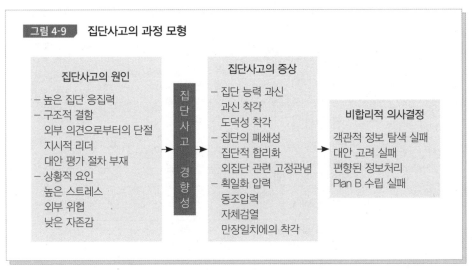

그림 4-9　집단사고의 과정 모형

출처: Janis, Ian (1982). Groupthink: Psychological Studies of Policy Decisions and Fiascoes.

는 집단사고의 증상을 보인다. 이러한 증상으로 인해 객관적이고 다양한 정보 탐색에 실패하고, 정책대안 비교 평가 절차의 미흡함으로 적절한 정책대안을 고려하지 못하는 비합리적 정책결정을 하게 된다는 것이다.

한국의 경우 대부분의 정책은 관료정치 모형이라 할 수도 있다. 예를 들어, 보건의료정책은 Allison 모형에 따르면 관료정치 모형에 가깝다. 민주적 절차에 따른 투명한 의사결정보다는 힘에 의존한 밀실 결정이 많다.

생각해 볼 문제

- 정책결정의 과정을 설명해 보자.
- 정책결정의 합리적 모형과 점증적 모형을 비교해 보자.
- 정책결정의 쓰레기통 모형과 Kingdon의 다중흐름 모형을 비교, 설명해 보자.
- 쿠바 미사일 사태를 예로 앨리슨 모형을 설명해 보자.
- 집단사고 가설에 대해 알아보자.

제 5 장

정책분석

학습개관

1. 정책분석의 필요성과 정의
2. 정책분석의 역사
3. 정책대안의 개발
4. 정책문제의 분석기법
5. 정책분석 결과의 제시와 활용 방법 등에 대해 살펴본다.

> " GIGO(Garbage In, Garbage Out)
> 쓰레기 자료가 정책분석에 투입되면 쓰레기 같은
> 터무니 없는 분석 결과가 산출된다. "

제1절 정책분석의 필요성과 정의

1 정책분석의 필요성

우리 모두는 일상 생활에서 정책에 직·간접적으로 영향을 받으며 살아간다. 또한 정책 참여 노력도 늘어나고 있다. 모든 정책을 결정할 때 각각의 정책대안(policy alternative)에서 오는 장·단점을 면밀히 검토해 보지 않고서는 합리적인 정책을 수립할 수 없다. 또 정책이 합리적으로 결정되었는지, 혹은 공정한 절차에 입각해 이루어졌는지를 판단하기 위해서는 정책분석이 적절히 이루어져야 한다.

국민의 대표기관인 국회, 일반국민, 그리고 관료의 입장에서는 정보가 필요하며, 정보의 산출을 위해서는 정책분석이 중요하다. 또한 정책목표를 달성하기 위해 가장 좋은 정책대안을 개발하고 선택하는데 필요한 기초적인 판단의 자료가 되는 정보를 산출해 내는 데에도 정책분석이 중요하다(최창현 외, 2005).

요약하면 정책분석은 첫째, 정책결정의 판단기초가 되는 정보를 산출해주고, 둘째, 정책결정과 정책집행 결과에 대한 책임을 따지는데 필요한 정보를 산출해주며, 셋째, 국민 각자가 정책이 자기에게 미치는 영향을 판단하여 이익을 투입하기 위한 활동을 하는데 도움을 줄 수 있는 정보를 산출해준다는 점에서 그 필요성이 높다.

2 정책분석의 정의

정책분석(policy Analysis)이란 정책학의 한 분과로서 정책을 결정하기 위하여 이에 앞서 1) 정책문제를 정의하고, 2) 여러 가지 정책대안을 체계적으로 탐색하여,

3) 그 각각의 정책대안에 대한 장단점을 구체적으로 비교 평가하는 일이라 할 수 있다.

정책분석은 일반적으로, ① 해결해야 할 문제를 인지한 후 목표를 명확화하는 단계, ② 목표 달성을 기할 수 있다고 보는 여러 가지 대안을 탐색하고 그 결과를 예측하는 단계, ③ 탐색한 대안들을 놓고 어느 것이 가장 실현 가능하고 효과적인 것인가를 비교·평가하는 단계, ④ 끝으로 비교·평가한 몇 개의 대안을 최고 정책결정자에게 제시하여 검토·선택하게 하는 최선의 대안 선택 단계 등의 절차를 거치게 된다.

1) 바람직한 정책문제 정의

올바른 가설을 기각하는 오류를 1종 오류라 하고, 틀린 가설을 수용하는 오류를 2종 오류라고 한다. 가설 자체가 틀린 경우는 3종 오류라고 한다. 잘못된 정책문제 정의에 대한 바른 답보다는 차라리 바른 문제에 대한 틀린 답이 낫다. 따라서 정책문제의 올바른 정의가 중요하다.

정부 공무원들은 어떻게 정책문제를 인식하고 문제해결에 나서게 될까. 예를 들어, 대학을 졸업한 한 청년이 마땅한 일자리가 없어서 장기간 취업을 하지 못하는 경우가 있다고 생각해보자. 개인의 재능과 성격을 탓하며 청년 한 명 개인의 책임이라고 생각할 수도 있다.

그러나 만일 장기간 경기불황으로 인해서 일자리 자체가 줄어들고 있는데다가 대학교육이 기업현장에서 요구하는 기술을 교육하지 못하여 수요-공급의 불일치 현상이 발생한다고 가정해보자. 사회구조적인 문제에 근본원인이 있어서 일자리를 쉽게 구하지 못한다면 그것은 더 이상 '개인적인 문제'가 아니라 '사회문제'라고 볼 수 있다(최창현 외, 2018).

사회문제(social problem)가 심각해지면 정부가 해결책을 만들어야 한다는 목소리가 높아지게 되고, 국민의 요구에 대응하여 정부가 문제해결에 관여하게 되면 그때 비로소 사회문제는 사회적 쟁점(social issue)이 되고 다시 대중의제(public agenda)가 된 후 정부가 다루게 되면 정책(정부)의제(policy or government agenda)가 된다.

2) 정책대안의 체계적 탐색

최근 정책 환경의 급격한 변화와 함께 주관적·직관적 방법에 의한 대안 탐색이 다양하게 이루어지고 있는데 구체적인 기법으로는 브레인스토밍, 정책 델파이, 교차영향분석 등이 있다. 과학적인 모형이나 기법에 의한 탐색방법으로는 정책대안에 대해 독립변수와 종속변수 간의 관계를 분석해 주는 회귀분석이나 모의 분석인 시뮬레이션 기법 등을 활용하여 미래예측을 실시한다.

3) 정책대안의 비교평가

탐색된 대안의 우선순위를 정하여 최선의 대안을 찾기 위해서는 이를 위한 특정한 기준이 필요하다(정정길 외, 2010). 정책대안을 비교·평가하는 기준은 크게 두 가지로 구분되는데 하나는 소망성(desirability)이며, 다른 하나는 실현가능성(feasibility)이다.

Dunn은 정책대안의 장·단점을 비교 평가하기 위한 소망성(desirablity) 기준으로 다음과 같이 제시하고 있다.

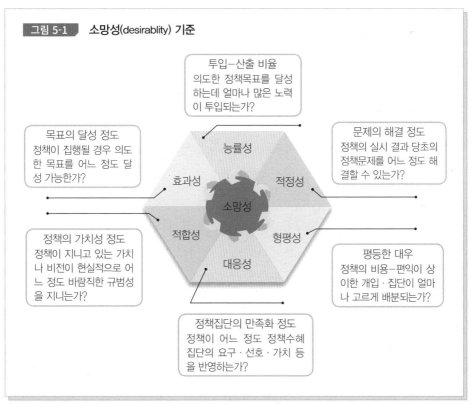

그림 5-1 소망성(desirablity) 기준

- **투입-산출 비율** 의도한 정책목표를 달성하는데 얼마나 많은 노력이 투입되는가?
- **목표의 달성 정도** 정책이 집행될 경우 의도한 목표를 어느 정도 달성 가능한가?
- **문제의 해결 정도** 정책의 실시 결과 당초의 정책문제를 어느 정도 해결할 수 있는가?
- **정책의 가치성 정도** 정책이 지니고 있는 가치나 비전이 현실적으로 어느 정도 바람직한 규범성을 지니는가?
- **평등한 대우** 정책의 비용-편익이 상이한 개입·집단이 얼마나 고르게 배분되는가?
- **정책집단의 만족화 정도** 정책이 어느 정도 정책수혜집단의 요구·선호·가치 등을 반영하는가?

(능률성, 효과성, 적정성, 적합성, 형평성, 대응성, 소망성)

출처: 권기헌(2018), 정책학 강의, 박영사.

물론 정책분석의 의미는 사용하는 사람에 따라 다르게 이해되는데, 어떤 사람들은 좁은 의미로 사용하고 있는가 하면, 또 다른 사람들은 정책분석(policy analysis)은 과정뿐만 아니라 정책집행과 정책평가의 단계에서도 필요하다는 점에서 정책과정 전반에 걸친 매우 넓은 의미로 사용한다. 정책분석을 넓은 의미로 사용하는 대표적인 학자는 케이드(E. S. Quade)인데, 그에 의하면 정책분석은 정

William N. Dunn

책결정자가 그들의 판단력을 행사하는데 도움을 줄 수 있도록 정보를 창출, 제시하는 모든 형태의 분석이라고 했으며, 좁은 의미로 드로르(Y. Dror)는 보다 나은 정책대안을 개발, 선택하기 위한 것을 정책분석으로 보았다.

맥래와 윌드(Duncan MacRae, Jr and James A. Wilde, 1979: 4)는 정책분석을 '여러 대안들 사이에서 최선의 정책을 선택하기 위해 이성적인 사고와 실제적인 증거를 활용하는 것'이라고 정의를 내리고 있으며, 스토키와 젝하우저(Edith Stokey and Zeckhauser, 1978: 3)는 '합리적인 정책결정자가 목표를 수립하고 이러한 목표를 달성하기 위한 최선의 방법을 탐색해 가는 논리적인 과정이 활용되는 분야'라고 정의를 내리고 있다. 또 던(William N. Dunn, 1981: 35)은 정책분석을 '정책문제를 해결하기 위하여 정치적 분야에 이용될 정책관련정보를 산출하거나 전달하기 위한 탐구와 논의의 다양한 방법들을 사용하는 응용사회과학'이라고 정의를 내렸다.

이들의 의견을 크게 종합하면 '정책에 관한 분석'이고 다른 하나는 '정책을 위한 분석'이다.

정책분석은 합리성에 입각한 분석뿐만 아니라 정치적인 변수도 고려해야 하고 경제학·수학·관리과학(management science) 등이 주요 역할을 담당하지만 사회학·행정학·정치학·조직이론 등의 다양한 원리도 원용되고 있다.

정책분석은 정책평가와 혼돈하기 쉬우나 정책분석은 정책대안을 선택하는 정책결정자가 합리적으로 정책결정을 할 수 있도록 돕기 위한 사전평가인 데 반하여, 정책평가는 결정된 정책을 정책집행자가 집행하는 과정이나 그 결과를 본 후 그 정책의 효과 또는 잘잘못을 따져보는 사후평가라는 점에서 구별된다. 이와 같이 정책분석의 근본 목적은 합리적이고 바람직한 정책결정을 할 수 있도록 정책결정자를 보조하는

표 5-1 정책분석의 정의

드로(Dror, 1971)	바람직한 대안을 식별하는 데 필요한 정보를 산출하는 과정
던(W. Dunn, 2008)	정책분석을 바람직한 정책을 이해하고 개선하는 데 필요한 정보를 창출·활용하고 비판적으로 평가하며, 이를 전달하고자 설계하는 것
퀘이드(Quade, 1975)	정책결정자들의 판단의 기초를 제고시키는 방법으로 정보를 산출하고 제공하는 모든 유형의 분석
노화준(2017)	특정 사실에 대한 정보를 산출하는 데 국한되지 않고 가치와 바람직한 행동 노선에 대한 정보를 산출하는 수준까지 확대되어 정책의 가치판단과 정책 창도(policy advocacy)까지 포함한다.
맥래와 월드 (Duncan MacRae, Jr and James A. Wilde, 1974: 4)	정책분석을 '여러 대안들 사이에서 최선의 정책을 선택하기 위해 이성적인 사고와 실제적인 증거를 활용하는 것'이라고 정의
스토키와 젝하우저 (Edith Stokey and Zeckhauser, 1978: 3)	합리적인 정책결정자가 목표를 수립하고 이러한 목표를 달성하기 위한 최선의 방법을 탐색해 가는 논리적인 과정이 활용되는 분야'라고 정의

출처: 최창현 외(2018), 정책분석평가와 성과감사, 윤성사.

데 있다.

정책분석은 일반적으로, ① 해결해야 할 문제를 인지한 후 목표를 명확화하는 단계, ② 목표 달성을 기할 수 있다고 보는 여러 가지 대안을 탐색하고 그 결과를 예측하는 단계, ③ 탐색한 대안들을 놓고 어느 것이 가장 실현 가능하고 효과적인 것인가를 비교·평가하는 단계, ④ 끝으로 비교·평가한 몇 개의 대안을 최고 정책결정자에게 제시하여 검토·선택하게 하는 최선의 대안 선택 단계 등의 절차를 거치게 된다.

3 정책분석, 체제분석, 그리고 관리과학의 관계

분석 과정에서는 여러 학문 분야의 이론과 기법(技法)을 동원하게 된다. 즉, 행태 과학(behavioral science)을 비롯하여 행정학·사회학·철학·윤리학·체제분석·응용수학 등에서의 이론과 기법을 빌려 분석하게 된다.

정책분석 기법에는 정책분석, 관리과학, 체제분석 등이 대표적이다. 이들 과목은 별도로 연구·강의되고 있으며, 학문의 범위, 방법, 절차, 기법 등 유사한 점이 많다.

관리과학(management science)은 한마디로 정의하기 어렵지만, 운영연구(operations research), 체제분석(systems analysis) 등과 혼용하여 사용하기도 한다. 관리과학은 계량적 기법에 치중하고, 계량적 분석에 입각하여 분석자의 가치판단에 따라 처방을 제시한다.

관리과학(OR, 운영연구)은 1941년 군사작전의 효율화를 기하기 위하여 개발된 분석기법으로 문제 해결이나 의사결정에서 최적대안을 탐색하는 데 활용되는 과학적·계량적 분석기법이다. OR이란 용어는 1939년 이후 제2차 대전 당시 영국군대의 작전연구에서 처음 사용된 것으로 의사결정문제의 분석에 있어서의 계량적 처리방법 혹은 집행부 관리 하에 있는 제 행동에 관한 결정에 대하여 집행자에게 계량적인 기초를 제공하는 과학적 방법이라 정의할 수 있다. 선형계획, 회귀분석 등 능률성 차원의 계량적 기법이 있다.

체제분석은 체제를 구성하는 하위요소들 간의 관계를 가시화함으로써 체제의 행위를 설명하고 예측하는 과학적 탐구방법론의 하나이다. 의사결정자로 하여금 최적대안을 선택할 수 있도록 지원하기 위해 관련 자료들을 체계적으로 수집·조작·평가하는 분석 방법을 의미한다. 체제분석은 '전반적인 체제와 목적, 그리고 문제와 대안적 해결책, 최적의 해결책 실행, 결과의 평가에 영향을 주는 하위체제를 규명함으로

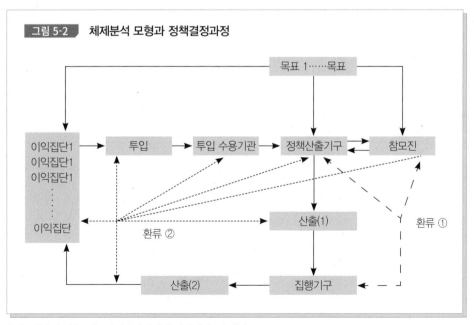

그림 5-2 체제분석 모형과 정책결정과정

출처: 최창현 외(2018), 정책분석평가와 성과감사, 윤성사.

써 문제를 점검하는 과정'이라고 할 수 있다. 이것은 관리과학보다 분석범위가 포괄적이며 비용편익분석 및 비용효과분석 등 실행성 차원의 경제적 요인 분석을 중시한다.

모형의 주요 개념과 기능

1. 이익집단들(GRi): 사회체제의 분화도에 따라 증대되는 이익집단

2. 투입(Inputs): 개인 또는 집단의 요구, 미디어 또는 에너지

3. 투입 수용기관(Receptor): 투입(Inputs)을 받아들이는 행정부서, 국회, 정당, 입법기구 등 다양한 정치, 행정기관으로 여기서 받아들인 투입은 정책결정의 기초가 된다.

4. 정책산출기구(Decision): 설정된 목표와 투입에 따라 결정되는 정책(policy), 프로그램(program), 프로젝트(project) 등을 만들어 내는 정책 산출기관

5. 참모진(Memory): 효과적인 정책결정을 위한 참모진

6. 산출(Outputs): 산출 1은 주로 정책(policy), 프로그램(program), 프로젝트(project), 법률 등, 산출 2는 주로 정책(policy), 프로그램(program), 프로젝트(project), 법률 등의 정책집행 결과로서의 산출물

7. 집행기구(Effector): 산출의 결과를 가져오는 집행 및 실행 기구와 과정 (원문에 Effection으로 되어 있는데 잘못 표현된 것으로 필자가 정정함)

8. 목표(Goal): 정치, 행정체제의 목표, 국시, 또는 국가의 지도이념 등

9. 환류(Feed-back):

9-1: 행동의 감시자로서 환류는 주로 대외적인 환류로 정책결정이나 산출에 대해 비판하거나 욕구불만을 가지고 있는 집단의 환류작용이며, 대중매체나 정책결정에 비판적인 야당 등의 예를 들 수 있다.

9-2: 체제오류의 탐지기로서 환류는 주로 대내적인 환류로 정치, 행정체제내의 감시기구와 같은 감사원과 정보기관 등을 들 수 있다.

정책분석의 내용도 관리과학이나 체제분석의 내용을 내포하고 있기 때문에 기본 골격은 거의 비슷하다고 할 수 있다. 그러나 정책분석은 관리과학이나 체제분석에서 한계로 인식되고 있는 장기적인 목표개발, 정치적인 변수고려, 더욱 광범하고 복잡한

이슈를 취급, 쇄신적인 정책대안을 강조, 비합리적인 요소(이념성, 대중현상)를 고려, 최적성(optimality) 대신에 만족성(satisfaction, preferization) 등을 추구한다는 점이다. 무엇보다도 정책분석은 당위성 및 정치성에 대한 고려와 여러 정책에 대한 이해가 더 요청된다고 할 수 있다. 정책분석의 요건을 설명하면 다음과 같다.

첫째, 정책분석은 정책의 기본가치를 중시한다. 체제분석과 관리과학은 가치선택의 문제를 고려하지 않으나 정책분석은 정책이 내포하는 목적가치를 중요시한다. 정책이 지향하는 목적가치란 현실의 사회문제를 해결하며 보다 바람직한 사회상태를 실현하고자 하는 것이기 때문에 정책분석은 광범위하고 동태적인 복잡한 사회문제를 다루기 위해 사회현상에 대한 보다 많은 통찰력을 요구한다.

둘째, 체제분석과 관리과학은 경제적 효율성을 중시하고, 수단과 부문의 최적화(optimization)를 강조하지만 정책분석은 주어진 자원과 비용의 사회적 배분을 고려하여 정책선호화(preferization)를 추구한다. 즉, 최적화의 기준은 충족시키지 못하나 알고 있는 기존의 다른 대안들보다 나은 대안을 찾아내고자 하며, 정책대안의 쇄신을 강조한다.

셋째, 정책분석은 정치적 요인을 고려한다. 체제분석과 관리과학은 대안의 비교, 평가의 기준을 경제적 합리성에 두나 정책분석은 이외에도 정치적인 요인까지도 고려하여 대안평가의 기준으로 정치적 합리성, 정치적 실현가능성, 공평성, 공익성 등을 포괄한다.

넷째, 정책분석은 질적 분석을 충실히 한다. 체제분석이나 관리과학에서 사용되는 B/C분석, 선형계획(LP), 의사결정분석, 자료포락분석(DEA), 사회연결망분석(Social network analysis), 그리고 게임이론 등의 계량적 기법들은 정책분석에서도 그대로 사용되나, 정책분석에서는 이 외에도 분석적 계층화 과정(AHP), 델파이 기법, 시뮬레이션, 그리고 정책논변모형 등의 질적 분석을 포함한다.

다섯째, 정책분석은 정책과정 전반에 대해 광범위한 관심을 갖는다. 정책분석은 체제분석(관리과학)에 비하여 정책결정 이후의 집행이나 관리의 측면에도 많은 관심을 가진다.

정책분석과 관리과학, 체제분석의 관계는 〈표 5-2〉와 같다.

표 5-2 정책분석과 체제분석, 관리과학 관계

	관리과학	체제분석	정책분석
조직구조	하위감독층	중간관리층	최고관리층
분석차원	능률성	실현가능성	당위성(정치성)
기능	계산	← 계산, 판단 →	판단
분석범위	협소	중간	광범
분석방법	선형계획(LP), 의사결정 등 계량적 접근	← 계량적, 질적 →	AHP, 델파이 기법 등 질적 접근
취급대상	수단최적화	부분최적화	정책선호화
평가기준	경제적 합리성	← 경제성, 정치성 →	정치적 합리성
기초모형	폐쇄체제모형	← 폐쇄적, 개방적 →	개방체제모형

출처: 최창현 외(2005). 정책분석론, 시대고시기획을 수정함.

제2절 정책분석의 역사

1 정책학의 등장과 정책분석

1951년 라스웰(H. D. Lasswell)은 정책학을 처음으로 제창하면서 정책학을 '정책결정 및 정책의 집행을 설명하고 정책문제와 관련이 있는 자료를 탐색 수집하여, 이에 대한 이해를 제공하는 학문'이라고 정의하였으며 그 뒤 드로어(Y.Dror)는 '보다 나은 정책결정을 위하여 그 방법, 지식, 체제를 다루는 학문으로서 보다 효과적이며 능률적인 정책을 통하여 설정된 목표를 달성'하려는데 정책학의 주안점이 있다고 주장하였다.

H. D. Lasswell

정책분석은 정부의 정책과 그 기원을 같이한다고 할 수 있다. 정책분석이 독자적인 분야로서 성립되기 시작한 것은 1960년대부터이다.

우리나라는 1970년대 후반부터 정책분석에 대한 필요성이 제기되어 정책이나 정책형성의 일부로 대학에서 강의하기 시작하였다. 1980년대에는 독립된 과목으로 개설되기 시작하였으며, 공공부문에서도 중견공무원들에게 정책분석에 대한 교육을 실시하기 시작하였다. 1990년대부터는 정책학의 핵심분야로 인식되어 공공부문은 물론 사기업 부문에도 확산 발전되었고, 2000년에 와서는 합리적인 정책분석과 평가업무를 수행할 수 있는 전문인력을 육성하기 위해 정책분석평가사제도를 두어 시행하면서 수많은 정책분석 및 평가 전문가를 양성하고 있다.

2 정책분석의 기본 단계

정책분석의 기본적인 절차 혹은 과정은 정책분석을 보는 관점에 따라 달리 구분될 수 있다. Dunn(1981: 51-54)은 정책분석을 탐구의 과정으로 보고, 문제의 구조화(problem structuring), 예측(forecasting), 제안(recommendation), 모니터링(monitoring), 평가(evaluation), 실제적 추론(practical inference) 등을 제시하고 있다. 또한 스토키와 젝하우저(Edith Stokey and Richard Zexkhauser, 1978: 5-6)는 정책분석가가 복잡한 정책문제를 해결하려 할 때 도움을 주는 다섯 가지 표준절차를 제시하고 있는데, 맥락의 설정(establishing the context), 대안의 설계(laying out the alternatives), 결과의 예측(predicting the consequences), 결과의 평가(valuing the outcomes), 정책결정(making a choice) 등이다. 노화준(2000)에 의하면, 정책문제의 정의와 목표설정, 대안의 탐색·개발 및 설계, 효과성 측정수단의 형성, 효과성 측정수단에 의한 대안의 평가, 최적대안의 건의 등으로 나누고 있다.

정책분석과정은 단일의 일회적인 과정이 아니고, 계속적이고 반복적인 과정이다. 그리고 이 책에서 제시되는 각 과정이 언제나 빠짐없이 거치게 되는 과정은 결코 아니며, 현실 세계에서는 생략되거나 중복될 수도 있는 것이다. 오히려 이러한 것이 현실에서는 더욱 빈번하게 나타난다. 그러나 정책분석가는 주요 단계를 빠짐없이 밟아서 정책분석을 하는 것이 바람직하다. 주요 단계를 생략한 채 정책분석을 한다면 그 결과는 그 만큼 설득력이 약해질 가능성이 크기 때문이다.

여기서는 각 단계를 간단하게 살펴보고, 다음 장에서부터는 이를 보다 자세히 살펴보게 될 것이다. 보다 쉬운 설명을 위해 분석의 각 단계를 순차적으로 살펴 볼 것인데, 분석과정이 반복적으로 순환·재순환 되는 것을 인식하는 것이 매우 중요하다. 정책분석의 과정은 ① 정책문제의 정의와 목표의 설정, ② 정책대안의 탐색·개발·설계, ③ 정책대안의 결과예측, ④ 정책대안의 비교·평가, ⑤ 정책분석결과의 제시 순이다. 정책분석과정은 계속적이고 반복적인 과정이며 아래의 그림으로 나타낼 수 있다.

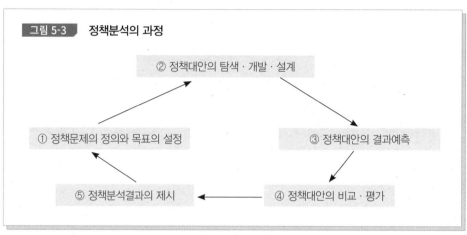

그림 5-3 정책분석의 과정

출처: 최창현 외(2005). 정책분석론, 시대고시기획.

제 3 절 정책대안의 개발과 분석

1 정책대안의 개발

정책문제를 정의하고 정책목표를 설정한 후 정책대안을 개발하기 위해서는 정책대안의 탐색단계에서 파악된 정책수단들을 몇 개의 주요 수단으로 묶고, 주요 수단들을 하위수단, 차하위수단으로 체계적으로 분류하여 정책대안을 개발하게 된다.

2 정책대안의 예비분석

1) 정책문제 분류

정책문제의 유형에는 잘 구조화된 문제(well-structured problem), 적당히 구조화된 문제(moderately-structured problem), 잘 구조화되지 못한 문제(ill-structured problem) 등의 세 가지 문제로 구분된다. 문제의 구조화 기법은 다시 상세히 설명한다. 특히 잘 구조화되지 못한 문제(ill--structured problem)의 경우에는 정책문제를 분석하는 데 많은 시간과 노력, 비용이 소모된다.

정책대안을 설계한 후에는 원칙적으로 이 대안들 모두에 대해 결과를 예측하고 이를 비교·평가해야 한다. 그러나 모든 대안을 상세하게 검토하는 일은 거의 불가능한 일이다.

정책대안의 숫자가 지나치게 많아지면 현실적으로 그것을 관리하기 어려워지기 때문이다. 그러므로 대안설계의 다음 단계는 정책대안의 수를 관리 가능한 만큼 줄이는 것이다. 이렇게 이미 탐색·개발되어 설계된 정책대안들 중에서 본격적인 분석을 할 필요가 있는 대안들을 골라내는 작업을 정책대안의 예비분석(screening)이라고 한다.

2) 예비분석의 방법과 기준

예비분석 과정에서 적용될 수 있는 기준으로는 ① 규범적 기준(결정권자의 가치관과 합치하는가?), ② 수단적 기준(실현성이 있는가?), ③ 정치적 기준(대상집단이 수용할 수 있는가) 등이 제시되기도 하고, ① 비용과 효과, ② 대안의 실현가능성 등이 제시되기도 한다.

비용과 효과는 정책대안을 예비분석하는 하나의 기준이 될 수 있다. 즉, 정책의 추진으로 나타나는 정책효과보다 이에 소요되는 정책비용이 지나치게 많이 초과될 경우 그러한 정책대안은 분석의 대상에서 제외될 수 있다.

정책학습, 이론이나 모형, 직관적 방법 등을 통해 정책 대안을 탐색하고 이들이 가져올 정책 결과를 예측하고 나면, 개별 정책 결과들이 과연 얼마나 바람직한가에 대한 평가를 통해 정책 대안을 비교한 후 최선의 대안을 선택하게 된다. 이 과정에서 탐색된 대안의 우선순위를 정하여 최선의 대안을 찾기 위해서는 이를 위한 특정한 기준이 필요하다(정정길 외, 2010).

정책 대안을 비교·평가하는 기준은 크게 두 가지로 구분되는데 소망성(desirability)과 실현가능성(feasibility)이다. 먼저 소망성을 간략하게 살펴보면, '소망성'은 바람직스러움을 말하는 것으로 이를 판단하는 기준으로 주로 효과성·능률성·공평성 등의 기준이 활용된다. Dunn은 정책대안의 장·단점을 비교 평가하기 위한 소망성(desirablity) 기준으로 다음과 같이 제시하고 있다.

실현가능성은 해당 대안이 정책으로 채택되고 그 내용이 충실히 집행될 가능성을 의미하는 것으로, 즉 정책으로서의 채택가능성과 채택된 후의 집행가능성 등을 의미한다. 또 이와 같은 실현가능성은 그 내용에 따라 기술적 실현가능성·재정적 실현가능성·행정적 실현가능성·법적 실현가능성·정치적 실현가능성 등으로 분류되기도 한다. 두 기준 중 실현가능성을 먼저 검토하여 실현이 불가능한 대안을 먼저 배제한 후 실현가능한 대안 가운데 소망성이 높은 대안을 선택하는 것이 바람직할 것이다.

정책 대안의 비교·평가·선택을 위한 기준으로서 검토되는 실현가능성(feasibility)으로는 경제적 실현가능성, 기술적 실현가능성, 사회윤리적 실현가능성, 정치적 실현가능성 등 여러 가지 차원에서 검토된다. 이들 실현가능성에 대한 본격적인 검토는 대안의 평가단계에서 이루어지게 될 것이므로 대안의 탐색과 개발단계에서는 개략적인 실현가능성만을 검토하게 될 것이다. 문제의 구성요소들 중에서 어떤 것을 문제의 핵심으로 보느냐는 관점에 따라 다르다.

그리고 소망성(desirability) 기준을 들 수 있다. 소망성이란 정책대안이 얼마나 바람직스러운 것인가 하는 것을 의미하는데 그것은 정책이 달성하고자 추구하는 목적이 무엇인가에 따라 달라질 수 있다.

이 소망성을 판단하는 기준으로 주로 효과성·능률성·형평성 등의 기준이 활용된다. 먼저 효과성(effectiveness)은 일반적으로 목표 달성의 정도를 의미하며(Quade, 1989), 다만 경우에 따라 정책 효과가 정책 목표 달성의 결과로 나타나는 부분이 있는 반면 의도치 않았던 부수적 효과가 나타나는 경우도 있다는 점에 주의해야 한다.

다음으로 능률성(efficiency)은 사전적으로 투입과 산출의 비율로 정의된다. 즉, 능률성은 산출(output)/투입(input)이고, 효과성은 성과(outcome)/투입(input)이다.

셋째, 형평성은 일반적으로 수직적 형평성과 수평적 형평성으로 구분하여 사용된다. 수직적 형평성은 서로 다른 것을 다르게 취급하는 것을, 수평적 공평성은 서로 같은 것을 같게 취급하는 것을 의미하는데 수직적 형평성은 주로 사회적 약자에게 보다 많은 혜택을 이전하면서 비용을 적게 부담시키는 정책의 논리로, 수평적 형평성은 동일한 도로 이용자에게 동일한 이용요금을 부과하고자 하는 원리로 활용된다(정정길 외, 2010). 이외에도 만족도(Satisfaction)·위험성(Risk)·일관성(Consistency) 등을 들 수 있다.

그렇다면 대안을 선정하기 위하여 소망성과 실현가능성 가운데 어떠한 기준을 먼저 혹은 우선하여 적용하여야 하는가? 만약 합리적 분석에 따라 중요한 정책 대안과 이들에 대한 정책 결과가 빠짐없이 예측되었다면, 실현가능성을 검토하여 실현이 불가능한 대안을 먼저 배제한 후 실현 가능한 대안 가운데 소망성이 높은 대안을 선택하는 것이 바람직할 것이다. 다만 앞서 언급한 바와 같이 소망성을 평가하기 위한 기준으로 효과성·능률성·공평성 가운데 어떠한 것을 적용하여 평가할 것인가는 가치판단의 문제라고 볼 수 있겠다(정정길 외, 2010).

3 정밀분석

1) 정책문제의 원인분석

정책문제를 정확하게 이해하기 위해서는 문제의 원인을 규명하는 것은 불가피하므로 문제의 분석단계에서는 정책문제의 원인을 분석해야 한다. 일단 문제의 원인이 파악되고 나면 그 원인이 정책적으로 통제 가능한 원인인지 통제 불가능한 원인인지를 판단해야 한다.

2) 정책문제의 결과측면 분석

결과분석에서는 정책문제의 심각성 또는 중요성을 분석하게 되는데, 이것은 정책문제의 규모와 범위, 피해의 강도 등으로 파악될 수 있다. 즉, 정책문제의 심각성 분석은 정책문제로 인하여 피해를 보는 집단이 얼마나 많은지, 정책문제의 파급범위가 얼마나 큰지, 그리고 정책문제로 인한 피해의 강도와 피해영역은 어떠한지를 분석하는 것이다.

3) 정책문제 관련집단의 파악

정책문제와 관련된 집단의 분석에 있어서는 그 정책문제로 인하여 피해를 입는 집단과 반대로 이익을 누리고 있는 집단에 대한 분석이 이루어져야 한다. 정책문제로 인하여 피해를 입는 집단은 정책문제의 여러 가지 측면에 따라 다르다. 예를 들어, 교통 서비스에 대해 고소득층은 서비스의 질을 중요한 문제로 생각할 것이고, 반대로 저소득층은 서비스 요금을 더 중요한 문제로 인식할 것이다. 이것은 문제의 측면에 따라 피해계층이 다름을 의미하는 것이다.

4) 정책결정자 및 관련 이해집단의 가치 분석

정책문제를 올바로 정의하기 위해서는 정책문제와 관련된 사람들이 추구하는 가치에 대한 분석이 이루어져야 한다. 즉, 정책문제와 관련된 사람들이 정책문제와 관련하여 바람직하다고 생각하는 상태가 무엇인지에 관해 파악해야 한다.

5) 정책문제의 미래예측

정책문제는 시간이 흐름에 따라 점점 더 심각해지는 문제도 있고 자동적으로 해결되는 문제도 있다. 자동적으로 해결될 수 있는 정책문제는 별도로 해결방안을 강구할 필요가 없다. 따라서 어떤 정책문제가 앞으로 어떻게 변화할 것인가를 예측하는 것은 정책문제 분석의 중요한 일부분이다.

정책문제의 미래예측 방법으로는 정책 원인변수 한 단위 변화에 따른 정책 결과변수의 변화량을 예측할 수 있는 회귀분석, 과거 자료의 변동 추이를 시간적으로 분석해 미래의 결과를 예측하는 시계열분석, 그리고 현재의 상태를 기반으로 미래를 모의분석하는 시뮬레이션 등과 같은 계량적 방법이 있다.

시뮬레이션 기법 중 하나인 시스템다이내믹스는 기존의 인과관계의 한계 때문에 사회현상을 순환고리(feedback loop) 관계로 본다. [그림 5-4]와 [그림 5-5]는 한국 영

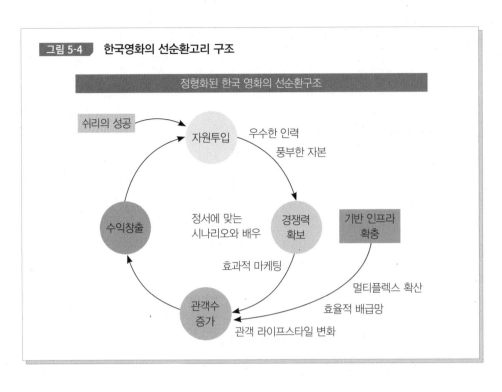

그림 5-4 한국영화의 선순환고리 구조

정형화된 한국 영화의 선순환구조

쉬리의 성공 → 자원투입

우수한 인력
풍부한 자본

경쟁력
확보

기반 인프라
확충

정서에 맞는
시나리오와 배우

효과적 마케팅

수익창출

관객수
증가

멀티플렉스 확산
효율적 배급망

관객 라이프스타일 변화

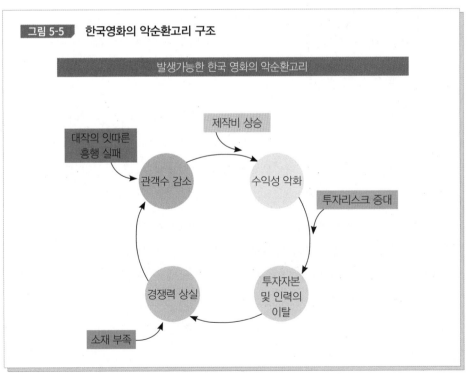

그림 5-5 한국영화의 악순환고리 구조

발생가능한 한국 영화의 악순환고리

대작의 잇따른
흥행 실패

제작비 상승

관객수 감소

수익성 악화

투자리스크 증대

경쟁력 상실

투자자본
및 인력의
이탈

소재 부족

화의 선순환구조와 악순환고리 구조를 그림으로 나타낸 것이다.

또한 주관적인 기법으로는 전문가의 의견을 설문조사 방식으로 반복적으로 교환하여 합의를 도출하는 정책델파이기법 등 여러 가지 방법이 있다.

그림 5-6 정책 델파이 절차

4 정책문제의 분석기법

정책대안을 탐색한 후에는 대안에 대해 이를 비교·평가하고, 결과를 예측해야 한다. 정책문제의 분석기법에는 정책문제의 구성요소를 범주별로 분류하는 분류분석(classificational analysis), 요인들에 대한 논리적 분할과 분석을 하는 계층분석(hierarchy analysis), 상충적 가정을 통합하는 가정분석, 유사한 과거의 문제를 직접적, 상징적, 가상적 유추로 분석하는 시네틱스(synectics), 혹은 유추분석, 브레인스토밍 그리고 AHP분석 등이 있다.

정책 결과의 예측기법에는 전통적 시계열 분석, 정책논변모형, 비용효과분석과 비용편익분석(Cost-Benefit Analysis), 상관관계 분석, 회귀분석, 시뮬레이션, 선형계획기법(www.lindo.com), 그리고 정책 델파이기법 등을 들 수 있다. 또한 이외에도 능률성을 평가해주는 자료포락분석(DEA; 최창현, 2013) 등이 있다.

1) 비용효과분석과 비용편익분석(Cost-Benefit Analysis)

일반적으로 비용과 편익 부분은 계량화가 용이한 경우가 많다. 그런데 문제는 정책효과 부분이 계량화가 쉽지 않다는 것이다. 예컨대 고속도로를 건설하는 정책을 생

표 5-3 문제분석의 기법

방법	목적	절차	초점	성과 측정 기준
비용편익분석	편익	단위 원가당 정책편익	정책	경제적 타당성
비용효과분석	효과	단위 원가당 정책 효과	정책	화폐측정 곤란
분류분석	개념의 명시	개념들에 대한 논리적 분할과 분류	개인	논리적 일관성
계층분석	원인이 될만한 요인에 대한 검증	요인들에 대한 논리적 분할과 분석	개인	논리적 일관성
시네틱스	문제들 사이의 유사성 인식	인적, 직접적, 상징적, 가상적 유추의 구성	개인	비교의 적절성
AHP분석	여러 대안들의 선호도 비교	대안들 간의 절대 평가가 아닌 쌍대비교를 통한 상대평가	집단	공공정책, 프로그램 등의 우선순위 선정
정책논변모형	정책 논의의 정당성 여부 평가	정책 정보, 주장, 본증, 보증 및 반증	정책	논리적 일관성

출처: 최창현 외(2005). 정책분석론, 시대고시기획 수정보완함.

각해 볼 경우, 고속도로 건설비용은 계량화가 용이한 편이지만, 건설된 고속도로가 민간에 미치는 경제적 효과를 화폐 단위로 계량화하기는 쉽지 않다. 고속도로 이용자는 대체 얼마의 편익을 누리고 있는 것일까? 반대로 경우에 따라서는 정책효과의 계량화는 쉽지만 비용의 계량화가 어려운 경우도 있다.

비용효과분석(Cost−Effectiveness analysis)은 비용편익분석이 갖는 계량화 문제를 극복하고자 하는 분석기법이다. 효과의 계량화가 어려운 경우, 비용효과분석은 정책효과를 화폐 단위로 계량화하지 않고 그냥 그 상태로 사용한다. 따라서 비용효과분석으로 여러 대안의 우선순위를 비교할 때에는 비교대상 대안들의 산출물이 동일해야 한다는 한계를 갖게 된다.

정책효과(policy effectiveness)는 좀 더 구체적으로 산출(output), 성과(outcome), 영향(impact)으로 세분할 수 있다. 쉬운 예를 들어보면, 고속도로를 건설하는 정책을 생각해 볼 경우, 산출은 도로 200km 건설, 성과는 운행 속도 5km/시간 단축, 영향은 지역 경제 성장률 1% 증가로 볼 수 있다.

또 다른 예로 국립도서관 운영의 효과를 나타내 주는 지표로 산출은 국립도서관 이용자의 수이고, 성과는 국립도서관 이용객의 만족도, 그리고 영향은 정부에 대한 신뢰도의 증가라고 할 수 있다.

비용편익분석은 초등학교를 짓는 대안과 도로건설 대안을 비교할 수 있지만, 비용효과분석으로는 양자의 비교가 어렵다는 것이다. 화폐 단위로의 환산 없이 초등학교 1채와 4차선 도로 200km를 비교할 방법이 없기 때문이다. 비용효과분석을 쓰려면 초등학교를 건설하는 대안 간 혹은 도로를 만드는 대안 간에 비교해야 한다.

비용-편익분석(Cost-Benefit Analysis)은 4대강 사업 등 정부에 의해 수행되는 갖가지 공공사업이나 정부 정책에 대한 평가를 하기 위해 사용되는 가장 일반적인 분석의 틀이다. 이 분석방법을 간단히 요약하면 어떤 사업이나 정책의 비용이 편익에서 공제된 후 그 결과가 양이면 그 사업이나 정책은 수행되어야 하는 것으로 판단하고 그 반대면 수행되지 않아야 한다는 판단을 하게 해 준다.

비용-편익분석 절차는 첫째, 사업이나 정책의 정의 및 분석범위를 결정하고, 둘째, 사업이나 정책의 시행으로 야기되는 영향을 파악하고 이와 같은 영향이 경제적으로 타당한지 판별한다. 셋째, 경제적으로 타당한 모든 비용과 편익을 화폐단위로 표현한다. 넷째, 적절한 할인율에 의해 화폐가치화된 비용과 편익의 현재가치를 구한다. 사업착공 시 비용이 발생하고 완공 시 편익이 발생하기 때문에, 할인율은 미래가치를 현재가치로 바꾸는 것을 의미한다. 사업의 불확실성이 크면 할인율이 커진다. 따라서 단기사업에 투자하는 것이 바람직하다. 적절한 할인율이 주어지지 않을 때는 내부수익률을 기준으로 사용해 내부수익율이 시장이자율을 상회하면 일단 투자가치

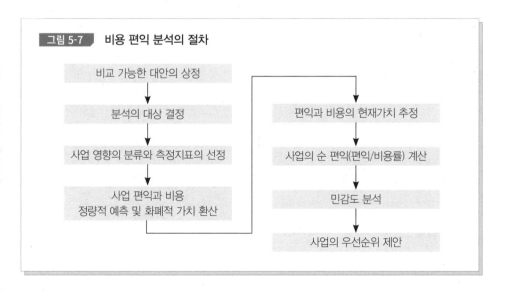

그림 5-7 비용 편익 분석의 절차

비교 가능한 대안의 상정

분석의 대상 결정

사업 영향의 분류와 측정지표의 선정

사업 편익과 비용
정량적 예측 및 화폐적 가치 환산

편익과 비용의 현재가치 추정

사업의 순 편익(편익/비용률) 계산

민감도 분석

사업의 우선순위 제안

가 있다고 판단한다. 다섯째, 정책대안들의 결과를 비교하여 최종 선택을 선택한다.

2) 분류분석(classificational analysis)

분류분석은 문제상황을 정의하고 분류하는데 사용되는 각종 개념들을 명확히 하는 기법이다. 분류분석은 두 가지의 중요한 절차를 거쳐 이루어지는데, 하나는 논리적 분할(logical division)이고 다른 하나는 논리적 분류(logical classification)이다.

여기서 논리적 분할이란 어떤 하나의 문제상황을 선정하여 그것을 구성부분으로 하나하나 쪼개나가는 것을 말한다. 이에 비해 논리적 분류란 구성부분들인 목표들이나 구성원들을 좀더 큰 집단이나 계층으로 분류하는 과정을 말한다.

그 예로 빈곤문제의 분류분석을 살펴보자.

각 가구를 빈곤계층과 비빈곤계층으로 분류한 경우 빈곤계층이 시간이 흐르면서 감소되어 빈곤문제가 개선되고 있다고 판단하게 된다. 그러나 〈표 5-4〉에서 보는 바와 같이 이것을 다시 정부보조금 수령 전후를 기준으로 빈곤계층을 두 개의 하위집단으로 분류할 경우는 문제상황에 대한 정의는 달라지게 된다.

오히려 빈곤가구가 더 증가하고 있다고 판단하게 될 것이다. 빈곤의 감소는 정부의 사회복지정책의 결과이며, 사기업조직에 의해서는 빈곤문제가 해결될 수 없다고 할 것이다. 1972년에는 1968년에 비해 빈곤선 이하의 가구수가 오히려 증가하고 있기 때문이다. 따라서 분류체계는 적어도 문제상황과 연관성이 있고 논리적으로 일관성이 있어야 한다.

표 5-4 빈곤계층의 가구수

구분 \ 년도	1965	1968	1972
정부보조금 수령전	15.6만(25.7%)	14.9만(23.2%)	17.6만(24.8%)
정부보조금 수령후	10.5만(17.3%)	10.1만(15.7%)	10.0만(14.1%)

( ) 내의 숫자는 빈곤가구 수를 총가구 수로 나눈 것임.

3) 계층분석(hierarchy analysis)

계층분석은 문제의 원인을 발견하기 위한 분석기법으로 문제의 근본적 원인을 파악해줌으로써 해결방안을 모색할 수 있도록 해준다. 계층분석에서는 문제의 원인을 가능한 원인(possible causes), 개연적 원인(plausible causes), 통제가능한 원인(actionable causes)으로 나누어 분석한다.

여기서 가능한 원인이란 문제를 야기시켰을 가능성이 있는 사건이나 행위를 말하고, 개연적 원인이란 과학적 연구나 직접적 경험에 비추어 볼 때 문제상황의 발생에 중요한 영향을 미쳤다고 믿어지는 원인을 말한다. 그리고 통제가능한 원인이란 정책결정자가 통제할 수 있는 원인을 의미한다.

4) 시네틱스(synectics)

시네틱스는 유사한 문제에 대한 분석을 위해 고안된 방법이다. 이 기법은 흔히 새로운 문제인 것처럼 보이는 것도 실제로는 과거에 등장했던 문제이기 때문에 유사한 과거의 문제를 분석해보면 문제에 대한 해결방안을 쉽게 발견할 수 있다는 가정에 토대를 두고 있다.

이 기법은 정책문제의 분석에 네 가지 형태의 유추(analogy)를 활용하는데, 분석하고자 하는 문제상황과 유추된 상황이 얼마나 일치하느냐에 따라 문제분석의 타당성이 달라진다. 이 기법에서 사용하는 네 가지 형태의 유추는 다음과 같다.

① 개인적 유추(personal analogies)는 분석가가 마치 자신이 문제를 경험하고 있는 것처럼 상상해봄으로써 문제를 파악하는 것이다. 예를 들어, 박원순 서울시장의 옥탑방 체험이나 휠체어 체험 등이 이에 해당된다.

② 직접적 유추(direct analogies)는 분석가가 두 개 이상의 문제상황 사이의 유사한 관계를 탐색해 봄으로써 문제를 분석한다. 예컨대, 약물중독 문제를 분석함에 있어서 전염병 통제경험을 유추하여 분석하는 것이다.

③ 상징적 유추(symbolic analogies)는 분석하고자 하는 문제상황과 어떤 상징적 과정 사이의 유사한 관계를 발견하여 문제를 분석하는 것이다. 예를 들어, 정책과정을 자동제어장치에 비유하는 것이 이에 해당한다.

④ 가상적 유추(fantastic analogies)는 문제상황과 어떤 가상적인 상황 사이에 유사성이 있는 것으로 상상해 봄으로써 문제를 분석하는 것이다. 예를 들어, 전쟁상태를 가상하고 남북한 간의 군사력 비교문제를 분석하는 것 등이다.

5) 분석적 계층화 과정(AHP: Analytical Hierarchy Process) 기법

AHP 기법은 합리적인 의사결정을 지원하기 위해 1970년대 초반 Thomas L. Saaty에 의해 개발되었다. 의사결정에 필요한 정보는 평가지표와 대안을 기준으로 계층적으로 분해하여 얻는다. 대안의 상대적 중요도를 결정하기 위하여 평가지표에 대한 가중치를 구한 후 개별 평가지표별로 대안의 쌍대비교로 가중치를 계산하고 우선순위를 도출한다. 객관성을 확보하기 위하여 정량적 기준을 함께 사용하는 특징이 있다. 평가지표와 비교할 대안이 많은 경우 복잡한 수치계산이 요구되는데, 평가의 용이성과 정확성을 위해 전산 프로그램이 활용되기도 한다. AHP의 응용분야로는 전략계획의 수립, 성과측정지표의 가중치 산정, 입지선정, 자원할당, 사업/공공정책 수립, 프로그램 선정 등 우선순위 선정과 관련된 모든 활동에 활용된다(최창현 외, 2005).

대한민국의 미래에 중요한 요소로 국방, 교육, 경제, 복지의 네 가지가 있다고 가정한다. 이 중 무엇이 중요하다고 생각하는지를 대략 50명 이하의 전문가에게 평가하게 한다. 평가는 문항 2개를 서로 비교해서 상대적인 중요도를 평가하게 한다.

예를 들어, '국방 1 2 3 4 5 6 7 8 9 교육'과 같은 문항에서 국방이 교육보다 절대적으로 중요하면 1점, 반대로 교육이 국방보다 훨씬 중요하면 9점, 동일하다고 생각하면 5점에 체크한다.

그리고 자료를 모두 모아서 분석을 하면 요인의 중요도가 산출된다. 그러면 연구자는 대한민국의 미래를 위해 힘써야 하는 분야를 순서대로 알 수 있게 된다. 예를 들어, 1위 경제, 2위 교육, 3위 복지 4위 국방 등으로 나타날 수 있다.

6) 정책논변모형(Policy Argument Model)

기존 정책분석모형의 한계를 체감한 던(Dunn, 1981)과 피셔(Fisher, 1980) 등의 정책학자들이 정책분석에 적용한 것으로 정책논변모형(Policy Argument Model)이 있다. 정책논변모형은 정책 관련 정보, 정책 주장, 본증(주장, 논거), 보증(이유), 그리고 반증(반론) 등으로 구성되어있다. 정책정보를 확보하고 정책주장의 본증을 평가하고 이를 바탕으로 정책주장의 정당성을 입증하기 위한 정책분석모형이다(최창현 외, 2015).

정책논변모형의 구성요소로는 1) 정책 문제에 관한 사실의 진술로서 사실의 자료 또는 정보인 정책정보(Policy Data), 2) 정책정보(Policy Data)를 기초로 도달한 정책
논증의 논리적인 결과 혹은 결론이며 우리가 입증하고자 하는 것인 정책주장(Policy
Claim), 3) 정책주장을 정당화해주는 본증(Warrant), 4) 정책주장이 자명하지 못해 논거
가 액면 그대로 인정되지 않을 때, 논거를 지지하는데 사용되는 추가적인 가정인 보
증(Backing), 5) 다른 정책의 주창자나 다른 이해관계자들로부터 나오는 정책주장의
정당성에 대립되는 증거를 의미하는 반증(Rebuttal), 그리고 6) 정책분석가들이 정책주
장에 대해 가지고 있는 확신 정도를 나타내는 한정접속사(Qualifier) 등으로 구성된다.
〈표 5-5〉는 정책논변 모형의 간단한 예시이다.

표 5-5 정책논변 구성요소의 간단한 예시

구분	자동차 운전
정책정보(Policy Data)	자동차 운전자가 교통법규 위반
정책주장(Policy Claim)	과속 과태료 부과
본증(Warrant)	도로교통법 규정
보증(Backing)	무인속도단속카메라, 혹은 목격자
반증(Rebuttal)	운전자가 운전법규 위반 당시 위반행위를 하지 않으면 안될 어떤 필연적인 이유를 제시하거나 당해 행위에 대해 적용한 법규가 적절하지 못하다는 것을 주장. 예) 아픈 사람의 차가 질주하여 과속으로 막아섬
한정접속사(Qualifier)	확실하게 90% 정도는

출처: 최창현 외(2005). 정책분석론, 시대고시기획을 수정함.

[그림 5-8]은 우리 사회에서 항상 논쟁이 되기는 하지만 사회 정서상 받아들여
지지 않고 있는 기여입학제에 대한 찬반 논쟁을 정책논변 모형으로 요약 정리한 사례
이다.

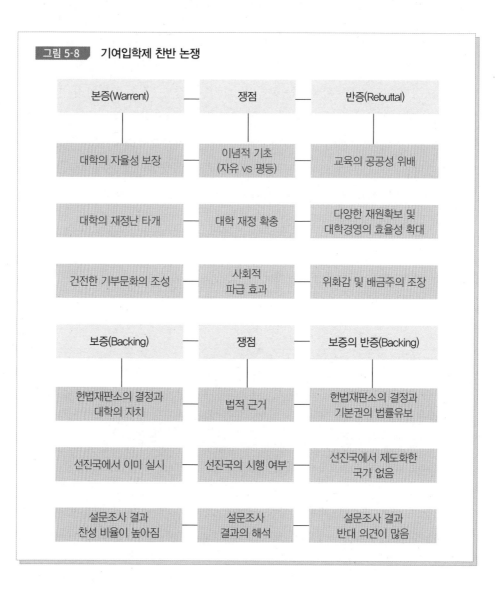

그림 5-8 기여입학제 찬반 논쟁

본증(Warrent)	쟁점	반증(Rebuttal)
대학의 자율성 보장	이념적 기초 (자유 vs 평등)	교육의 공공성 위배
대학의 재정난 타개	대학 재정 확충	다양한 재원확보 및 대학경영의 효율성 확대
건전한 기부문화의 조성	사회적 파급 효과	위화감 및 배금주의 조장

보증(Backing)	쟁점	보증의 반증(Backing)
헌법재판소의 결정과 대학의 자치	법적 근거	헌법재판소의 결정과 기본권의 법률유보
선진국에서 이미 실시	선진국의 시행 여부	선진국에서 제도화한 국가 없음
설문조사 결과 찬성 비율이 높아짐	설문조사 결과의 해석	설문조사 결과 반대 의견이 많음

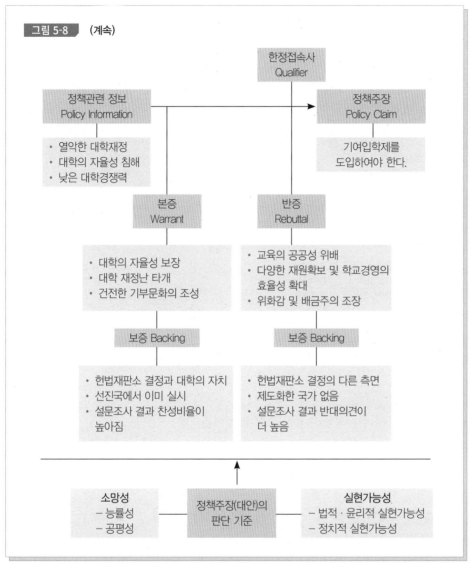

그림 5-8 (계속)

한정접속사
Qualifier

정책관련 정보
Policy Information

• 열악한 대학재정
• 대학의 자율성 침해
• 낮은 대학경쟁력

정책주장
Policy Claim

기여입학제를
도입하여야 한다.

본증
Warrant

반증
Rebuttal

• 대학의 자율성 보장
• 대학 재정난 타개
• 건전한 기부문화의 조성

• 교육의 공공성 위배
• 다양한 재원확보 및 학교경영의
  효율성 확대
• 위화감 및 배금주의 조장

보증 Backing

보증 Backing

• 헌법재판소 결정과 대학의 자치
• 선진국에서 이미 실시
• 설문조사 결과 찬성비율이
  높아짐

• 헌법재판소 결정의 다른 측면
• 제도화한 국가 없음
• 설문조사 결과 반대의견이
  더 높음

소망성
– 능률성
– 공평성

정책주장(대안)의
판단 기준

실현가능성
– 법적 · 윤리적 실현가능성
– 정치적 실현가능성

출처: 장연호(2006). 정책논변모형에 의한 기여입학제 찬반 주장의 타당성 분석, 서울대 행정대학원 석사학위
논문.

[그림 5-9]는 모병제 도입 논의에 대한 정책논변 모형 분석 결과를 요약해 보여
주고 있다. [그림 5-9]는 징병제와 모병제 등의 병역제도의 장단점을 비교 분석하고,
둘째 징병제 폐지에 대한 다양한 사회집단의 신념체계 및 논리체계와 외국 군 사례 등
을 분석하기 위해 정책논변모형을 활용하여 징병제폐지와 관련한 논의과정을 정책논

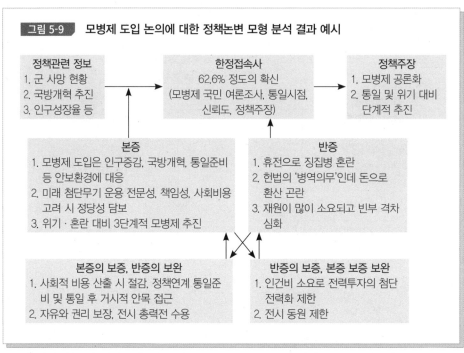

그림 5-9　　모병제 도입 논의에 대한 정책논변 모형 분석 결과 예시

정책관련 정보
1. 군 사망 현황
2. 국방개혁 추진
3. 인구성장율 등

한정접속사
62.6% 정도의 확신
(모병제 국민 여론조사, 통일시점,
신뢰도, 정책주장)

정책주장
1. 모병제 공론화
2. 통일 및 위기 대비
　단계적 추진

본증
1. 모병제 도입은 인구증감, 국방개혁, 통일준비
　등 안보환경에 대응
2. 미래 첨단무기 운용 전문성, 책임성, 사회비용
　고려 시 정당성 담보
3. 위기 · 혼란 대비 3단계적 모병제 추진

반증
1. 휴전으로 징집병 혼란
2. 헌법의 '병역의무'인데 돈으로
　환산 곤란
3. 재원이 많이 소요되고 빈부 격차
　심화

본증의 보증, 반증의 보완
1. 사회적 비용 산출 시 절감, 정책연계 통일준
　비 및 통일 후 거시적 안목 접근
2. 자유와 권리 보장, 전시 총력전 수용

반증의 보증, 본증 보증 보완
1. 인건비 소요로 전력투자의 첨단
　전력화 제한
2. 전시 동원 제한

출처: 최창현 외(2015). 징병제 폐지와 모병제 도입 논의에 대한 분석: 정책논변모형 적용을 중심으로, 한국보
　　훈논총, 제14권, 제1호.

변 모형을 활용하여 분석한 내용을 요약한 것이다.

제 4 절　정책분석 결과의 제시와 활용

1 정책분석 결과의 제시

　　정책분석의 결과를 제시하는 방법은 구체적으로 정책보고서의 작성, 구두 보고,
브리핑, 세미나 발표와 학술지 게재, 대중매체를 이용한 방법 등이 있을 수 있다. 아
래에는 정책분석보고서에 포함되어야 할 표준적 요소를 살펴본다.

　　현실적으로 대부분의 정책분석보고서는 주로 문제의 형성과 가능한 해결방안들

표 5-6 　정책분석보고서의 내용

정책분석보고서의 표준적 요소	정책정보의 요소	정책분석방법
발송서한과 보고서 요약문		
1. 문제의 배경 　a. 문제상황의 기술	정책결과	점검
2. 문제의 범위와 심각성 　a. 과거 정책성과의 평가 　b. 문제상황의 중요성	정책성과	평가
3. 정책문제 　a. 문제의 정의 　b. 주요 이해관련자 　c. 효과성의 측정수단	정책문제	문제의 구조화
4. 정책대안 　a. 정책대안의 기술 　b. 미래결과의 비교 　c. 파급효과와 외부효과 　d. 제약조건과 정치적 실현가능성	정책미래	예측
5. 정책대안 　a. 선호되는 정책대안에 대한 기술 　b. 집행전략의 개요 　c. 점검 및 평가를 위한 조항 　d. 한계점 및 예기치 못한 결과	정책행위	제안
참고문헌 및 부록		

을 다루고 있으며, 결정적인 결론이나 정책제안을 내리는 데까지 이른 정책분석보고서는 소수에 불과하다고 한다(Dunn, 1994: 516).

2 정책분석 보고서의 내용

　　분석결과의 제시는 원칙적으로 분석을 의뢰한 사람이나 단체를 대상으로 하지만 제출대상을 반드시 그들로만 한정시킬 필요는 없다. 분석결과를 가지고 어떤 결정을 내리거나 다른 이해관계집단을 설득해야 하는 경우에는 분석결과가 결정의 근거자료나 설득자료로서 활용되기 때문에 정책관련자 모두를 분석결과 제출의 대상으로 이해하는 것이 바람직하다. 편협한 이익과 입장을 옹호하기 위한 목적에서 이루어진 정책분석이 아니라면 누구나 그러한 분석의 결과를 활용할 수 있어야 하기 때문이다.

정책분석보고서의 표준적 요소들에 포함되어야 할 내용들을 간략하게 제시하면 〈표 5-7〉과 같다.

표 5-7 정책분석보고서의 작성 내용(Dunn, 1981)

구성요소	내용
발송서한	1. 관련된 모든 이해관련자들에게 보고서가 배부되었는가? 2. 발송서한에서 첨부된 모든 자료들에 대해서 기술하고 있는가? 3. 발송서한에서 누가, 어떻게, 그리고 언제 행동을 취할 것으로 예상되는지를 구체적으로 언급하고 있는가?
보고서 요약문	4. 정책분석보고서의 모든 사항들이 보고서 요약문 안에 언급되고 있는가? 5. 요약은 명확하고, 간결하며, 구체적인가? 6. 이 요약은 이를 읽게 될 모든 사람들에게 쉽게 이해할 수 있도록 되어 있는가? 7. 제안사항들이 요약문에 적절히 강조되고 있는가?
문제의 배경	8. 문제상황에서의 모든 차원들이 기술되고 있는가? 9. 이 영역에서의 문제들을 해결하기 위한 이전의 노력의 결과들이 기술되고 있는가? 10. 과거의 정책성과에 관하여 명확한 평가가 되고 있는가?
문제의 범위와 심각성	11. 문제상황의 범위와 심각성이 명확하게 기술되어지고 있는가?
문제의 진술	12. 문제가 명확하게 진술되고 있는가? 13. 이슈가 명확하게 진술되고 있는가? 14. 분석을 위한 접근방법이 명확하게 구체적으로 명시되고 있는가? 15. 모든 주요한 이해관련자들이 확인되고 그 우선 순위가 매겨졌는가? 16. 목표와 목적이 명확하게 구체화되고 있는가? 17. 효과성을 측정하는 방법은 명확하게 구체화되고 있는가? 18. 모든 잠재적 해결방안들의 조합들이 제시되고 있는가?
정책대안	19. 대안적 해결방안들이 구체화되고 있는가? 20. 모든 정책대안들은 체계적으로 비용–효과 분석에 입각하여 비교되고 있는가? 21. 대안의 분석에 있어서 관련된 파급효과 및 외부효과가 포함되고 있는가? 22. 관련된 모든 제약조건들이 고려되고 있는가? 23. 모든 정책대안들은 정치적 실현가능성이라는 측면에서 체계적으로 비교되고 있는가?
정책제안	24. 정책대안을 추천하기 위한 관련성이 있는 모든 기준들이 명백하게 구체화되고 있는가? 25. 선호된 정책대안이 명확하게 기술되고 있는가? 25. 집행을 위한 전략이 명확하게 개관되고 있는가? 27. 정책을 점검하고 평가하기 위한 장치는 마련되어 있는가? 28. 제약조건과 의도되지 않았던 가능한 결과들에 대하여 고려되었는가?
참고문헌	29. 보고서에 인용된 참고문헌들이 적합한 형태로 포함되어 있는가?
부록	30. 관련성 있는 보강적 정보(통계, 법률, 문서, 신문기사)가 포함되어 있는가?

출처: 최창현 외(2005). 정책분석론, 시대고시기획.

정책분석: 정책대안의 비교, 분석, 평가, 결정 사례

1) 당시 상황

경부고속철도 건설사업은 1989년 일찌감치 인천국제공항 건설 사업과 함께 2대 국책사업으로 선정된다. 처음에는 국가적인 차원의 장기적인 문화재보존대책이 마련돼야 한다는 취지에서 경부고속철도 경주경유 계획이 철회되고, 원칙적으로 대구−부산 노선 직선화 그리고 차선책으로 건천−화천 간 우회노선 채택 등이 검토된다.[1] 그러나 1992년 6월 경부고속철도의 경주노선이 확정된다. 경주시내 형산강변을 따라 건설될 예정으로 경부고속철도의 경주 통과에 따른 문화재 및 자연경관의 보호를 위해 노선변경 방안을 모색한다.

진통을 거듭하는 경주 노선 문제는 당초 건교부가 지난 92년6월 고속철도추진위를 통해 형산강안을 확정했을 때만 해도 크게 부각되지 않았다.[2]

그러다 1년 후 문화재위원회가 문화재 보호를 이유로 경주 외곽노선인 건천 노선을 주장하면서 세를 얻기 시작, 지난해 3월 문체부가 공식적으로 형산강 노선안 변경을 요구하고 나서 정부 부처간 논란이 본격화됐다. 부처간 이견이 계속되자 9월 총리 주재 관계장관회의를 열어 조정을 시도한 것을 시발로 이 문제는 총리실의 조정권 대상이 됐으나 워낙 이견이 팽팽해 합의점을 찾지 못하고 지금까지 결론을 못내리고 논란만 계속돼 왔다.

문체부를 중심으로 문화계와 불교계에서는 건교부안대로 고속철도가 건설되면 북녘들이 도시화하고 남산을 비롯한 역사유적을 감싸고 있는 자연환경이 파괴된다며 반발하고 나섰다. 그러나 건교부는 "노선을 변경할 경우 3년 가량의 공기지연으로 인해 이자부담만 해도 1조 8천억원에 이르고 운임손실 등으로도 약 4조원의 추가손실이 발생한다"며 우회노선 등 노선변경 문제를 절대 수용할 수 없다고 반대해 왔다.[3]

경부고속철도 경주통과 노선이 문화체육부안인 건천−화천의 우회안 노선으로

---

1 출처: https://news.naver.com/main/read.nhn?mode=LSD&mid=sec&sid1=102&oid=001&aid=0004095958

2 출처: https://news.naver.com/main/read.nhn?mode=LSD&mid=sec&sid1=100&oid=001&aid=0004115392

3 출처: https://news.naver.com/main/read.nhn?mode=LSD&mid=sec&sid1=101&oid=001&aid=0004044572

결정되자 그동안 도심통과를 주장해 오던 이 지역 90여 개 사회단체들로 구성된 고속전철 범시민대책위원회는 "경주시민을 우롱하는 처사"라고 강력 반발하고 이 노선안의 철회 등을 촉구한다. 반면 경주문화재 보호회등 20여개 사회단체들은 정부의 우회안에 대해 문화재 보호측면에서 크게 환영을 하고 있다.[4]

2) 대안 탐색

경주의 문화재 및 자연경관을 보호할 수 있는 대안을 탐색한 결과 다음과 같은 6가지 가능한 대안이 도출된다.

건교부 대안 1: 형산강 지상노선

건교부 대안 2 :형산강 지하노선

대안 3: 건천 노선

문체부 대안 4: 건천 – 화천 우회안 노선

대안 5: 외곽 경유노선

원래 대안 6: 대구 – 부산 직통노선

3) 각 대안의 내용과 장단점 분석

표 5-8 대안의 내용과 장단점 분석

대안	내용	장점	단점
형산강 노선 지상화 (대안 1)	형산강을 따라 노선을 강둑 높이로 건설	• 당초계획 유지로 추가 비용 및 손실부담이 없음 • 지역개발, 주민편의 제고	• 경주의 지장문화재 훼손 • 문화재 발굴에 따른 공기지연 및 비용증가
형산강 노선 지하화 (대안 2)	형산강 노선의 주요 구간을 지하로 건설	• 도심지 경관훼손 방지 • 지역개발, 주민편의제고	• 공사비용 과다
건천노선 (대안 3)	도심 외곽의 건천읍 지역으로 노선 우회	• 경관 및 지장문화재 보존 • 1안에 비해 노선단축 • 관련 단체 비판 최소화	실시설계 등 관련 절차에 따른 공기지연 및 비용 증가

4) 대안의 평가

효과성 등 9개 평가기준을 선정하여, 기준별 가중치를 부여(100점 만점)한다.

---

4 출처: https://news.naver.com/main/read.nhn?mode=LSD&mid=sec&sid1=102&oid=001&aid=0004114453

기준별 5단계 척도를 적용하여 점수 부여, 각각의 점수에 가중치를 곱한 후 평정 점수 종합 산출한다.

※ 5단계 척도: 가장 바람직(5점), 바람직(4점), 보통(3점), 곤란(2점), 매우 곤란(1점)

표 5-9 대안의 평가

평가기준	내용	가중치(100)
효과성	문화재 보호 목적의 달성도	15
능률성	새로운 비용부담 및 경제성	10
대응성	국민, 지역주민의 요구 충족도	10
일관성	고속철도 건설사업의 안정성	15
형평성	지역발전 등 수혜자의 범위	10
정치적 가능성	국회, 지방의회 및 정치권의 수용 가능성	15
경제적 가능성	경제적 부담 능력	5
행정적 가능성	관련기관의 협조, 수용 가능성	5
사회·문화적 가능성	국민, 관련단체, 지역주민의 수용 검토	15

5) 대안별 평가 결과

표 5-10 대안별 평가 결과

평가기준	가중치	대안1	대안2	대안3	대안4	대안5	대안6
효과성	15	1	2	3	4	5	5
능률성	10	5	4	2	2	1	4
대응성	10	2	3	4	5	3	1
일관성	15	5	5	2	2	1	1
형평성	10	3	3	4	4	2	1
정치적 가능성	15	1	4	3	3	1	2
경제적 가능성	5	5	4	3	3	1	2
행정적 가능성	5	1	4	3	4	2	1
사회·문화적 가능성	15	1	2	3	4	2	1
합계	〈100〉	250	335	295	340	210	210
우선순위		4	2	3	1	5	5

출처: 김성득(2010). 경부고속철도 대구~경주~울산~부산 구간 노선 및 역사 선정의 합리성에 관한 연구, 대한토목학회논문집, 30권 2호.
조형석(2004). 정책갈등의 원인과 전개과정 분석 : 경부고속철도 경주노선 선정과정을 중심으로, 성대 석사학위 논문.

결국 이러한 정책 분석 절차에 입각하여 총 합계 340점인 건천-화천노선을 최선안으로 채택한다. 2015년 호남고속선 개통으로 생긴 공주역의 경우에도 정치적 실현

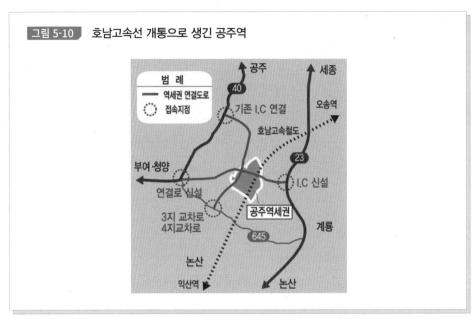

그림 5-10 호남고속선 개통으로 생긴 공주역

출처: https://search.naver.com/search.naver?sm=tab_hty.top&where=image&query=ktx+%EA%B3%B5%EC
%A3%BC%EC%97%AD&oquery=ktx+%EA%B3%B5%EC%A3%BC%EC%97%AD+%EB%AC%B8%EC%A0
%9C&tqi=Uu8KrspVuEhssaLyek8sssssDR−351886#imgId=blog27767896%7C69%7C220286906078_9979
38157&vType=rollout

가능성이라는 한계로 인해 논산시, 공주시, 부여군 등 인접시 간의 갈등으로 역사근
처에 찬란한 백제문화유산은 안보이고 논밭만 있는 공주역 도심과 12km, 계룡에서도
15km, 부여에서 17km 그리고 논산에서 16km나 떨어진 외지에 세워진다.

생각해 볼 문제

- 정책분석의 기본적인 절차에 대해 설명하라.
- 정책분석과 체제분석, 관리과학의 공통점 및 차이점을 설명하라.
- 게임 셧다운제에 대한 찬반 논쟁을 정책논변모형을 이용하여 설명해 보자.
- 징병제와 모병제 이슈를 정책논변모형을 이용하여 설명해 보자(최창현 외, 2015, 징병제 폐지
  와 모병제 도입 논의에 대한 분석: 정책논변모형 적용을 중심으로).
- 정책이슈를 골라 정책논변모형을 활용하여 설명해보자(소년법 폐지, 통일, 수술실 CCTV 설치,
  토지공개념제, 기여입학제, 스크린쿼터제, 핵발전소, 소득격차, 노후차 운행금지 정책 등).

제 6 장

정책집행

학습개관

1. 정책집행의 개념과 유형에 대해서 학습한다.
2. 정책집행연구와 접근방향에 대해서 학습한다.
3. 정책집행의 영향요인에 대해서 학습한다.

제1절 정책집행의 의의

1 정책집행의 개념

정책집행(policy implementation)의 의미는 학자에 따라서 다양하게 정의되고 있다. 프레스먼(Pressman)과 윌다브스키(Wildavsky)는 "실행하는 것, 달성하는 것, 생산하는 것, 완성하는 것"을 정책집행으로 정의하며, 이들은 "행위지향성"과 "목표지향성"을 강조한다. 따라서 "정책에 포함된 목표 혹은 내용을 구체적으로 달성할 수 있는 능력"을 정책집행으로 보았다(J. Pressman and A. Wildavsky, 1973: 8).

그러나 반 비터(Van Meter)와 반 혼(Van Horn)은 "정책결정에 의해 미리 설정된 목표를 달성하기 위한 정부부문 및 민간부문의 개인이나 집단이 행하는 활동"이라고 정의함으로써, 정책집행에 참여하는 개인과 집단의 심리적 요인을 강조했다(Van Meter and Van Horn, 1975: 447). 그들은 프레스먼(Pressman)과 윌다브스키(Wildavsky)의 집행의 정의가 구체적이지 못하다고 비판하면서, "정책집행 과정의 행위성, 동태성, 문제해결지향성을 강조했다(C. O. Jones, 1997: 139). 존스(Charles O. Jones)는 정책집행을 "프로그램을 실천에 옮기기 위한 활동"이라 정의하고, 프로그램이란 공공문제의 해결에 관한 구체적인 제안(concrete proposition)이라고 말하고 있다. 그는 "정책과정의 동태성을 강조하고 정책집행과 정책형성의 상호 작용"을 암시하고 있다(유훈, 2016: 153).

나카무라(Nakamura)와 스몰우드(Smallwood)는 집행을 "권위있는 정책지시를 실천에 옮기는 순환과정으로서, 그 과정은 결코 용이하지도 않고 자동적이지도 않다"(R. Nakamura and F. Smallwood, 1980: 1)고 정의하였다. 정책집행은 정책의 내용을 실현하는 과정으로 정책지시를 실행에 옮기는 과정이라고 할 수 있다(Nakamura & Smallwood, 1980). 정책목표와 정책수단으로 구성되어 있는 정책내용을 구체화 하면서 집행이라는 정책실행에 옮기는 것은 곧 정책수단을 실현시키는 과정이라 할 수 있다. 그러나 정책수단을 통하여 정책을 실현시키더라도 정책목표가 반드시 달성되는 것은 아니다. 만약 정책목표가 달성되지 않은 이유는 정책목표와 정책수단 간에 인과관계가 존재하지 않았거나 정책집행 과정상의 잘못으로 정책효과가 나타나지 않은 것이며, 이것은 정책집행이 실패가 발생한 경우로 볼 수 있다.

정책집행은 대체적으로 다음과 같은 특징을 지닌다(안해균, 1986). 정책집행은 근본적으로 정치적 의도와 목적을 가지는 정치적 특성을 지니고 있으며, 정책결정과 정책목표(policy goal), 정책성과(policy outcomes) 또는 정책의 효과(policy effects)를 연결해 주는 매개변수의 역할을 하면서, 정책순환과정에서 다른 정책단계들과 명확히 구별되지 않을 때도 종종 있다. 다만, 계속적인 정책의 진화과정에서 정책결정 및 정책평가의 중간과정(link)으로 상호작용을 하고 있다.

여러 학자들의 견해를 종합해보면, 정책집행이란 "정책의 순환과정에서 정책결정과 정책평가 단계 사이에서 이루어지는 실천적 활동 또는 단계로서, 권위 있는 정책내용을 구체화하기 위한 실현활동"으로 이해할 수 있다(권기헌, 2016: 303).

2 정책집행의 유형

몇 가지 특성에 따라 정책집행을 유형화하는 시도는 1950년대부터이며, 본격적인 노력은 1970년대부터 시도되었다.

1) 나카무라(Nakamura)와 스몰우드(Smallwood)

나카무라(Nakamura)와 스몰우드(Smallwood)는 정책결정자와 집행자의 역학관계에 착안해 집행자의 재량정도에 따라 구분한 다섯 가지 유형화를 시도했다(Nakamura & Smallwood, 1980; 남궁근, 2016: 472-473).

첫째, 고전적 기술자형(classical technocrat)이다. 이 유형은 정책결정자가 집행 과정에서 강력한 통제력을 행사하나 집행자는 기술적인 문제에 관해서 다소간의 재량권을 가진다.

둘째, 지시적 위임형(instructed delegates)이다. 이 유형은 정책결정자가 정책형성에 대한 통제권을 보유하나 집행자는 정책결정자가 수립한 목표의 달성에 사용될 수단을 결정할 권한을 지닌다. 전술한 고전적 기술자형의 경우보다 정책결정자가 집행자에게 더 많은 권한을 위임하게 된다.

셋째, 협상형(bargainers)이다. 전술한 두 유형은 정책결정자와 집행자가 목표의 필요성에 관해서 합의를 보고 있는 데 반해, 양자는 대등한 권한을 갖고 정책목표와 수단을 집행하는 과정에서 협상·조정을 한다. 이 유형은 정책결정자와 집행자가 목표나 수단에 대해서 반드시 합의를 보고 있지 않다. 양자 간의 협상의 결과는 누구의 힘이 더 강력하냐에 따라서 달라지며 정책집행자는 결정자의 권위에 쉽게 압도당하지 않는다.

넷째, 재량적 실험형(discretionary experimenters)이다. 정책결정자가 구체적인 정책을 결정할 수가 없어서 광범위한 재량권을 집행자에게 위임하는 경우이다. 이 유형은 정책결정의 복잡성, 시간과 전문성의 부족 등의 경우가 많을 때 관료의 전문성에 의존하는 현실적인 방법이다.

다섯째, 관료적 기업가형(bureaucratic entrepreneurs)이다. 정책집행자가 가장 많은 재량권을 가지고 정책결정자의 권력을 장악하고 정책과정을 지배하는 경우이다. 집행자가 정책을 결정하고 공식적인 정책결정자에게 이를 받아들이도록 하는 직업공무원제가 확립된 많은 국가에서 나타난다.

표 6-1 Nakamura & Smallwood의 정책집행의 유형

집행유형	정책결정자	정책집행자
고전적 기술관료형	a. 정책결정자가 구체적 목표를 설정한다. b. 정책결정자는 목표달성을 위해 집행자에게 '기술적 문제'에 관한 권한을 위임한다.	집행자는 정책결정자가 설정한 목표를 지지하며 이러한 목표를 달성하기 위해 기술적 수단을 강구한다.
지시적 위임형	a. 정책결정자가 구체적 목표를 설정한다. b. 정책결정자는 집행자에게 목표달성에 필요한 수단을 강구할 수 있도록 행정적 권한을 위임한다.	집행자는 정책결정자가 설정한 목표를 지지하며 집행자 상호간에 목표를 달성하기 위한 행정적 수단에 관하여 교섭이 이루어진다.
협상형	a. 정책결정자는 목표를 설정한다. b. 정책결정자는 집행자와 목표 또는 목표달성수단에 관하여 협상한다.	집행자는 정책결정자의 목표 또는 목표달성수단에 관하여 협상한다.
재량적 실험가형	a. 정책결정자는 추상적 목표를 지지한다. b. 정책결정자는 집행자가 목표달성수단을 구체화할 수 있도록 광범위한 재량권을 위임한다.	집행자는 정책결정자를 위하여 목표와 수단을 구체화시킨다.
관료적 기업가형	a. 정책결정자는 집행자가 설정한 목표와 목표달성수단을 지지한다.	집행자가 정책목표를 설정하고 정책목표의 실행수단을 강구한 다음 정책결정자를 설득하여 목표와 수단을 받아들이게 한다.

출처: Nakamura & Smallwood, 1980. *The Politics of Policy Implementation*. pp.114-115; 김영기·남궁근·유낙근·최용부 공역. 1985. 「정책집행론」, 163쪽, 남궁근. 2016. 「정책학」, 473쪽.

나카무라와 스몰우드의 정책집행의 유형은 정책결정자와 정책집행자 간의 권력의 배분 관계를 이해하는 데 도움을 줄 뿐만 아니라, 정책집행에 지대한 영향을 미치는 재량문제를 이해하는 데에도 도움이 된다(유훈, 2016: 168).

2) 매틀랜드(Matland)의 유형

매틀랜드(Matland)는 정책의 모호성과 정책을 둘러싼 갈등을 감안하여 정책을 다음과 같이 네 가지로 분류하고 있다(유훈, 2016: 172-173).

첫째, 정책의 모호성이 낮으며 정책을 둘러싼 갈등이 낮은 경우의 정책집행을 '행정적 집행(관리적 집행)'이라고 한다. 충분한 자원만 확보된다면 원하는 결과를 얻는 데에는 아무런 문제가 없다고 하겠다. 버먼(Paul Berman)의 정형적 집행과 유사한 성격을 지닌 개념이라고 할 수 있다.

둘째, 정책의 모호성이 낮으나 정책을 둘러싼 갈등이 높은 경우의 정책집행을 '정치적 집행'이라고 한다. 목표는 분명하나 집행을 위한 수단을 둘러싸고 갈등이 심할 수 있다. 그 핵심은 집행의 성과가 권력에 의해 결정된다는 것이다. 나카무라(Nakamura)와 스몰우드(Smallwood)의 협상형에 가까운 개념이라고 할 수 있다.

셋째, 정책의 모호성이 높으나 정책을 둘러싼 갈등이 낮은 경우를 '실험적 집행'이라고 한다. 목표와 이를 달성하기 위한 수단이 모호할 경우는 확실하게 실험적 집

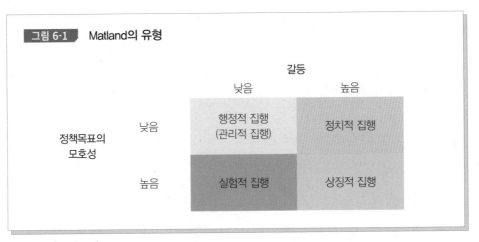

그림 6-1   Matland의 유형

출처: 유훈(2016: 173).

행에 해당될 것이나 정책결정자 간에 목표에 관해서 합의되어 모호성이 낮으나, 이러한 목표를 달성하기 위한 수단이 모호한 경우에도 실험적 집행이라 할 수 있다. 나카무라와 스몰우드(Nakamura & Smallwood, 1980)의 재량적 실험형과 유사한 개념이라 하겠다.

넷째, 정책의 모호성이 높을 뿐만 아니라 정책을 둘러싼 갈등도 높은 경우를 '상징적 집행'이라고 한다. 그 핵심은 현장에서의 참여자 연합의 힘이 성과를 결정한다는 것이다.

상징적 집행과 정치적 집행의 차이점은 상징적 집행에 있어서는 거시적 수준이 아니라 미시적 수준에 있어서의 참여자 연합이 집행의 성과를 결정한다는 데 있다.

제 2 절 정책집행연구와 접근방법

1 정책집행연구의 흐름

정책집행연구가 사례중심연구로 대부분 영역을 넓혀 왔었지만, 이후 몇몇 일부의 이론적 진전과정에서 그 동안 많은 발전을 거듭해 왔다. 집행연구는 행정학, 조직이론, 공공관리연구, 그리고 정치학 등의 학문연구에서 상호 공통점을 발견할 수 있으며(Schofield & Sausman, 2004), 좀 더 확대 해석한다면 집행연구는 '정책적 변화에 대한 연구'라고 그 특징을 부여할 수 있을 것이다(Jekins, 1978).

정책집행연구의 흐름을 살펴본다면 1970년대 전반기의 Pressman & Wildavsky(1973), Derthick(1972), Sapolsky(1972) 등의 학자들에 의한 사례를 통한 이론정립 기간을 거쳐, 1975년에서 1980년대 사이에는 Van Meter & Van Horn(1975), Sabatier(1980), Edwards(1980), Elmore(1979-1980), 그리고 Lypsky(1978) 등에 의한 분석틀을 정립하기 위한 시도가 있었으며, 1980년 상반기는 분석틀을 적용하고 1985년 이후 Elmore, Sabatier에 의한 종합과 수정단계를 거친다(유훈, 2007).

정책집행에 관련된 분석틀에 관한 연구는 크게 두 가지로 나눌 수 있다(Van

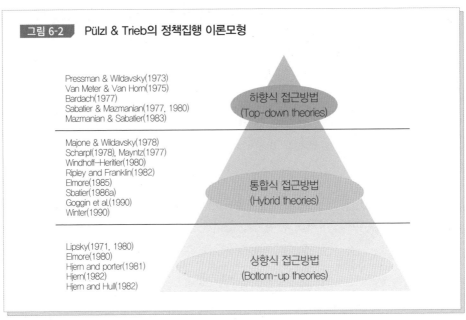

그림 6-2 　Pülzl & Trieb의 정책집행 이론모형

Pressman & Wildavsky(1973)
Van Meter & Van Horn(1975)
Bardach(1977)
Sabatier & Mazmanian(1977, 1980)
Mazmanian & Sabatier(1983)

하향식 접근방법
(Top-down theories)

Majone & Wildavsky(1978)
Scharpf(1978), Mayntz(1977)
Windhoff-Heritier(1980)
Ripley and Franklin(1982)
Elmore(1985)
Sbatier(1986a)
Goggin et al.(1990)
Winter(1990)

통합식 접근방법
(Hybrid theories)

Lipsky(1971, 1980)
Elmore(1980)
Hjern and porter(1981)
Hjern(1982)
Hjern and Hull(1982)

상향식 접근방법
(Bottom-up theories)

출처: Helga Pülzl and Oliver Treib, 2006, "Implementing Public Policy".

Meter & Van Horn, 1975; Mazmanian & Sabatier, 1981; 1983; Lesteretal., 1987; 최종원, 1998). Derthick(1972), Pressman & Wildavsky(1973), Mazmanian & Sabatier(1981; 1983), 그리고 Bardach(1977) 등 연구가들을 중심적으로 정의된 하향식 접근방법과 Lipsky(1971; 1980), Ingram(1977), Elmore(1980), 또는 Hjern & Hull(1982), Hjern & Poter(1981) 등 학자들이 중심으로 된 상향식 접근방법이 있다. 전자인 하향식 접근방법은 정책개념의 계층적 실행으로 정책집행을 이해하였고, 후자인 상향식 접근방법의 입장에서는 정책집행은 일선행정관료(street-level bureaucrats)들의 매일 일선에서 부딪히는 정책에 대한 문제해결의 전략으로 구성되어 있다는 것을 강조했다(Lipsky, 1980).

　　1970년대에 수행된 제 1세대 집행연구들은 정책집행 실패 사례들을 연구한 사례연구들로 대표되는데, Derthick(1972), Pressman & Wildavsky(1973), 그리고 Bardach(1977)등 연구가들이 이에 속하는 학자들로 가장 유명하다. 특히 Pressman& Wildavsky의 연구는 정책집행 연구의 발전에 결정적인 영향을 미쳤으며, 이후 이러한 연구들이 자극제로 작용하여 많은 문헌으로 발표되는 계기가 되었다. 이것은 그

전에 어떤 정책집행에 대한 연구도 수행된 적이 없었다고 단언할 수는 없지만, 어찌 되었던 Hargrove(1975)는 정책추진과정을 연구를 하는 데 있어서 이 부분에 대해서는 "missing link"(잃어버린 고리)의 발견이라고 언급하고 있다.

Hill & Hupe(2002)에 따르면 정책집행 연구는 1970년대 이전에는 지금과 같은 정책집행이라는 용어를 사용하지 않았지만 꾸준하게 연구되어 왔음을 시사하고 있다. 그럼에도 불구하고 1세대의 정책집행연구자들의 가장 기록에 남을 만큼 가치가 있다고 판단되는 성과는 일반 공공에서 더 광범위한 학문적 공동체에 문제의식을 높였다는 것이다. 다만, 1970년대에 수행된 1세대 집행연구 성과는 사례 위주로 이루어진 다양한 연구결과들이었지만, 이러한 연구들이 이론의 일반화에 기여하기에는 그 학문적 축적이 부족하였다는 비판을 받았다.

2 정책집행의 접근방법

정책집행의 접근방법은 여러 가지 관점에서 분류할 수 있다(유훈, 2016: 139-147). 엘모어(Elmore)와 같이 네 가지 접근방법으로 나누는가 하면, 버먼(Berman)과 같이 거시적 접근방법과 미시적 접근방법으로 나누기도 한다.

호그우드(Hogwood)와 건(Gunn)은 구조적 접근방법, 절차적·관리적 접근방법, 행태적 접근방법, 정치적 접근방법으로 분류하고 있으며, 한스펠드(Robert Hansfeld)와 브로크(David Brock)는 하향적 접근방법, 상향적 접근방법, 반복적 접근방법(iterative)으로 나누고 있다.

1) 엘모어(Elmore)의 네 가지 모형

엘모어(Richard Elmore)는 정책집행을 이해하는 모형으로서 다음과 같은 네 가지를 제시했다(유훈, 2016: 140).

첫째, 체제관리모형(systems management model)이다. 조직을 합리적 가치극대자로 보며, 집행이 성공을 거두기 위한 조건으로서 효율적인 관리통제 체제를 강조하며, 집행이 실패하는 원인을 미숙한 관리에서 찾으려고 한다.

둘째, 관료과정모형(bureaucratic process model)이다. 조직의 핵심적인 두 개의 속

표 6-2 엘모어의 집행의 조직모형

	체제관리모형	관료과정모형	조직발전모형	갈등협상모형
모형의 성격	규범적 모형	기술적 모형	규범적 모형	기술적 모형
조직관	조직을 합리적 가치극대자로 파악	재량과 루틴을 조직의 핵심적인 두 개의 속성으로 파악	조직은 개인의 참여를 극대화할 수 있는 구조를 지녀야 파악	조직을 갈등의 장으로 파악
성공적 집행의 조건	효율적인 관리통제 체제	조직의 루틴과 새로운 정책의 통합	정책결정자와 집행자 간의 합의	집행의 성공은 상대적 개념
집행의 실패 원인	미숙한 관리의 결과	정책의 대수정이 있었는데 관료제가 루틴을 바꾸지 않은 경우	집행자의 정책에 대한 합의의 결여	집행의 실패는 상대적 개념
모형의 단점	규범적 모형으로서 비현실적	집행과정을 개선하기 위한 처방을 제시하지 못함	집행자가 주장하기까지는 구체적인 의미의 정책이 존재하지 않음	성공·실패에 관한 객관적 정의를 내릴 수 없음

출처: 유훈. 2016. 『정책집행론』. 140쪽.

성으로서 재량(discretion)과 루틴(routine)을 들며, 집행이 성공을 거두기 위해서는 조직의 루틴을 새로운 정책과 통합시키는 문제가 중요하다고 본다. 이 모형에서는 관료제가 현존의 루틴을 바꾸지 않는 경우에 집행이 실패한다고 주장한다.

셋째, 조직발전모형(organizational development model)이다. 조직은 개인의 참여와 헌신(commitment)을 극대화할 수 있는 구조를 지녀야 한다고 하며, 집행이 성공하기 위해서는 정책결정자와 집행자 간에 정책에 관해 합의가 이루어져야 한다고 본다. 이 모형에서는 집행자들의 정책에 대한 합의나 헌신이 결여될 때 집행이 실패한다고 본다.

넷째, 갈등협상모형(conflict amd bargaining model)이다. 조직을 갈등의 장으로 보며, 집행의 성공이나 실패는 상대적 개념으로 본다. 협상과정에서의 각자의 위치에 따라 평가가 다를 수 있는 까닭이다. 집행의 성공 여부에 대한 유일한 객관적 기준이 있다면 그것은 협상과정의 존속 여부라는 것이 이 모형의 주장이다.

2) 하향적 접근방법(Top-Down Approach)과 상향적 접근방법(Bottom-up Approach)

하향식 접근방법(Top-Down Approach)은 주어진 정책목표의 달성을 위한 정책집행에 공적으로 참여하는 행위자들에 의한 정책집행을 수단적 행위로 파악하고, 새로운 정책결정의 내용에 따라 집행관료 및 대상 집단의 행태의 변화 정도가 정책집행의 성공 판단 기준이 된다고 하였다. 중심적 정의는 정책집행을 정책결정권자의 정책의도(policy intentions)를 관료제적 실행으로 이해했다. 하향적 접근방법은 정부의 정책결정에 관한 결정으로부터 출발하여 다음과 같은 단계로 진행된다. ① 정책집행자와 대상집단의 행동이 정책에 관한 결정과 어느 정도 부합되는가를 규명하고, ② 정책목표가 얼마나 달성되었는가를 검토하고, ③ 정책산출이나 임팩트에 영향을 미친 요인들이 어떤 것인가를 검토하고, ④ 경험을 토대로 하여 정책이 어떻게 수정되고 변동했는가를 살펴본다는 것이다.

상향식 접근방법(Bottom-up Approach)을 지지하는 학자들은 정책집행이란 "일선 행정관료들(street-level bureaucrats)의 매일 발생하는 일상의 문제를 해결하기 위한 전략으로 구성되어 있다는 것"을 강조(Lipsky, 1980)하고, 전문성과 지식을 가진 일선관료들에 의한 집행문제 해결에 논의의 초점을 맞춘다(정정길 외, 2012). 다양한 정책현상을 설명하기 위한 이론적 토대를 마련하고 그것을 검증할 가설을 정립함으로써 하나의 정책연구영역으로서 자리 잡게 하였으며, 이에는 하향식 접근방법과 상향식 접근방법 이론이 제시되었다.

하향식 접근방법과 상향식 접근방법의 이론을 비교하면 각각 경쟁적인 연구전

표 6-3 하향식 접근방법과 상향적 접근방법 비교

	하향식 접근방법	상향식 접근방법
연구전략 (Research Strategy)	– 정책집행은 정책목표의 달성을 위한 수단적 행위로 파악 – 정치적 결정에서 행정적 집행까지 범위 – 정치 · 행정이원론, 기술적 능률성 개념 중시	– 정책집행을 다수의 참가자들 사이의 상호 작용으로 이해 – 일선관료에서 행정망까지 범위 – 정치성, 분권화 및 민주성 강조
분석목표 (Goal of Analysis)	예측/정책과제 (Prediction/Policy Recommendation)	묘사(서술)/설명(Description/Explanation)
정책과정의 유형	단계론자(Stagist)	혼합론자(Fusionist)
정책집행과정의 특징	계층적 조직구조	분산적 문제 해결
민주주의 기본모델	엘리트주의자(Elitist)	참여주의적(Participatory)

출처: Helga Pulzl and Oliver Treib, 2006, "Implementing Public Policy", Handbook of Public Policy Analysis: Theory, Politics, and Methods, Fischer, Frankand Miller, GeraldJ. (eds.), CRC Press. pp.93-95.

략(research strategies), 대비되는 분석목표(contrasting goals), 상반되는 정책과정의 모형(opposing models), 집행과정상 상반되는 특성 그리고 상충되는 모델(conflicting models) 등을 들 수 있다. 하향식 접근방법에 의하면 '최고위계층(top)'에 해당하는 정책결정권자는 정치적 시스템의 정책결정을 하고, '하위계층(down)'이라는 일선행정관료(집행자)들의 위치에서 정책집행자들이 사업집행을 이행하고, 이와는 반대로 상향식 접근방법에 의하면 정치행정적인 체계의 '일선(bottom)'에서 구체적인 정책전달자로 포함되어 있는 행위자를 인지해낸다. 분석은 집행행위자와 문제해결 전략의 네트워크를 이해하기 위하여 상향(bottom-up) 또는 주변으로 발전해 나간다(Pulzl & Treib, 2006).

Sabatier(1986b)는 상향식 접근방법을 지지하는 많은 학자들이 정책집행에서 할 수 있는 많은 재량권의 기술적 계량(descriptive accounts)을 뛰어넘지 않으려고 한다고 비판적으로 언급했다.

하향식 접근방법과 상향식 접근방법은 근본적으로 각각 상이한 분석대상과 분석 초점을 갖는다(최종원, 1998). 이를 인위적으로 통합하기 위한 통합모형이 제시되었지만 합리성에 기반을 두고 있는 하향적 접근방법은 목표-수단 간의 논리적 일관성과 수단의 효과성, 경제성이 대안 선택의 요건이 되고, 정책결정자의 인지적 한계(cognitive limit)를 고려한 제한적 합리성에 기반을 두고 있는 상향적 접근방법은 절차적 합리성(procedural rationality)에 이론적 기초를 두고 있다. 이들 논의를 기초로 양 접근방법의 통합에는 이론적 무리가 따를 수밖에 없다. Sabatier(1986b)는 통합적 접근방법의 유기적인 연계성을 찾기 어렵기 때문에 각각의 주요변수들을 다른 범주 속에 나열하게 된다고 지적하였으며, Elmore(1979-1980)는 정책집행을 전향식 접근(forward mapping, 하향적 접근)과 후향식 접근(backward mapping, 상향적 접근)으로 나누고(Elmore, 1979-80), 정책결정자가 집행에 영향을 미치는 모든 조직적·정치적·기술적 과정을 통제할 수 있다는 가정에서 출발하는 전향식 접근방법에 강한 의문을 표시하면서 정책적 해결의 필요를 발생시키는 집행과정의 최하위 수준에서 발생하는 상황과 일선관료들의 행태에 분석의 초점을 맞추는 후향식 접근방법을 강조한다(정정길 외, 2012; 최임광 외, 2014). 다만 상향적 접근방법에도 정책결정자의 인지적 한계를 고려하지 않는 문제점이 존재한다(정정길 외, 2012; 최종원, 1998).

하향적 접근방법에 대한 비판은 다음과 같다(유훈, 2016: 143). 첫째, 중앙의 정책결정자의 관점에서 출발하여 다른 관련자들은 지나치게 등한시 한다는 것이다.

둘째, 핵심적인 정책이 없으며 다양한 정부의 지침과 많은 행위자가 있으나 그 어느 하나도 지배적인 위치를 차지하지 못하는 상황 하에서 사용하기 어렵다는 것이다.

셋째, 정책목표의 달성을 어렵게 하거나 정책을 그들의 특수 이익의 추구를 위해 활용하고자 하는 일선관료들이나 대상집단의 전략을 무시하거나 과소 평가할 우려가 있다는 것이다.

넷째, 전제로 삼고 있는 정책형성이나 정책집행의 구분이 어렵거나 불필요하다는 비판도 있다.

상향적 접근방법은 1970년대 후반에서 1980년대에 전개되었으며, 하향적 접근방법의 결합을 시정하기 위해 등장했다. 하향적 접근방법은 일선관료들(집행담당자)로부터 출발해 정부 부문이나 민간 부문의 최고 정책결정자로 거슬러 올라간다는 것이다.

상향적 접근방법에 대한 비판은 다음과 같다(유훈, 2016: 144-145). 첫째, 중앙부(center)의 역할이 지나치게 강조되고 있는 하향적 접근방법과는 달리 주변부(periphery)의 역할과 중요성을 지나치게 강조하고 있다.

둘째, 일부 상향적 모형은 집행구조의 현재의 참여자만을 중요시하고 과거의 참여자들의 역할을 등한시하는 경우가 많다.

셋째, 많은 상향적 모형은 참여자들의 인지(perception)나 활동을 중요시하나 이들 참여자들의 행태에 직·간접적으로 영향을 미치는 요인들을 제대로 분석하지 못하고 있다.

넷째, 정책집행 과정에서 집행 담당조직의 하위층의 중요한 역할만을 강조하는 관점은 문제가 있다는 것이다.

다섯째, 바람직한 정책이란 실현 가능한 정책이라고 보는 주장이 있다는 것이다. 이는 집행 담당조직의 하위층 공무원들이 선호하고 기존의 루틴(routine)에 합치되는 정책이 실현 가능성이 높은 정책이고 바람직한 정책이라는 주장에 문제가 있다는 것이다.

3) Winter의 통합이론

사례연구를 통한 정책결정과 집행 간의 연계유형과 연계변수를 가설과 함께 이론적 검증으로 제시한 Winter(1986, 1990)는 정책결정과 집행은 분리된 현상(separate phenomena)으로 파악하였다. 즉, 정책결정 분야학자들은 관련법이 제정된 이후 정책집행과정에서 무슨 일이 일어났는지 전혀 관심이 없었으며, 집행학자들은 법률이 통과, 즉 정책이 결정되면서 무슨 일이 일어났는지 관심을 갖지 않았다. 다만 정책집행과 구조를 조사하며 오직 집행행위자의 관심부족과 역량부족으로 설명함으로써 결정-집행의 공백을 설명하고자 했다(Winter, 1990).

Winter는 『통합정책집행연구(Integration Implementation Research)』에서 Palumbo (1987)와 Lesteretal(1987) 등의 학자들에 의해서 정책집행연구가 사례중심으로 연구가 이루어졌으며, 특히 다수의 의사결정점의 중요성(Pressman & Wildavsky, 1973), 조직 간 환경에서의 갈등(Bardach, 1977), 일선행정관료(Lipsky, 1980), 그리고 정책과 정책집행과정을 구조화하는 인과론의 유효성(Mazmanian & Sabatier, 1981; 1983) 등의 주제들로 구성된 집행이론이 연구되었다고 한다. 또한 그는 이들 논문에서 실제적으로 집

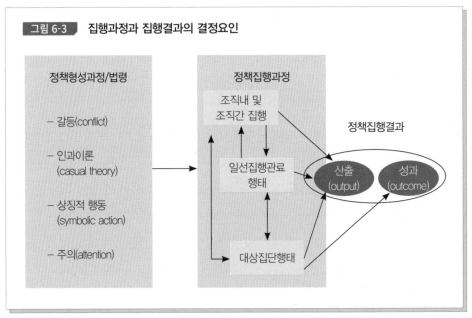

그림 6-3 집행과정과 집행결과의 결정요인

출처: Winter, Søren, 1990, "Integrating Implementation Research", p. 20.

행이론 정립에 기여한 가장 핵심적 이론이라고 생각되는 정책결정과 집행과정의 구성요소를 확인하는 것뿐만 아니라, 지금까지 관심을 덜 받았던 정책결정과 집행과정을 연결하는 변수들까지 합하여 정책집행의 일반적 이론으로 포함되었어야만 한다는 사실을 확인하였다. 그리고 정책집행이론의 축적에 도움이 되고자 한다고 언급하고, 아직 정책집행과정에서 체계적 지식으로 마련하는 데 한계가 있다고 전제하면서 몇몇의 기본변수(key variables)를 도출하였다. 그리고 그는 어떻게 이런 변수가 특정한 각각의 사례에서 적용될 수 있는지 분석하고 집행성과를 설명하므로 예비적 모델(preliminary model)을 제시하고자 했다. 또한 그는 다양한 관점(various perspectives), 연구전략(research strategies) 및 이론적 연구결과(theoretical findings)를 포함하는 상당한 다양성이 존재함에도 불구하고 정책집행과정에 대한 전반적인 이론적 지식축적이 너무 적었음(Alexander, 1985; Lesteretal.; Plumbo, 1990)을 인정했다.

Winter(1990)는 정책집행의 성과에 영향을 주는 중요한 요소로서 ① 정책결정이나 법규보다 우선시 되는 정책형성과정의 특징, ② 조직 내 또는 조직간 집행행태(behavior), ③ 일선관료의 행태, ④ 대상 집단과 사회의 다른 변화에 대한 반응 등을 주장하고, 이들은 사회정치적 진행과정이나 환경에서 발견할 수 있다고 했다. Winter는 이런 모형으로 하여금 연구전략을 종합하거나 방법론적 처방을 제공하려는 것이 아니며, 포괄적인 견해에 의한 장래 이론발전을 활성화시키기 위한 목적으로 가장 중요한 집행변수들을 확인하고 통합시키고자 했다. 그리고 덴마크의 장애연금행정의 분권화 사례연구에 적용되었던 모형이 다른 나라들과 정책영역에 걸쳐 상당히 일반적으로 적용될 가능성을 가지고 있다고 확신하였으며, 특히 여러 가지 변수들의 관계가 다른 정책들의 상황에 따라 차이가 있을 수 있지만 특별히 복지서비스 관련 정책 및 규제정책과 관련이 있음을 밝히고 있다.

Winter의 통합모형은 사회에서 상황변화를 모색하는 '구체적인(material)' 정책집행에 초점을 맞추는 한편, 재조직 정책집행의 분석에는 한계가 있지만, 이를 통해서 정책형성과 집행의 관계에 대한 풍부한 가정을 이끌어낼 수 있을 것이다(Winter, 1990).

4) 정책결정-집행이론과 정책집행-결정이론

결정-집행, 집행-결정은 엄격히 말하면 집행 이후 어떤 측면에서 바라보는가라는 분석시점에 관한 논의라 할 수 있다. 결과론적인 표현이 되겠지만 결정-집행은 하향식 접근방법과 집행-결정 방법은 상향식 접근방법과 일맥상통한다. 일반적으로 정책형성과 정책집행이 서로 다른 각각 별개로 생각되었지만 정책집행이 정책순환과정에서 선행하는 정책형성으로부터 영향을 받는다(Winter, 1986). 정책형성과 집행과정은 학자들에 의해 지난 수십 년간 연구되어 왔다. 일반적인 결과로서 정책집행학자들이 정책결정에서 집행과정으로 전개되는 순환과정에서 발생하는 공백을 연구하면서 집행 행위자의 관심을 이끌어내고 정책결정과 집행의 공백, 즉 '잃어버린 고리'를 찾아 그 관련성을 설명하고자 하는 것이 확인되고 있다(Winter, 1986).

기존의 정책집행연구에 대한 논의는 정책결정 단계 이후의 집행에 관해서 간헐적으로 집행과정을 연구하기 위해 절대적으로 필요하다는 의견이 제시되었으며, 이에 대한 논의를 제한적으로 해왔다(최종원 ,1998). 즉, 정책결정과정에 대한 논의는 정책결정 단계로부터 집행과정에 이르기까지 일어날 수 있는 다양한 집행상황에 대한 예측이나 집행환경에 대한 정밀한 검토의 부족, 정책결정권자의 능력의 한계, 그리고 정책결정 참가자들 간의 이해관계로 인한 이익 상충 때문에 정책결정과 집행 간의 상호연계성이 있음에도 불구하고 양자 간의 연계성, 즉 잃어버린 고리에 해당하는 '연결요인'에 관한 일반적인 연구들이 이루어지지는 않았다. 정책결정과 정책집행 간의 연계요인에 대한 연구접근방법에는 결정-집행 접근방법과 집행-결정 접근방법으로 나누어 고려할 수 있다.

정책결정-집행 접근방법은 정책결정에서 집행단계로 진행되는 순환과정에서 발생할 수 있는 다양한 상황을 사전에 예측하고 판단하므로 이러한 사전에 상황적 분석판단에 근거하여 실제로 정책이행과정에서 그러한 예측된 상황 하에서 고려되었던 각 연결요인들이 어떤 영향을 미치는지, 또한 집행과정의 가설로 설정하여 예측했던 상황적 요소들이 집행과정에서는 어떻게 실제로 나타나는지 분석함으로써 정책결정과 정책집행의 연계성을 밝히는 접근방법이다. Baier 등(1986)은 하향적 접근방법에서 정책실패의 원인이라고 주장하는 정책집행에서 나타나는 관료의 무능력과 조직통제

능력의 부족 등은 잘못된 현실적 진단이며, 오히려 정책결정자들이 집행 참가자들인 일선행정기관의 다른 정책에 대한 선호와 관련한 이해부족, 전략적 차원, 참여자들의 이해관계에 의한 타협 등으로 정책목표를 과대포장하거나 애매모호하게 한다고 주장하고, 민주적 결정과정의 자체 문제점에 의해서 정책목표가 명확하지 않는 등 이러한 요인들로 인해 정책집행실패의 문제를 야기한다고 주장하였다.

Winter(1990)는 Baier 등의 연구를 확대 발전시켜 합리모형, 갈등—타협모형, 그리고 쓰레기통모형 등 세 가지 의사결정모형에 근거하여 성공과 실패에 어떤 영향을 미치는지 가설을 제시하였다.

반대로 집행—결정 접근방법은 정책집행과정의 결과로 나타난 여러 가지 현상들이 정책결정과정에서 어떤 요인에 의해 그 결과인 집행성과가 나타났는지 이에 대한 연계 관련변수들을 밝혀내므로 정책집행 측면에서 바라본 정책결정과 정책집행의 변수들의 연계성을 밝히는 분석방법이다(최종원, 1998). 집행—결정 접근방법은 하향적 접근방법 또는 상향적 접근방법에 따라 정책결정 이후에 나타난 집행과정에 나타난 문제점의 원인에 대하여 파악하고, 다음은 집행결과 나타난 집행성과를 가지고 결정과정과의 연계성을 밝히는 연구이다. 즉, 결정—집행 유형은 정책결정단계 시점에서 집행과정에서 나타날 수 있는 문제점을 예측하고자 하는 반면, 집행—결정유형은 정

표 6-4 결정—집행과 집행—결정 접근방법의 비교

	결정—집행 접근방법	집행—결정 접근방법
장점	− 집행상황의 예측검증을 위해 검증 가능한 가설을 제시하므로 이론의 완결성과 체계성이 우수 − 결정과 집행 연계변수의 제시가 가능하여 연구범위의 명확한 설정을 할 수 있음	− 집행 분석에 논의된 일차적인 초점에 맞추어지므로 집행과정에서 소멸된 변수는 분석하지 않아도 됨 − 집행과정에서 나타난 문제점을 전체적인 정책과정 맥락 속에서 보다 깊이 있게 이해하고 분석 가능
단점	− 정책의 성공 여부의 책임은 결정, 집행 등 전과정에서 발생 − 결정—집행 연계변수는 다양하며 요소별 영향력은 다양함. 따라서 각각의 정책종류, 정책환경 등에 따라 그 중요성에 차이가 있음 − 연구방법의 경제성이 적음	− 이론적 완결성, 체계성이 떨어짐 − 결정—집행 간 연계성에 대한 검증 가능한 가설을 사전에 제시할 수 없고, 정형화된 연계변수 설정의 곤란으로 연구범위가 불명확 − 다양한 집행상황에서 각기 상이한 형태의 정책결정—집행 간 연계관계가 있어 사전 논의 범위 한정이 곤란

출처: 정정길 외, 2012, 정책학원론, pp. 608-613.

책집행 이후 결과분석단계에서 집행–결정의 연계성을 분석한다(정정길 외, 2012).

두 접근방법의 장점은 다음과 같다. 우선 정책결정–집행 접근방법은 정책결정의 여러 가지 사례에 근거하여 정책집행의 가설설정이 가능하고, 정책결정모형에 근거한 정책결정과 집행의 연계변수 제시가 가능하므로 연구범위를 명확히 설정할 수 있다. 그리고 정책집행–결정 접근방법은 집행과정에서 나타난 결과(output)의 관점에서 정책결정에 대한 분석에 초점이 맞추어지므로 집행과정에 나타난 다양한 행태를 대상으로 정책결정에서 정책집행에 연관된 필요한 변수만을 분석하므로 정책결정과정에서 설정되었다고 하더라도 불필요한 결정과정의 다양한 요소들은 분석의 대상에서 제외되므로 경제적이고 합리적으로 분석이 가능하다. 또한 정책집행단계에서 나타난 여러 가지 문제점을 분석하므로 정책형성단계에서 집행에 이르기까지 전반적인 정책과정에 대한 이해와 분석이 가능하다는 것이다. 즉, 문제의 근본적인 원인을 파악하는 데는 집행–결정 접근방법이 가장 효과적이라고 볼 수 있다.

정책결정–집행 접근방법의 단점은 정책결정단계 시점에서 정책집행과정상 일어날 수 있는 모든 상황을 미리 예견하여 정책의 문제점이나 변수들을 분석하는 등 사전예측이 어렵다는 한계점과, 정책결정에 참여하는 참가자들의 성향이나 대상 집단의 이해관계, 적극성, 대상 집단의 갈등 및 집행권자의 전문성 등의 성향에 따라 정책목표가 없거나 모호하게(vaguely) 결정될 수 있으며, 반대로 상징적(symbolic) 차원에서 결정된 정책결정이라도 집행자의 정책목표달성에 대한 의지와 적극적 행위에 의해 정책이 성공적으로 결정될 수 있다는 것이다. 기존의 정책결정모형에서 나타난 연계변수는 정책의 종류, 성향 및 환경에 따라 각각 상이하게 작용된다는 것이다(정정길 외, 2012).

정책집행–결정 접근방법의 단점은 정책결정–집행 접근방법의 장점과 상반되는 내용으로 집행성과(outcome)만 가지고 정책결정의 결과적 입장에서 본 그동안의 결정–집행과정에 대한 과정을 분석하기 때문에 집행 간의 연계성에 대한 가설 제시가 어렵고 연구의 범위도 설정하기가 쉽지 않다. 예컨대, 다양한 집행상황에서 경우의 수(number of cases)를 가정하는 것이 쉽지 않다는 것이다(최종원, 1998).

정책결정–집행모형은 정책집행에 중점을 둔 이론이라기보다는 정책결정과정에 초점을 두고 이론적 확장을 도모한 것으로 볼 수 있으며, 엄격하게 정책집행모형으로서 이론전개의 한계가 있다. 정책집행-결정모형은 집행과 결정의 연계변수, 유형에 대한 다양한 가설과 이론적 검증이 요구되며, 이를 포함한 다양한 문제점에 대한 이론적 보완작업이 필요하다(최종원, 1998; 정정길 외, 2012).

제 3 절 정책집행의 영향요인

1 정책집행의 성공과 실패의 기준

정책집행에 대해 성공이냐 실패냐에 대한 기준은 이론적 정립이나 합의가 아직 되어 있지 않다(Linderetal, 1987). 성공이라고 판단하는 기준은 가치 주관적 판단의 요소이기 때문에 실패 또는 성공으로 단정하기는 더욱 어려운 것이다(최임광 외, 2014). 성공적인 정책집행의 판단기준이 가치판단적 요소가 포함된 주관적이기 때문에 일반적이고 사전적인 성공적 집행판단 기준을 제시하기는 어렵다고 전제하면서 학자에 따라 정책목표의 달성의 정도, 즉 효과성이나 경제적 능률성을 기준으로 삼기도 하고(정정길 외, 2012), 집행주체인 관료들이 말썽 없이 원만하게 집행을 완료하는 것도 성공적인 집행이라고 하기도 한다(Ripley & Franklin, 1986). 또한 유훈(2007)은 다음과 같이 내용적 기준과 절차적 기준으로 구분하여 판단하기도 한다.

성공적 정책집행이란,

첫째, 정책의 설정이 목표를 얼마나 달성했는가?

둘째, 정책집행에 소요된 시간이 얼마나 걸렸느냐?

셋째, 원활하게 정책이 이루어졌는가에 관한 문제로 정책집행이 성공적으로 이루어졌다는 것은 계획된 정책목표를 예정된 기한을 초과하지 않으면서 논란이 없이 무난하게 달성된 경우를 말한다. 그리고 성공적 정책집행의 기준은 정책목표의 달성도, 능률성, 정책지지 및 관련 집단의 만족도, 정책수혜집단의 요구 대응성(clientele responsiveness), 체제유지(system maintenance) 등 다섯 가지로 나누기도 하고(Nakamura & Smallwood, 1980), 또한 어떤 학자들은 다음과 같이 구분하기도 한다.

우선 내용적 기준과 절차적 기준으로 구분하고 내용적 기준은 다시 정책내용이 분명한 경우와 불분명한 경우로 나눌 수 있다.

내용적 기준에서 정책내용이 분명하다는 것은 정책목표가 구체화되고 명확한 것으로 정책집행의 성공 여부를 판단하는 기준은 효과성과 능률성이다(정정길 외, 2012). 정책목표가 제대로 설정되었는지 여부에 해당하는 적합성, 적절성 등에 의한 정책내용이 분명한지 여부, 또한 정책내용이 불분명한 경우는 정책목표가 애매모호하거나 상호 모순되는 정책목표들이 나열되어 있는 경우로 정책목표가 구체화되고 상호 모순되어 있는 목표도 우선순위에 의해 정책이 결정되어야 하며 이에 따른 정책집행도 바람직하게 되어야 한다.

절차적 기준에서 성공적 정책집행의 판단기준을 법적 명제, 합리적, 관료적 명제, 합의 명제 등을 들고 있으며(Reinetal, 1978), 절차적 기준이란 정책집행자, 정책대상 집단 및 관련자들의 요구와 기대를 충족시키는 정도 또는 집행절차상의 특정한 활동의 존재유무를 사용하여 성공의 정도를 판단한다. 법적 명제는 정책의도의 실현으로 정책이 의도한 대로 정책목표, 정책수단 그리고 정책의 집행방법들을 모두 충실히 실현하는 것을 의미하며, 합리적·관료적 명제는 집행 주체로서 관료들이 도덕적으로 정당하고, 행정적으로 실현 가능하며, 지적이고 합리적이라고 주장할 수 있으면 성공적인 집행이 이루어진 것이라고 본다. 또한 합의명제는 이해집단들 모두가 합의할 수 있도록 정책이 집행되는 것을 의미하는데 정책집행과정의 민주성이라고 할 수 있다(최임광 외, 2014).

반대로 정책집행의 실패는 첫째, 정책목표가 명확하지 못하거나 정치적 합의가 부재하며 활용 가능한 자원동원이 곤란하고, 목표와 수단간 인과론적 가정이 불분명하여 효과적인 정책수단을 선택하지 못한 경우에 발생한다.

둘째, 행정관리상의 문제, 집행담당조직의 구조 및 행태 등의 문제에 의하여 발생한다.

셋째, 대상 집단의 순응이 어렵거나 실패 또는 요구되는 행태가 불분명할 때이다.

마지막으로, 사회경제적 또는 정치적 환경의 변화는 정책집행의 성패를 좌우하게 된다(Larson, 1980).

2 정책집행의 영향요인

정책집행에 관한 영향요인에 관한 연구의 배경은 정책집행의 성공 여부에 어떤 요인이 영향을 미치느냐 하는 것이다. 성공적인 정책집행이란 설정한 목표를 예정된 시일에 말썽 없이 원활하게 달성한 경우를 말한다(유훈, 2007). 정책집행이 실패하는 이유가 정책결정 자체가 문제가 있었기 때문이라고 보는 시각도 있지만 정부기관 활동뿐만 아니라 정책 대상집단(policy targetgroup)을 포함하여 대외적 집행과정에서 차질이 발생될 수도 있다(정정길, 1979: 141).

1) Smith의 정책집행 변수

Smith는 정부의 정책을 새로운 제도를 확립하거나, 기존의 제도 내에 확립된 형태를 변형시키기 위한 정부의 의도적인 행동조치라고 규정했다. 정부에 의해 형성된 정책이 사회 내에 긴장유발력(tention generating force)으로 작용한다고 보았다. 정책집행은 긴장유발력으로 인해 기존의 양태와 제도가 점진적으로 바뀌게 된다. Smith는 긴장유발력의 관점에서 정책집행매트릭스를 설정하였는데 매트릭스 내의 변수로는 이상화된 정책(idealized policy), 집행조직(implementation organization), 대상집단(target group), 환경(environmental factor) 등을 들고 있으며, 이 긴장은 교환거래 과정을 거쳐 거래가 원만하게 이루어지지 않을 때 다시 매트릭스 내나 정책결정 과정으로 환류된다. 거래과정이 원만하게 이루어지면 제도화를 낳고 이 제도화는 다시 긴장유발력으로 작용해 환류과정을 밟게 된다.

매트릭스 내의 주요 구성요소(변수)를 보면, 이상화된 정책(idealized policy)이란 정책결정자들이 유발시키려고 하는 상호작용의 양태를 말하는데 네 가지 관련변수가 있다. 이러한 변수로는 정책의 형성, 정책의 성격, 정부가 정책의 집행에 전념하는 정도, 정책에 대한 인상(image of the policy) 등이다. 대상집단(target group)은 정책에 의해서 새로운 패턴을 가지도록 요구된 사람이다. 이들은 정책에 의해 가장 큰 영향을 받는 사람들이다.

주요 변수로 대상집단의 조직화나 제도화의 정도, 대상집단의 리더십, 대상집단 이전의 정책경험 등이다. 집행조직(implementation organization)은 정부 관료조직의 한

단위로 되어있는데 주요 변수는 집행조직의 구조와 인적속성, 집행조직의 리더십, 집행 프로그램과 프로그램 수행능력 등이다. 환경적 요인(environmental factor)은 정책집행이 미치거나, 영향을 받는 정치·경제·사회적 여건 등을 말한다. 이에 대한 변수로는 정책집행을 할 때 받는 혜택(benefits)이나 제약점(constraints)을 들 수 있다.

긴장유발은 정책매트릭스 내에 있는 정책집행 변수들이 이상화된 정책을 둘러싸고 긴장이 유발된다. 긴장은 변수 자체 내에서 일어나는 경우도 있고, 변수들 간에 일어나는 경우도 있다. 인적·물적 자원이 부족한 가운데 정책을 집행해야만 할 때 집행조직이 느끼는 모순과 정책 결정자들이 대상집단으로부터 환영을 받을 것이라 기대하고 형성한 정책이 실제로 환영받지 못할 때, 대상집단과 이상화된 정책 사이에 나타나는 긴장이다.

교환거래양태는 정책집행과 관련된 구성요소 사이에서 또는 그 자체 내의 긴장에 대한 반응으로 나타난다. 이상화된 정책을 헌법과 법률에 명시하고 있지만 대상집단의 확고한 지지와 뒷받침 없이 불안정한 상태에서는 강력히 집행할 수가 없다. 이 경우 교환거래의 양태는 의도한 정책목표를 달성할 수 없고, 제도화를 가져오지 못한다. 정책집행과정에서 거래 국면(transaction phase)의 특성을 포착하기 위해서는 정책이 집행 중일 때 나타나는 모든 행동을 파악해야 한다.

제도화는 정책집행이 계속되는 과정이기 때문에 언제 명확하게 구체화되어 제도화로 나타날지는 알 수 없으나 제도화되기 위해서는 환경 내에서의 제도의 생존능력, 제도를 둘러싼 사회구성요소들이 자율성이나 영향력 면에서 그 제도가 가치 있다고 생각하는 정도, 관련 양태가 여타 사회구성요소에 대하여 규범적인 영향력을 가져올 수 있는가 이다. 정책이 목표에 부합하는지의 여부를 판단하기 위한 방법으로 새로이 확립된 제도나 양태를 처음의 이상화된 정책목표와 집행과정의 실제 산물과 비교하는 것이다. 제도화의 정도를 결정짓는 데는 시간적 요인도 고려해야 한다. 복잡한 정책은 단순한 정책보다 제도화에 더 많은 시간이 소요될 것이다.

환류(feedback)는 정책의 집행과정 속에서 교환거래의 양태가 이루어지면 그것들은 긴장유발체로서 작용한다. 따라서 긴장은 네 가지 구성요소로 이루어지는 정책결정 매트릭스와 다시 관련을 맺게 된다. 새로운 양태와 새로운 제도를 형성함으로써 발생되는 긴장은 재차 체제 내의 긴장을 유발한다는 것이다. 새로운 정책집행은 새로운 긴장 양상으로 나타날 것이다. 환류과정이 모형 내에 내재함으로써 정책과정의 최종산물(end product)이 아니라 계속적인 과정으로 종착점이 없다는 것이다(박성복·이종열, 2004: 347-350; 유훈, 2007: 171-175).

2) Bardach의 집행게임

Bardach(1977)는 「The Implementation Game」에서 집행자가 정책과정에서 수행하는 계획을 강조하였는데 집행을 기계를 조립하여 작동되도록 하는 조립과정으로 정의하였다. 집행을 압력장치로서의 집행, 동의의 집합으로서의 집행, 행정통제과정으로서의 집행, 부처 간 협상으로서의 집행, 결합행동으로서의 집행, 게임체제로서의 집행 등 크게 여섯 가지 측면에서 검토하였다. 집행게임에서는 주요 영향요인을 부정적인 측면의 고려 요인으로 자원의 유용(diversion of resources), 목표의 굴절(deflection of goals), 행정의 딜레마(dilemmas of administration), 에너지의 소산(dissipation of energies) 등이 있다고 하였다.

자원의 유용(diversion of resources)은 정부의 예산증가, 개인이나 집단으로부터의 뇌물이나 부정적인 자금을 받게 되면 집행에 악영향을 미치게 되고, 예산을 둘러싼 정부 각 기관들의 투쟁이나, 공무원들이 집행상 자신에게 편한 것만 집행하는 것 등이 집행에 나쁜 영향을 미친다. 목표의 굴절(deflection of goals)은 정책의 결정단계에서 목표를 명확하게 구체화하는 것이 어렵기 때문에 압력집단이 압력을 가하거나 원래 목표에 새로운 목표를 추가할 때 굴절이 일어나게 된다. 행정이 집행과정에서 부분적으로만 실행될 때가 많은 경우에 행정의 딜레마(dilemmas of administration)가 발생한다.

실제로 노력을 하지 않거나 하위 집행기관이 독점권을 행사하거나 집행에 대한 강한 저항이 일어나는 경우와 에너지를 손상시키는 사회적 엔트로피가 발생하는 경우이다. 여기서 사회적 엔트로피는 프로그램에 장애요소가 되는 능력의 문제, 통제 목표에서 변이성 문제, 조정 등 세 가지 문제이다. 에너지의 소산(dissipation of energies)은 개인이나 집단들은 책임감을 피하기 위해서, 또는 다른 경기자의 책략에 대처하기 위해서 많은 에너지를 낭비하는 경우가 있으며 처음 선정된 목표를 제대로 달성하지 못해 집행상 연기(delay)가 발생된다.

3) Edwards III의 4대 요인

1980년에 발간된 「정책의 집행」에서 Edwards Ⅲ는 정책에 미치는 요인으로서 커뮤니케이션, 자원, 집행자의 성향, 관료제의 구조 등 주로 집행조직의 내부구조와 관련된 요인을 들고 있으며, 네 개의 요인 간의 상호작용을 강조한다. 또한 네 가지 요인을 가지고 집행이 어려운 정책들이 어떤 것이며, 그 이유가 무엇인지를 제시하고 있다.

첫째로, 커뮤니케이션은 정책집행 명령이 적절한 사람에게 전달되어야 하고 일관성 있고 명확해야 한다. 확립된 체제가 없거나 여러 계층을 통해서 전달이 이루어질 때에 커뮤니케이션의 왜곡이 일어난다. 정책이 집행되려면 지시가 명료해야 되는데 정책결정의 복잡성과 영향력 있는 집단의 반대, 목표의 상충과 합의 도달의 필요성, 새로운 프로그램의 비 친숙성, 정책결정자들의 책임회피 등의 이유로 정책이 명료성을 결여하는 경우가 많다. 또한 정책의 일관성 결여는 집행기관에 재량권을 많이 부여하는 결과를 가져오며 하급기관에 혼란을 초래하기도 한다.

둘째로, 자원은 효과적인 정책집행을 위하여 필요하다. 인적 자원과 고도의 전문성이나 기술을 요하는 정책집행 시에 문제해결을 위한 정보와 대상집단에 대한 순응 여부에 관한 정보도 필요하다. 적절한 권한이 집행기관에 부여되어야 하며 기계, 기구, 건물, 소모품과 같은 자원이 있어야 한다.

세 번째는 집행자의 성향으로 집행자가 무엇을 해야 할지를 알고 있어야 하며 능력뿐만 아니라 정책에 대해 호의적이어야 한다. 효과적인 집행을 위해서는 관료의 충원과 집행자들이 정책에 호의를 가질 수 있도록 승진, 승급 등 유인책이 있어야 한다.

넷째로, 집행 담당조직의 관료제 구조도 집행에 영향을 미치는 요인으로서 시간절약과 신뢰성을 위해 표준운영절차가 필요하며 부서 간의 할거성을 요인으로 보았다.

다섯째로, 네 가지 요인 간의 상호작용을 강조하면서 마지막으로 집행에 난점이 많은 정책으로 신규정책, 분권화된 정책, 논란이 많은 정책, 복잡한 정책, 위기정책, 사법정책 등을 요인으로 들었다

4) Larson의 정책실패요인

Larson은 정책실패요인이라는 관점에서 정책집행에 미치는 영향과 이에 대한 대응책과 시정방안까지를 제시하고 있는데, 첫째로 모호하거나 비현실적인 목표, 집행절차의 결함, 정부 간 활동의 복잡성, 경제적 환경을 네 가지 요인으로 제시하고 있다. 목표가 명확하지 않은 경우 해석이 엇갈릴 수 있으며 정책의 실패를 가져올 수 있으므로 현실적이어야 한다. 정책과정은 예측하기 어렵기 때문에 프로그램의 내용을 실현 가능한 지침을 만들어 필요한 조직단위를 만들고 적용하는 것이다. 정부 간 활동의 복잡성은 연방제와 엄격한 권력분립 등으로 경쟁과 협력이 어렵다는 데 있다. 환경은 인플레이션 등으로 인한 각종 사회적 프로그램의 예산 감축 등이다.

둘째로 실패에 대한 대응책으로 집행절차의 결함을 시정하기 위한 새로운 지침과 규정, 집행기관 내의 조정을 증진하고 기관 간의 협력 및 민간부문의 협력을 제고하기 위한 부분적 조직개편, 정책을 바꾸는 데 필요한 신규 입법 및 개정, 환경변화 등으로 정책을 실현할 수 없거나 바람직하지 않을 때 정책종결 등을 실패요인으로 제시하고 있다.

5) Mazmanian과 Sabatier의 집행과정 요인

Mazmanian과 Sabatier는 문제의 추적가능성(tractability), 정책결정의 집행구조화 능력, 집행에 영향을 미치는 비법률적인 변수, 집행과정의 단계를 요인으로 제시하고 있다. 문제의 추적가능성에 대한 변수는 문제의 성격에 따라 대상집단의 다양성, 규모, 행태변화의 범위, 타당한 이론 및 기술의 활용가능성을 들고 있다.

정책결정의 집행구조화 능력에 대한 변수로는 목표의 명확성, 재원, 집행기관 상호간에 관계, 집행기관 내부구조, 집행기관의 규정, 집행기관의 성격, 외부인사의 참여를 들고 있다. 집행에 영향을 미치는 비법률적 변수로는 사회경제적 상황, 대중의 관심과 지지, 관련 단체의 적극성과 지원, 지배기관의 지원, 집행자의 적극성과 리더십 등이다. 집행과정의 단계는 집행기관의 정책 산출 이후의 단계로서 정책 산출에 대한 대상집단의 순응과 불응으로 정책결정자들이 정책 산출의 영향을 인지한 후의 법령의 수정을 요인으로 보았다.

이상에서 언급한 정책집행에 미치는 요인들을 Alexander의 분류에 따라 정책변수, 집행변수, 환경적 및 맥락적 변수, 문제관련변수로 나누어 비교할 수 있다. 정책변수는 대체로 목표의 명확성, 현실성, 일관성을 들고 있으며, Smith는 정책의 형태, 정책의 유형이라는 표현을 쓰고 있다. 유훈 교수는 Edwards Ⅲ의 "커뮤니케이션에서의 명료성과 일관성을 목표의 명료성과 일관성을 의미하는 것으로 보고 있다(유훈, 2007: 188)."

집행변수에 대해 스미스(Smith)는 구조, 인원, 능력, 담당업무, 리더십을 포함하여 담당조직의 여러 측면을 들고 있고, 라슨(Larson)은 집행절차와 정부와의 관계를 들고 있고, 에드워즈(Edwards Ⅲ)는 인적자원, 권한, 시설정보를 포함하는 자원을, Mazmanian과 Sabatier는 내부구조 측면에서 집행변수를 들고 있다. 환경적 및 맥락적 변수는 대략 환경적 요인과 사회경제적 요인을 들고 있다.

문제관련 변수에 대해 Mazmanian과 Sabatier는 대상집단의 형태변화와 범위, 다양성, 상대적 규모, 타당한 이론 및 기술의 활용가능성 등을 들고 있으며, 스미스(Smith)도 대상집단의 조직화, 제도화의 정도, 리더십, 과거의 경험을 포함하여 정책의 이미지, 정책의 범위 등을 문제관련 변수로 보고 있다.

6) Lipsky의 일선관료제 이론

Lipsky는 일선관료의 특징을 첫째로 시민과의 접촉을 통해 영향을 미친다고 보고 관료제의 대부분의 업무는 서면처리(paper processing)하고 있으나, 일선관료는 사람처리(people processing)를 주된 임무로 삼는다는 측면에서 관료제와 다르다고 보았다. 이러한 시민과의 상호작용 특성은 많은 시간소요와 고객의 질문이나 요구에 대응하는 업무, 요구의 예측 불가능성 등이다.

둘째, 고객의 범주화는 고객을 자격기준 등에 따라 몇 가지로 분류한다. 고객의 범주화가 객관적으로 이루어지는 경우가 있으나, 기준의 왜곡과 신축적인 해석 또는 같은 범주에 속하는 고객을 다르게 취급하는 방법으로, 공무원의 재량이 작용하는 경우가 많다고 보았다. 재량권 행사는 관료제에 대한 민주적 통제라는 관점에서 일선관료제 이론이 관심을 끌고 있다. 이것은 일선관료가 법률 규정, 상부의 지시 등의 구속을 받지 않는다는 의미가 아니라 법령이나 규정이 너무 많아 재량행사가 가능하다는 것이다. 이러한 문제점은 재량축소를 통해 제거될 수 있는데, 일선관료들은 복잡한 상황에서 업무를 수행하는 경우와 상황의 인간적 측면에 대응하기 때문에 재량권이 발생한다.

셋째, 일선관료들은 담당업무의 특수성으로 자부심을 느끼고, 대상집단의 복지에 큰 영향을 미친다는 생각을 가진다는 것이다.

넷째, 과중한 업무량과 부족한 재원이다. 이러한 일선관료제 이론은 정책전달자의 중요성 부각, 정책 재창조의 조명, 정책집행의 중요성 부각 등 정책집행연구와 정책연구 전반에 걸쳐 공헌한 반면에, 문제점으로 민주적 통제와의 조화 곤란과 정책형성의 중요성을 격하시키고 일선관료 조직을 획일적으로 다루고 있다는 비판을 받고 있다(유훈, 2007: 233-245).

7) Elmore의 후 방향적 집행 분석

정책집행에 대한 연구가 Pressman& Wildavsky 이후 활발히 연구되어 왔으나, 정책을 보는 시각이 다양하여 현저한 차이점이 존재한다. 기존 연구의 시각은 전 방향적 접근방법과 후 방향적 접근방법으로 대별될 수 있다.

전자는 집행을 일정한 정책목표를 달성하기 위한 수단으로 파악하여, 고전적 행정이론에서와 같이 계층제적 구조, 정치·행정이원론, 기술적 능률성 등의 개념을 중시하고 있는 반면에 후자는 집행을 상호작용으로 이해하며, 정치성, 민주성, 분권화 등의 개념을 강조한다.

Elmore(1979)는 집행 분석이 정책결정에 유용한 정보를 제공하기 위해서는 후자의 접근방법을 취해야 한다고 한다. 후 방향적 접근방법은 집행과정의 상층부가 아닌 일선행정조직에서 출발하며 고위정책결정자의 의도보다는 최하층부의 집행과정의 구체적 행태에 초점을 맞춘다. 이러한 행태를 기초로 하여 목표가 설정되고 그 내용은 조직의 활동 및 산출로 구성된다. 집행구조를 거슬러 올라가면서 집행기관의 능력이나 소요자원을 검토하게 되며 집행에 가장 영향력 있는 조직단위에 자원을 집중시키는 정책을 수립하게 된다. 후 방향적 접근방법은 일선관료의 능력을 강조하며 통제보다는 재량의 확대를 선호한다(박성복·이종열, 2004: 356-358).

표 6-5　정책집행의 영향요인

	정책변수	집행변수	환경적 변수 및 맥락적 변수	문제관련변수
Smith (1973)	– 정책의 형태 – 정책의 유형	– 집행담당조직 – 인원, 능력, 리더십, 구조	– 사회·정치·경제적 요인	– 정책의 범위, 정책이미지 – 대상집단의 조직화 – 제도화의 정도 – 리더십, 과거의 경험
Bardach (1977)	– 정책수행 계획	– 압력장치 – 동의의 집합 – 행정통제 – 부처 간 협상 – 결합행동, 게임체계	– 관련 기관의 수 – 체제 내에 관련된 여러 요소	– 자원유용, 목표의 굴절 – 행정의 딜레마 – 에너지 소산
Edwards (1980)	– 정책목표의 명료성과 일관성	– 인적자원, 정보, 권한, 시설 – 관료의 충원과 관료의 내부구조, 유인책	– 요인 간의 상호작용	– 신축성 결여, 할거성
Lason (1980)	– 모호하고 비현실적인 목표	– 명확한 목표 – 집행절차 결함 – 정부 간 활동의 복잡성	– 경제적 환경	– 목표의 비현실성, 절차의 결함 – 기관 간 경쟁과 협력
Mazmanian과 Sabatier (1983)	– 정책목표의 명확성 – 적절한 인과모형	– 재원 – 공무원의 성향 – 리더십 – 우호적 외부인사 참여 – 집행기관 내부구조, 규정, 상호간의 관계	– 사회경제적 상황 – 관련 단체의 적극적 지원 – 대중의 지지와 관심 – 지배기관의 지원	– 정책문제의 성격 · 행태변화의 범위 · 대상기관의 행태의 다양성, 상대적 규모 · 다양한 이론 및 기술의 활용가능성

출처: 유훈. 2007. 「정책집행론」. 190쪽.

제 7 장

정책평가

학습개관

1. 정책평가란 무엇인가?
2. 정책평가의 유형과 논리는 무엇인가?
3. 정책평가는 어떠한 방법으로 수행되는가?
4. 우리나라의 정책평가제도에는 무엇이 있는가?

정책평가의 의의와 방법

1 정책평가의 의의

1) 정책평가의 정의

정부는 바람직한 사회를 달성하기 위해 다양한 정책을 수립하고 집행한다. 정책평가에 대한 정의는 여러 학자들에 의해 이루어지고 있는데 먼저 정책분석의 관점에서 정책평가는 '정책분석' 혹은 '정책과학'이라고 하는 응용사회과학에서의 하나의 행위로서 정의된다(Fisher, 1995). 정책을 대상으로 하는 분석활동 중 정책 수립단계의 활동을 정책분석(policy analysis), 정책 집행 이후의 분석활동을 정책평가(policy evaluation)라고 한다.

Gerston(1997)은 정책평가를 "정책의도와 결과에 의해서 그 효과성을 측정하는 것"으로 정의하고 있다. 정책이 원래 가지고 있는 의도 혹은 목표와 그 결과를 통해서 정책의 결과가 목표대비 어느 정도의 성과를 가지고 왔으며, 얼마나 효과적이었는지를 분석하는 활동을 의미하는 것이다.

한편 정책평가를 가치판단의 활동으로 정의하기도 한다(한석태, 2013). 즉, 목표달성 여부에 따라서 좋은 정책인지 아닌지를 판단하는 것이다. 여기에서의 핵심은 정책이 목표를 달성했는가의 여부이며, 평가의 핵심 내용 역시 목표달성도라고 할 수 있다.[1]

공공정책의 개념에 비해 공공정책 평가에 대한 관심은 상대적으로 최근의 현상이다. 현대 사회에서 정부로 하여금 해결을 요구하는 사회문제의 복잡성이 심화됨에 따라 문제해결을 위한 인적·물적 자원의 대규모 투입이 이루어지면서, 자원배분에

---

*   본 장은 최창현 외(2018), 「정책분석평가와 성과 감사」의 내용 중 정책평가 부분을 요약 정리한 것임을 밝힌다.
1   한편 우리나라의 '정부업무평가 기본법' 제2조 1호에서는 "평가"를 "일정한 기관·법인·법인 또는 단체가 수행하는 정책·사업·업무 등(이하 "정책 등"이라 한다)에 관하여 그 계획의 수립과 집행과정 및 결과 등을 점검·분석·평정하는 것을 말한다."고 정의하고 있다. 2호에서는 "정부업무평가"에 대해서 "국정운영의 능률성·효과성 및 책임성을 확보하기 위하여 다음 각 목의 기관·법인 또는 단체(이하 "평가대상기관"이라 한다)가 행하는 정책 등을 평가하는 것을 말한다."고 정의하고 있다(http://www.law.go.kr/).

대한 국민적 관심이 높아졌다. 이러한 관심의 증가는 자연스럽게 평가를 강조하면서 정책평가가 정책학 분야에서 중요한 학문적 분야로서 대두되는 계기가 되었다.

최근의 정책평가는 1960년대의 정치적·학문적 발전과 함께 더욱 체계화 되었다. 특히 빈곤과의 전쟁을 선포한 Johnson 대통령의 "위대한 사회(Great Society)" 프로그램과 밀접한 관련성을 가진다. Johnson 행정부 시절, 정책결정을 위한 기초로서 사회적-과학적 정책연구와 평가가 광범위하게 명성을 얻었다. "위대한 사회"의 핵심 프로그램 중 다수가 정책분석가에 의해 영향을 받았으며 일부 프로그램은 그들에 의해 직접 개발되었다(deLeon, 1989). 또한 시간이 지나면서 팽창지향적인 프로그램에 대한 효과성을 측정하였을 뿐 아니라 프로그램을 수행하는 정부관료들의 성과를 평가하였다.

1960년대 정부개입이 공공기관의 공식적 정책평가를 유도하였다면, 1970년대에는 정책평가의 분석적 역량이 급진적으로 팽창했던 시기였다. 이러한 현상은 프로그램 평가를 법적으로 강제했던 의회 법안에 의해 주도되었다. 이 시기의 정책평가는 정부의 역할이 강화되면서 모든 수준의 정부에서 정부관료들의 역량을 제고시킬 것을 요구하였다.

연방정부 간 보조금 프로그램(federal intergovernmental grants-in-aid programs)에 대한 보고요구가 증가함에 따라 이에 대응하기 위하여 중앙과 지방의 평가직원들이 급증하였다. 또한 평가활동의 증가는 모든 수준의 정부기관으로 하여금 민간영역의 컨설팅 회사로부터의 도움을 요구하게 되었으며 이는 민간영역에서 수익성이 높은 평가 산업을 성장시키는 계기가 되었으며, 의회는 스스로 정책평가의 주요 공급원이 되었다(Robinson and Wellborn, 1971).

1980년대 레이건 행정부의 출현과 정부프로그램의 축소는 정책연구가 침체되는 계기가 되었다. 그러나 이러한 상황에서도 보수주의자 역시 정책평가의 중요성을 인정하였다. 정책분석은 "위대한 사회" 프로그램으로 대표되는 정책형성에 대한 민주당식 접근의 일부였던 반면, 보수주의자들은 그들의 정치적 욕구에 적합한 정책연구를 지원하고 발전시킬 필요성을 인식하였다. 결국 정책평가는 1960년대 이래 정부역할이 팽창했던 시기 뿐 아니라 공공프로그램의 폐지를 통해 정부역할을 축소하려 했던 시기에도 꾸준히 관심의 대상이 되어왔다.

정책평가의 개념적 범위는 최근 들어 더욱 제한적인 경향을 나타낸다. 즉, 최근의 정책평가는 비용-편익분석과 같이 경제학적인 방법론을 차용하여 어떤 행위가 특정 기준에 따라 성공적이라고 판단할 수 있는지를 결정하는 것에 초점을 맞춘다. 정책에 내재되어 있는 특정한 기준은 명시적 혹은 묵시적으로 프로그램이 정책 목표를 충족시켰는지를 결정하기 위한 타당한 근거로서 수용된다. 그러나 공공정책에 대한 평가는 방법론에 초점을 맞춘 제한된 범위를 뛰어넘어 가치와 이념 등 규범적 요소에 의해 영향을 받는 특징을 가지기 때문에 이에 대한 고려가 필수적이다(deLeon, 1989).

이러한 배경 하에 발전해온 정책평가는 목표충족의 정도, 정책의 성공과 실패원인, 향후 정책성공을 위한 일반화된 원칙, 정책의 효과성 증진을 위한 기법의 실현과 대안적 기법의 발견, 정책수단의 수정과 보완 등에 대한 정보를 제공한다는 점에서 그 중요성을 가진다(Bigman, 1961).

정책평가의 목적과 필요성은 다음과 같이 제시할 수 있다. 첫째, 정책결정과 집행에 필요한 정보제공이다. 정책평가는 정책의 전 과정에서 이루어지며, 궁극적으로 정책의 성공 혹은 실패와 관련된 판단을 하는 행위이다. 이를 위해 정책의 목표, 정책의 성과, 정책과정 등에 관한 일련의 정보를 취합하고 분석하는 과정이 필요하다. 이 과정에서 생산되는 해당 정책에 대한 다양한 정보는 향후 유사 정책의 결정과 집행과정에서 피드백 되며, 더욱 질 높은 정책을 도출할 수 있는 기초가 될 수 있다. 둘째, 정책과정 상에서의 책임성 확보이다. 정책평가를 통해 정책과정에서 정책목표를 달성하기 위해 적절한 과정을 거쳤는지, 국민들의 요구에 부합했는지 등에 대한 판단이 이루어지며, 이는 곧 정책 혹은 정책 담당자에 대한 책임성을 확보하는 수단으로 작용한다. 즉, 정책의 책임성은 평가를 통해서 담보할 수 있다. 특히 정책을 둘러싼 갈등의 경우 정책평가를 통해 미흡한 부분과 다양한 성과 등을 공유함으로써 정책갈등의 조정과 타협을 위한 매개로서의 역할을 할 수 있으며, 이 역시 정책갈등을 해결하기 위한 책임성 확보의 역할이라 할 수 있다. 마지막으로 정책이론형성에 기여한다는 것이다. 정책평가는 정책의 전 과정에 대해서 심도 깊은 분석과 해석이 이루어지고, 그 결과를 기존 정책에 환류시킴으로써 정책에 대한 지속적인 분석과 수정이 이루어지는 행위이다. 분석결과의 축적을 통해 객관적·과학적 그리고 일반화 된 지식을 생산해 낼 수 있다. 결국 평가의 전 과정을 통해 이론형성 혹은 이론의 수정과 보완에 기여할 수 있다.

　정책평가의 절차는 평가대상, 평가목적, 평가방법, 결과의 활용목적 등에 따라 달라질 수 있다. 그러나 정책평가의 일반적 절차는 1) 정책평가의 목적 설정, 2) 정책의 본질에 대한 파악, 3) 정책평가 기준의 설정, 3) 인과관계 모형의 작성, 4) 연구설계, 5) 자료수집, 6) 자료의 분석과 해석, 7) 정책평가 결과의 제시 등으로 이루어진다. 정책평가의 목적을 설정하는 것은 무엇을 위한 평가인지에 대한 확인을 의미한다. 즉, 정책평가를 통해서 도출해내고자 하는 것이 무엇이며, 무엇을 알고자 하는 것인지에 대한 내용을 결정하는 것이다. 이는 향후 정책평가의 결과를 어떻게 활용할 것인지와도 관련된다. 예를 들면, 정책의 전반적인 과정에서의 정보제공, 정책담당자의 책임성 확보 등이 정책평가의 목적에 포함될 수 있을 것이다. 둘째, 정책의 본질에 대한 파악에서는 정책의 목표, 수단, 정책과정의 구조, 이해관계자 등 일련의 정책과정에 포함되어 있는 다양한 요소들에 대한 파악을 의미한다. 본 단계에서는 정책의 본질적 특성을 파악함으로써 향후 평가기준, 평가방법 등의 설정에 기초가 될 수 있다. 정책평가기준, 인과관계 모형, 연구설계 등은 평가의 방법에 포함된다. 즉, 어떤 논리와 수단을 가지고 평가를 진행할 것인지에 대한 내용이 핵심이다.

　일반적으로 정책평가모형(policy evaluation framework)은 정책과정, 즉 정책의제 형성과정, 정책결정과정, 정책집행과정 이후에 위치한 과정과 관련된 모형으로서, 이를 통해 환류의 과정을 포함한다. 한편, 정책평가모형과 밀접한 관련이 있는 정책평가과정은 정책집행과정에서 등장하는 여러 가지 문제점을 해결하여 보다 나은 집행전략과 방법을 모색하기 위하여 실시되는 것과 정책집행 후 당초 의도했던 효과를 성취했는지의 여부를 판단하는 것으로 분류할 수 있다.

2) 정책평가의 유형

　정책평가는 많은 학자들에 의해서 다양한 유형이 소개되었다. 정책이나 프로그램의 효과에 초점을 맞추는 평가로 효과(outcome) 혹은 영향(impact)평가, 정책이나 프로그램이 형성되고 수행되는 과정(process)에 초점을 맞추는 평가로 구분할 수 있다. 또한 효과에 대한 정책에 의해서 기대되는 효과에 초점을 맞추는 평가(ex ante evaluation)와 실제 발생된 결과에 초점을 맞추는 평가(ex post evluation)로도 구분할 수 있다. 이와 같이 정책평가는 정책문제의 인지, 대안의 선택, 집행, 효과에 이르기까지 정책의 전반적인 과정에서 이루어지는 행위이다(Dunn, 1981; Fischer, 1995).

(1) 평가성 사정

평가성 사정(evaluability assessment)은 프로그램이 평가를 받을 수 있는 상황인지, 평가가 정당화 될 수 있으며, 실행 가능한지, 유용한 정보를 제공할 수 있는지에 대해서 확인하는 체계적인 과정이다. 평가가 실시되기 이전에 평가의 소망성과 실현가능성을 검토하는 일종의 예비평가이다. 평가성 사정의 목적은 평가가 수용될 수 있는지의 여부에 대한 결정 뿐 아니라 프로그램이 평가를 받을 수 있는 조건을 충족하도록

표 7-1　평가성 사정의 체크리스트

프로그램 설계	
프로그램이 명확하게 변화의 목표가 되는 문제를 정의하고 있는가?	☐
프로그램으로부터 수혜를 받을 대상은 결정되었는가?	☐
프로그램은 명확한 이론적 변화와 논리모델을 가지고 있는가?	☐
프로그램의 결과에 관한 틀은 일관되게 제시되고 있는가? 산출, 효과, 목표 등은 프로그램의 논리적 사슬을 따라가고 있는가?	☐
목표가 명확하고 현실적인가? 목표들은 측정가능한가? 목표들은 현실에서 제시된 욕구에 대응하고 있는가?	☐
제안된 프로그램의 수행이 목적과 목표 달성을 주도하는가?	☐
정보의 활용가능성	☐
프로그램은 평가를 위한 자료를 제공할 역량을 가지고 있는가?	☐
프로그램은 개임의 핵심적인 분야에 대한 SMART지표[2]를 가지고 있는가?	☐
기본정보가 존재하는가?	☐
프로그램은 책임성, 출처, 주기 등을 가진 정보를 수집하고 체계화하기 위한 통제시스템을 가지고 있는가?	☐
데이터를 수집하고 분석하는데 들어가는 비용은 무엇인가?	☐
핵심 이해관계자가 요구하는 정보는 무엇인가?	☐
상황적 여건	☐
프로그램의 외적, 내적 상황이 평가를 수행하는데 도움이 되는가?	☐
숙련된 평가자, 재정적 자원, 장비 등 평가를 수행하는데 필요한 자원은 활용가능한가?	☐

출처: the United Nations Development Fund for Women(2009), http://www.countyhealthrankings.org/sites/default/files/resources/Evaluability%20Assessment.pdf

---

2　SMART지표: 정책이나 구체적 프로그램에 대한 분석 혹은 평가지표로서 **S**pecific(구체성), **M**easurable(측정가능성), **A**chievable(달성가능성), **R**elevant(관련성), **T**ime-bound(시간계획성) 등으로 구성된다.

준비하는 것을 포함한다.

본 평가가 이루어지기 전에 실시하는 평가성 사정은 평가의 유용성을 담보하기 위한 첫 번째 단계라고 할 수 있다. 또한 평가에 의한 개선점을 도출하기 위한 사업의 중간평가(mid-term review)의 일부라고도 할 수 있다.

평가성 사정은 사업이 평가에 대비하기 위해 어떻게 개선되어야 하는지에 대한 방안을 제공한다. 사업의 흠결은 사업설계, 관련 정보의 이용가능성, 상황적 요인 등 주로 세 가지의 영역과 연결되는데, 평가성 체크리스트를 통해 어떤 조건이 충족되어야 효과적인 평가가 가능할 것인지를 제시할 수 있다. 이러한 조건은 평가성 사정의 핵심적인 기준을 구성한다.

평가성 사정의 단계는 다음과 같다.

① 평가 정보를 사용할 의사가 있는 사람들의 참여

② 정책결정자, 사업관리자, 기타 이해관계자들의 시각을 반영하여 사업을 파악

③ 사업목표의 실현가능성, 측정가능성 등을 포함하는 사업의 현실성에 대한 검토

④ 사업의 수행 혹은 목표에 있어서의 변화 필요성에 대한 동의

⑤ 대안적인 평가설계에 대한 검토

⑥ 평가 우선순위와 사업성과에 관한 정보의 활용에 대한 동의

평가성 사정은 제한된 예산과 인력으로 효율적인 평가수행을 가능케 하고, 사업의 평가 가능성을 향상시키며, 사업의 목표·활동 등에 대한 수정 및 변경이 기능하게 된다. 또한 향후 본격적인 평가의 방향성을 제시하는 역할을 한다.

(2) 과정평가

과정평가(process evaluation)는 형성적 평가(formative evaluation)를 포함하는 개념으로 집행이 이루어지는 과정을 평가하는 것이다. 집행과정 상에서 나타난 집행계획, 집행절차, 투입자원, 집행활동 등을 검토해, 여러 가지 문제점을 해결하고 바람직한 집행전략을 수립하는 데 도움을 주는 것을 목적으로 한다(백승기, 2011).

예를 들면, 학생들의 탐구과정을 관찰하여 수행능력과 탐구관련 역량을 점검하

고, 평가를 통해 학생들이 부족하거나 성취되어야 하는 내용지식과 교과역량을 함양할 수 있도록 준비하고자 한다. 과정중심의 평가를 하기 위해서는 학생이 참여하는 교수, 학습과정으로 설계가 되어야 한다. 과학과에서 학생이 참여하면서 탐구능력을 신장하기 위해 프로젝트기반학습, 협력학습, 실험실습 등으로 수업을 진행하고 학습과정 중에 형성평가를 통해 학생들에게 피드백을 주어 학습을 지원할 수 있도록 한다. 이러한 형성평가를 통해 학생들에게 학업성취기준을 달성하게 하고 과학과 교과역량인 '과학적 사고력', '과학적 탐구능력', '과학적 문제해결력', '과학적 의사소통 능력', '과학적 참여와 평생학습 능력' 등을 길러주는 것이 목적이 된다.

(3) 총괄평가

총괄평가(summative)는 의도한 정책효과가 발생했는지를 확인하고 검토하는 것이다. 또한 정책집행으로 인한 부수효과, 부작용을 포함한 사회적 영향을 확인하는 것을 포함한다. 일반적으로 정책평가는 총괄평가를 의미하며, 정책영향평가라고도 말한다.

총괄평가에서 가장 중요한 것은 정책이 의도한 목표를 달성했는가이며, 정책을 통해 문제해결이 이루어졌는지이다. 특히 이러한 정책의 효과는 다른 요인을 배제한 후 순수하게 정책에 의한 효과인지를 판단하는 것이 중요하다. 따라서 총괄평가의 중요한 방법론으로서 실험설계가 활용되며, 이에 대한 내용은 다음 장에서 자세하게 다루고자 한다.

총괄평가는 사업의 효과성을 평가하는 효과성 평가, 능률성 평가, 공평성 평가 등으로 구분된다(이진주 외, 1996).

효과성(effectiveness) 평가는 정책이 목표달성도를 측정하는 것이다. 정책문제의 해결이 정책목표가 되는 경우 정책목표의 달성은 문제해결을 의미한다. 따라서 효과성 평가에서는 정책의 실시로 인해 정책목표가 얼마나 달성되었는지 혹은 기존의 문제가 어느 정도 해결되었는지를 판단하는 것이 핵심이다.

정책의 효과성 평가의 주요 검토사항은 다음과 같다.

① 의도한 효과가 실제로 나타났는가?
② 의도한 효과와 정책 간에 인과관계가 존재하는가?

③ 정책의 효과가 일시적인 현상인가 아니면 지속성을 가지는 현상인가?

④ 정책으로 인한 효과가 정책목표인 사회문제를 충분히 해결했는가?

효과성 평가의 결과는 평가 대상 정책의 지속 여부, 중단 여부, 수정·보완을 통한 변경 등의 정보를 제공해준다.

능률성(efficiency)은 투입대비 산출을 의미한다. 즉, 정책을 위해 투입된 비용과 정책으로 인해 산출된 편익의 비를 측정하는 것이다. 투입은 정책을 수행하는 데 있어서 소요되는 인적·물적 자원을 포함한 화폐적·비화폐적 비용을 포함한다. 또한 정책 산출을 위한 직접적 비용 뿐 아니라 간접비용을 포함하고 정책으로 인해 유발되는 부작용, 즉 의도하지 않은 결과 역시 비용에 포함된다. 결국 능률성 평가에서는 정책으로 인한 편익 혹은 효과와 그러한 효과를 유발하는데 투입된 비용을 측정하는 것이 핵심이다. 따라서 능률성 평가 시 검토해야 할 사항은 정책에 투입된 비용(화폐, 비화폐, 직접, 간접, 부작용 등), 정책의 효과 그리고 비용 대비 효과의 크기 등이다.

공평성 평가는 정책집행 후에 나타난 정책효과와 비용의 사회적 배분이 적정한 것인지에 대한 판단이다. 즉, 특정 사회집단에는 정책비용이 대부분 전가되고, 다른 사회집단에는 정책의 혜택만이 주어진다면 공평성 측면에서는 문제가 있는 정책으로 평가할 수 있다. 공평성을 확보하는 데는 단순히 평가를 통한 사후적 조치보다 집행과정에서의 참여와 투명성 확보가 전제되어야 한다(백승기, 2011).

2 정책평가의 논리

1) 정책평가의 인과관계

(1) 인과관계의 의의

과학은 체계적 관계의 축적물(An Accumulation of Systematic Relations)로써 과학의 기반을 형성하는 것이 인과관계이다. 인과관계는 원인과 결과의 관계를 말하는데, 인과관계가 존재한다고 주장하는 것은 원인이 되는 현상과 결과로서 나타나는 현상 간에 일정한 관계가 형성되어 있다는 것을 말한다.

특정한 사회문제를 해결하기 위해 정책을 수립할 때, 사회문제의 원인을 정확하게 찾아 해결방안을 수립하고 집행할 때, 사회문제를 해결할 수 있게 된다는 인과적 논리구조를 가지고 있다. 그러나 정책분야는 다양한 요인들이 상호혼합되어 있기 때문에 정확하게 원인과 결과관계를 규명하기에는 어려움이 많다. 정책 자체가 원인으로서 독립변수이고 정책의 효과는 결과로서의 종속변수라 할 수 있다.

따라서 정책을 수립하고 집행할 때는 가장 사회문제를 잘 해결할 수 있는 요인들을 찾아내어 정책을 수립한다면 정책효과를 극대화할 수 있을 것이다. 일반적으로 인과관계를 규명하기 위해서는 인과분석을 실시하는데 인과분석방법에는 회귀분석, 실험, 공분산분석, 경로분석(Path Analysis) 등이 있다.

(2) 인과관계의 조건

정책과 정책효과 간의 인과관계가 존재한다고 주장하기 위해서는 기본적으로 갖추어야 할 몇가지 조건이 충족되어야 한다(최창현, 2011).

① 시간성: 원인변수 X가 시간적으로 결과변수 Y보다 선행하여야 한다. 즉, 원인이 되는 사건이나 현상은 시간적으로 결과보다 먼저 발생해야 한다.

시간적 선후를 결정하기 어려운 경우가 많다.

- 선후관계의 설명이 쉬운 경우: 흡연과 폐암

- 선후관계의 설명이 어려운 경우 → 두 사건이 서로 상호 간에 원인과 결과 도시화가 민주화에 선행하는가 아니면 민주화가 도시화를 가져오는가 등

② 공변성: 원인변수 X 값이 변하면 결과변수 Y값도 서로 같은 방향 또는 다른 방향으로 함께 변화하여야 한다. 다시 말해 독립변수와 종속변수 중 어느 하나가 고정되어 있으면 두 변수 간의 인과관계는 성립될 수 없다.

③ 제 3의 변수 부재: 특정한 제 3의 변수로 인해 원인변수 X와 결과변수 Y간의 관계가 측정상 오류가 없어야 한다. 변수 X와 변수 Y가 전혀 상관이 없거나 약한데도 특정한 제 3의 변수로 인해 공동변화가 있는 것처럼 나타나는 경우에 제3의 변수는 허위변수나 혼란변수의 역할을 수행한다. 허위변수(Spurious Variable)는 원인변수 X와 결과변수 Y가 전혀 상관이 없는데도 제3의 변수인 허위변수 Z가 두 변수 X와 Y에 영향을 미쳐 마치 X와 Y간에 인과관계가 있는

것으로 나타나게 하는 것이다. 그리고 혼란변수(Confounding variable)는 원인 변수 X와 결과변수 Y간에 어떤 관계가 나타나지만, 제3의 변수 Z가 X와 Y 두 변수에 영향을 미쳐 원인변수 X와 결과변수 Y의 공동변화에 측정상의 오류 (크거나 작게)를 가져오게 하는 것이다. 제 3의 변수가 존재하면 원인과 결과관계를 왜곡하게 한다.

(3) 인과관계의 관련변수

① 독립변수(Independent Variable): 독립변수는 다른 변수에 독자적으로 영향을 주지만 서로간에는 관계가 없는 변수이다.

② 종속변수(Dependent Variable): 독립변수에 의하여 영향을 받는 변수이다.

③ 매개변수(Intervening Variable): 시간상으로 독립변수와 종속변수 사이에 놓여 있으면서 독립변수의 영향을 종속변수에 전달하는 변수이다.

④ 결합변수: 독립변수 X_1과 X_2가 있을 때, X_1과 Y 및 X_2와 Y간의 관계는 유의미하지 않거나 작으나, X_1과 X_2가 동시에 작용할 때 그 관계가 유의미한 결과를 나타내거나 개별적인 영향의 단순합계보다 클 때 X_1과 X_2가 결합원인에 의한 인과변수라 부른다. 즉, 독립변수가 두 개 이상이 결합되어 종속변수에 영향을 미칠 때 독립변수들은 결합변수가 된다.

⑤ 공동변수: 독립변수 X_1과 X_2가 있을 때, X_1도 Y와 유의미한 관계를 가지고 있고, X_2도 Y와 유의미한 관계를 가지고 있으나, X_1과 X_2가 동시에 Y에 영향을 미칠 경우에 그 영향의 합은 개별적인 영향의 합보다 크지 않고 단순한 합계에 불과할 때 이것을 공동원인(cocausation)에 의한 인과변수라 부른다.

2) 정책의 타당도

(1) 타당도의 정의

측정은 측정하고자 하는 대상의 실제 내용을 정확히 알아내는 것이어야 하는데 이 말은 곧 측정에는 타당도가 있어야 한다는 말이다. 타당도(validity)란 측정하고자 하는 것을 제대로 측정하는 정도를 말한다. 즉, 측정 도구가 실제로 측정하고자 하는 개념을 측정하는지의 문제로서 측정도구인 어떤 척도가 측정하고자 하는 것을 실제로 측정할 때 그 척도는 특히 구성적 타당도를 갖는다고 말한다.

다시 말하면, 측정도구의 타당도란 그것에 의해 측정된 값의 차이가 측정대상이 지닌 실제의 차이를 반영하는 정도를 말한다. 타당도 문제는 주로 조사설계단계와 측정단계에서 제기된다.

(2) 내적 타당도와 외적 타당도

정책결과의 타당도를 나타내는 것으로서 내적 타당도와 외적 타당도가 있다. 이 두 타당도는 특히 실험법과 관련되어 논의되는 타당도이다(최창현, 2017).

내적 타당도(internal validity)란 실험법에서는 실험상의 조작, 즉 독립변수의 조작이 실제로 종속변수의 변화를 초래한 원인이 되었는지를 의미한다. 독립변수 뿐 아니라 다른 변수에 의하여 종속변수가 변할 수도 있는데 이러한 변수를 통제하지 못하면 내적 타당도를 저해하게 된다. 내적 타당도가 결여되면 실험적 조작 이후에 종속변수에 어떤 차이가 발생하더라도 그것을 독립변수의 영향 때문이라고 단정할 수 없게 되며 따라서 실험결과를 제대로 해석할 수 없게 된다.

정책이 집행된 후에 일어나는 변화가 정책 때문인지 혹은 다른 원인 때문인지를 명백히 규명하는 것이 바로 내적 타당도이다. 그리고 내적 타당도를 갖는 평가가 다른 상황에서도 적용될 수 있는 정도를 외적 타당도라 한다.

예를 들어, 자동차 속도를 제한하는 법규의 시행이 교통사고의 감소를 가져왔다는 것을 증명하려고 할 때 과연 이 법규 이외의 다른 어떠한 원인, 예컨대 유가 상승으로 인하여 자동차 운행이 감소하였기 때문에 이것이 교통사고의 감소를 가져왔을지도 모른다는 가능성을 어떻게 설명할 것인가? 만일 연구자가 속도제한법규 이외의 다른 요인이 교통사고의 감소를 초래했을 가능성이 없다는 것을 밝힐 수 있다면 내적 타당도를 증명하는 것이다.

내적 타당도를 저해하는 주요 요인으로는 다음과 같은 것을 들 수 있다(Campbell and Stanley, 1963).

① 역사적 사건: 시간이 흐름으로 인해 종속변수에 영향을 끼쳤을지도 모르는 독립변수 이외의 특정사건의 영향이다. 처음 측정과 두 번째 측정 사이에 특정사건이 발생했을 때 종속변수의 변화가 독립변수 때문인지 특정사건 때문

인지 판단하기 어렵게 된다. 역사적 사건은 실험에 있어서 전측정, 실험적 처리 및 후측정이라는 일련의 시간과 이 기간 동안 일어나는 여러 가지 사건들을 의미한다.

　예를 들어, 정부는 혼잡통행료 제도의 효과를 측정하기 위해 실시 이전과 실시후의 교통 흐름을 측정 비교하였다. 그런데 두 측정시점 사이에 오일쇼크로 인해 유류가격이 급등하는 상황이 발생하였다면 이는 바로 역사적 사건이 된다.

② 성숙(maturation): 연구기간 동안에 발생하는 연구대상 자체의 자연스러운 성장 및 발전 등과 같은 변화를 의미한다. 예컨대 장시간에 걸쳐 실시되는 연구에서 청소년이 대상인 경우 흔히 청소년들은 성장속도가 빨라 이로 인해 사후검사 시에 다른 결과를 보일 수 있다. 단기간에 행해지는 연구에서도 표본집단의 피로감이나 짜증 등이 연구결과에 영향을 미칠 수 있다.

③ 통계적 회귀(statistical regression): 만일 표본이 정규분포상 극단적인 위치에서만 선정되었다면 이러한 표본의 수치는 평균으로 회귀하는 경향을 보인다는 것으로서, 예컨대 성적이 극히 저조한 학생들을 대상으로 수업방식의 효과를 측정할 경우 이들은 더 이상 낮은 성적을 얻을 수는 없고 평균점으로 회귀하는 경향, 즉 더 나은 성적을 보일 것이다.

④ 사전검사(pretest): 사전검사가 사후검사의 결과에 영향을 끼치는 상황을 의미하며, 예를 들어 사전검사 시 낮은 점수를 얻은 학생은 수업방식의 효과 때문이라기보다는 소위 호손효과(Hawthorne effect)로 인하여 사후 조사 시 열심히 공부할지도 모른다.

⑤ 측정도구와 측정자: 사전조사에 사용된 척도와 사후조사에 사용된 척도가 상이함으로써 생기는 영향이나 측정절차상의 변화로 인한 영향, 또 실험에 사용되는 도구들이 실험결과에 영향을 미치는 것을 의미한다. 예를 들면, 실험을 실시하는 도중에 더 나은 방법을 발견하여 중간에 측정절차를 의도적으로 바꾸는 경우이다. 또한 실험자가 실험을 반복하면서 점차 부주의해지거나 또는 점차 더 능숙하게 되는 경우에 이로 인한 영향이 실험조작의 효과와 혼동될 수도 있다. 이처럼 측정도구나 기계의 성능이나 조사자의 능력, 경험 등의

변화로 인하여 결과에 차이가 유발될 때 내적 타당도가 저해된다.

⑥ 피조사자 선정: 표본이 되는 피험자를 실험집단과 통제집단에 무작위로 할당하지 못하고 고의로 선발한 경우로서 이 경우 두 집단 간의 상이한 반응을 반드시 실험조작의 효과로만 볼 수는 없다고 할 것이다. 예컨대 자발적 참여자와 강제적 참여자 간에는 차이가 있을 것이다. 피조사자 선정은 내적 타당도 저해요인 중 유일하게 외재적인 요인이다.

⑦ 피조사자 상실(mortality): 연구가 종결되기 전에 연구대상이 표본에서 이탈하는 경우를 의미하며, 만일 이탈한 표본이 남아 있는 표본보다 개인적인 분산이 크다면 타당도를 저해한다. 연구진행 도중에 조사대상자가 임의로 표본에서 탈락하든가 표집하고도 조사에 포함시키지 않는다든가 하는 경우이다.

⑧ 반응적 실험절차(reactive experimental procedure): 인위적인 실험상황으로 인해 조사대상이 그들의 행위를 변경하는 상황으로서 작업에 미치는 인간관계의 중요성에 관한 호손(Hawthorne) 실험에서 유래된 용어인 호손효과가 대표적인 예이다.

외적 타당도(external validity)란 연구결과를 일반화시킬 수 있는 정도를 의미한다. 즉, 연구결과를 어떤 조건하에서, 어떤 집단에 대해서 일반화시킬 수 있는지의 문제이다. 이는 조사연구 자체 또는 거기서 얻은 자료가 어느 정도의 일반화가능성 내지 대표성을 지니는가 하는 것이다. 이를 위해서는 특히 표본추출이 중요한데 보다 광범위한 대상으로부터 표본이 추출되었을 경우에 결과를 일반화시킬 수 있는 가능성이 높아진다. 시간이나 비용 등의 제약요인으로 인해 연구자는 특정지역이나 특정계층만을 대상으로 표본을 추출하게 되는데 이 경우 다른 지역이나 계층에도 연구결과를 적용할 수 있는지의 여부나 정도가 바로 외적 타당도이다. 예를 들어, 서울시와 경기도의 속도제한이 교통사고의 감소를 가져왔다는 연구결과를 얻었을 경우 과연 이러한 결과를 다른 시도에도 적용할 수 있는가 하는 문제이다. 특히 실험법을 사용하는 경우에 외적 타당도가 문제되는데 왜냐하면 실험은 인위적인 상황에서 이루어지므로 그러한 상황에서 얻은 실험결과를 자연적 상황에 얼마나 적용시킬 수 있는지의 문제가 제기되기 때문이다. 실험에서 외적 타당도는 실험이 해석될 수 있는 최소한의 기본조건을 구비하고 있는 정도를 말하며 실험적 처리가 어느 정도 기대했던 변이를 가져왔는가를 검토하는 것이다.

외적 타당도를 저해할 수 있는 요인으로는 다음과 같은 것이 있다.

① 측정의 반작용효과: 측정이 피조사자에게 영향을 준다는 것이다. 실험의 경우 초기단계에서 측정되는 행위나 태도가 무엇인지를 대상자들이 파악하게 되면 그러한 인지가 차후의 행동에 영향을 미칠 수 있다. 측정과정 자체가 원인이 되어 측정코자 하는 응답자의 속성을 변하게 만든다는 의미에서의 반작용효과이다.

② 피조사자 선정과 독립변수 간의 상호작용효과: 실험의 경우 피험자들을 모집단에서 무작위로 추출해야 하나 무작위표본을 사용하는 일이 드물고 대개 지망자 가운데서 선정하므로 문제시된다. 이러한 실험대상자의 선정에서의 편향으로 인한 영향이다. 만일 피험자의 선택에 있어 어떤 편견이 개입되어 있을 경우 여기에 독립변수를 적용시킴으로써 일어나는 상호작용의 영향이 예기치 않은 결과를 발생시킬 수 있다는 것이다. 조사대상자의 표집과정에서 특정한 속성을 지닌 자들이 차별적으로 선정됨으로써 생기는 문제이다.

③ 자료수집상황에의 반응효과: 대상자가 자료수집이나 실험의 대상임을 알았을 때 그 사실을 의식함으로써 특정한 반응을 할 수 있다. 이 자료를 넓은 범위의 집단에 일반화시키는 문제가 제기된다.

정책평가의 신뢰도란 동일한 측정 도구를 반복 사용했을 때 동일한 결과를 얻는 정도를 의미한다. 신뢰도가 아무리 높아도 타당도가 없다면 쓸모없는 것이므로 이런 점에서 보면 타당도가 신뢰도보다 더 중요하다고도 할 수 있다.

3 정책평가의 방법

1) 실험법의 의미

실험법(experimentation)이 다른 자료수집방법과 기본적으로 차이가 나는 점은 조사자가 어떠한 가상적인 상태를 임의로 만들고 의도적으로 일정한 자극을 가하여 이러한 상황에서 발생하는 피조사자의 행동변화를 관찰한다는 점이다. 즉, 이는 조사자가 인위적으로 특정변수를 조작하여 그 영향이 어떻게 나타나는가를 파악하는 점이 특징적이다. 비실험적인 방법은 수집한 자료를 통계적인 방법으로 분석하는 것을 의미한다.

실험을 실시하는 실험자는 실험이 실시되는 환경을 통제하고 실험대상이 되는 집단의 구성을 통제하며 독립변수, 즉 실험적 자극을 통제한다. 이렇듯 전반적인 실험과정에 대한 통제가 가능함으로써 실험자는 변수 간의 단순한 상관관계보다 인과관계를 규명할 수 있게 된다. 따라서 다른 방법과 달리 실험법의 일반적인 목적은 인과관계의 정립이라고 할 수 있다. 인간의 행위나 사회적 현상을 유발하는 요인은 지극히 복잡하고 다양하므로 실험법을 연구에 적용하는 것은 매우 어렵고 많은 제한이 따른다. 그러나 잘 시행되면 확실하고 정확한 결과를 보여 주고 변수 간의 인과관계를 밝혀 주므로 심리학과 같은 미시적 연구에서 많이 사용된다. 실험법은 다른 자료수집방법처럼 과거에 일어난 사실을 사후조사하는 것이 아니라는 점이 또 하나의 특징이라 할 수 있다.

실험의 기본논리는 단순하다. 다음에 살펴보듯이 실험설계의 유형에 따라 차이는 있으나 기본적인 절차는 다음과 같다. 우선 실험자는 특정한 독립변수가 특정한 종속변수에 변화를 야기시킨다고 하는 인과적 가설을 세운다. 그 다음 종속변수를 측정한다.(pretest) 그리고 독립변수를 개입시킨다. 즉, 종속변수에 실험적 자극 또는 조작을 가한다. 마지막으로 실험적 자극으로 인하여 종속변수에 변화가 있는지를 보기 위하여 종속변수를 다시 측정한다.(posttest)

실험법에 사용되는 집단은 실험대상이 되는 실험적 자극이 주어지는 실험집단(experimental group)과 실험적 자극을 받지 않는 비교의 기준이 되는 비교집단 또는 통제집단(control group)으로 나누어진다. 실험집단에서의 전체 변화로부터 통제집단의 변화를 제한 것이 실험적 자극으로 인한 변화의 양이 된다.

실험집단(experimental group)과 실험적 자극을 받지 않는 비교의 기준이 되는 비교집단 또는 통제집단(control group)으로 나눌 때 집단 간 동질성이 있으면 진실험(true experimentation), 그리고 집단 간 동질성이 없으면 준실험이라 한다.

2) 실험법의 종류

(1) 실험실 실험(laboratory experiment)

자연적으로 존재하는 현실상황이 아닌 실험자가 원하는 조건을 갖춘 실험상황을 인위적으로 만들어 그 속에서 변수의 조작과 통제를 통하여 실험하는 방법이다. 일정하게 제한된 실험장소에서 실험이 이루어지므로 조작가능한 변수의 범위가 제한되는 반면, 실험결과에 영향을 줄 수 있는 여타변수들이 개입할 가능성이 줄어들므로 보다 확실하고 정밀한 결론의 도출이 가능하다. 현지실험에 비하여 실험공간이 보다 인위적이고 협소하며 변수의 조작과 통제의 정도가 높다. 이러한 변수의 엄밀한 조작과 통제로 정확한 실험적 효과를 얻을 수 있으나, 독립변수의 조작이 뚜렷하게 차이나는 결과를 가져오기 위해서는 강한 조작이 필요하므로 어려움이 있다. 실험실 실험을 실시함에 있어 무엇보다 중요한 점은 인위적인 실험상황을 가능한 한 현실성을 띠게끔 조성하여 피험자로 하여금 실험당하고 있다는 생각을 갖지 않게 하고 자연스러운 행동을 유발하도록 해야 한다는 것이다.

실험을 실시하기에 앞서 어떠한 사람을 피험자로 선정할 것인지의 문제, 실험집단과 통제집단의 인적 구성과 크기문제, 실험기간문제, 효과적인 실험적 조작방법 등을 생각해야 한다. 실험집단과 통제집단의 인적 구성은 실험의 목적에 따라 무작위추출법이나 배합법 등을 통하여 동질화시켜야 한다. 실험집단의 크기를 정함에 있어서는 예정된 실험대상자 수보다 조금 더 여유 있게 확보해 두어야 실험도중에 발생할 수 있는 피험자 상실에 대처할 수 있다. 실험조작상의 기술로는 필요한 경우 허위자료를 사용하거나 실험협조자(confederate)를 이용하거나 피험자의 행동을 제한하는 방법 등이 있다. 실험협조자의 사용이란 필요한 경우 의도적으로 실제 피험자가 모르게 가짜 피험자를 투입시켜 미리 계획된 각본에 따라 행동하게 함으로써 다른 피험자에게 영향을 주는 방법이다.

실험실 실험은 실험결과에 영향을 줄 수 있는 외적변수가 개입되지 않도록 실험상황을 통제하는 정도가 높고 여러 개의 독립변수를 조작할 수 있으며 실험목적에 부합되는 실험대상을 비교적 자유로이 추출할 수 있는 장점이 있는 반면, 실험적 조작의 영향력을 크게 하는 것이 어렵고 실험상황의 인위성으로 인하여 실험결과를 일반화시키는 데 문제가 있다. 실험실 실험을 설계할 때는 관련변수를 명확히 정의하고 파악하고자 하는 문제를 구체적으로 표현해야 하며, 독립변수를 조작하고 측정하는 기술과 방법을 결정하여 익혀야 한다. 본 실험에 들어가기 전에 예비실험을 통하여 의도된 실험적 조작의 효과를 발생시키는 데 있어 독립변수의 조작이 적합한지를 미리 확인하고 실험 중에 발생 가능한 문제를 사전에 파악하여 제거하는 것이 바람직하다.

실험실 실험법을 이용한 대표적인 연구로서 Lewin과 그의 동료들에 의하여 실시되었던 리더십(leadership) 유형의 효과에 관한 연구를 예로 들어보자(Lewin et al., 1939). Lewin 등은 집단에서 서로 다른 리더십유형에 따라 어떠한 효과가 있는지를 실험하기 위해 10세의 소년들로 집단을 구성하여 6주 동안 만나게 하였다. 소년집단에게는 공동작업을 수행하도록 하였는데 그 기간 동안 특정한 리더십유형을 보이는 성인지도자에 의해 지도되었다. 리더십유형은 권위적, 민주적, 자유방임적 유형으로서 각 유형의 지도자로 하여금 서로 다른 집단을 지도하게 한 결과 리더십유형이 집단의 생산성뿐 아니라 성원들의 상호개인적 관계에도 영향을 미친다는 것을 발견하였다.

또 다른 예로 사회심리학분야에서 유명한 실험으로서 사람이 얼마나 타인에게 동조하는지에 대한 Asch의 실험이 있다(Asch, 1955). 이 실험에서는 7-9인의 대학생이 한 집단으로 참여하였는데 이들 중 한 사람만이 진짜 피험자이고 나머지는 실험협조자였다. 실험자는 우선 피험자들에게 이 실험이 인지에 관한 실험이라고 설명한 후 두 개의 흰 카드를 보여 주었다. 한 카드에는 한 개의 수직선이 그려져 있고 다른 한 카드에는 서로 길이가 다른 3개의 수직선이 그려져 있다. 실험자는 피험자에게 첫 카드에 있는 선과 같은 길이의 선을 다른 카드에 있는 3개의 선 중에서 고르도록 요구하였다.

실제로는 3개의 선 중 하나만이 같은 길이이다. 피험자들은 앉은 순서대로 대답을 하였는데 첫번째와 두 번째 응답 시에는 모든 사람이 옳은 답을 선택하였다. 그러나 세 번째 답을 말할 때 실험 협조자들은 일부러 틀린 답을 골랐다. 실험결과 피험자의 총 대답 중 37%가 틀린 대답이었고 피험자의 75%가 적어도 한 번은 다수인 실험협조자들이 제시한 틀린 답에 동조하였음을 발견하였다.

(2) 현장실험(field experiment)

실제로 존재하는 현실적인 상황 속에서 독립변수를 조작하여 실험하는 방법이다. 이는 현지에서 변수를 조작, 통제해야 하는 어려움이 있다. 현지실험에서 실험설계법을 선정할 때에는 연구가설의 내용, 현지에의 적용가능성, 경비문제 등을 고려해야 한다. 변수의 통제는 예비실험을 통하여 미리 실험적 조작가능성을 타진하거나 어떠한 변수가 관련되어 있고 어떤 것이 무관한지에 대한 예비지식을 얻거나 실험상황 내에 존재하는 불필요한 조건을 제거하는 방법 등을 통하여 이루어진다.

현지실험은 실제상황에서 이루어지므로 독립변수의 영향력이 실험실 실험에서 보다 일반적으로 더 강하고, 실험실 실험보다 현실성을 지니므로 연구결과를 일반화시킬 수 있는 가능성이 더 높고, 실험실 실험에서는 다루기 어려운 복합적인 현상을 연구할 수 있다는 장점이 있는 반면, 실험상황을 엄격히 조작, 통제하기가 어렵고, 따라서 실험의 정확도가 떨어질 수 있으며, 독립변수를 조작할 수 없는 경우가 많은 점 등이 단점이라 할 수 있다.

실험이라고 해서 너무 복잡하고 어려운 것으로 생각할 필요는 없다. 간단한 현지실험의 예를 들어 보면, 사회심리학 분야에서 타인에 대한 동조현상의 실험으로서 Milgram은 실험 협조자의 수를 1인, 2인, 3인, 5인, 10인, 15인 등으로 각기 달리하여 이들이 복잡한 뉴욕거리에 멈춰서서 길 건너편에 있는 한 빌딩을 올려다 보았을 때 보행자 중 멈춰서거나 빌딩을 쳐다보는 비율을 측정해 보았다. 그 결과 빌딩을 쳐다보는 사람의 비율은 실험협조자의 수가 5인이 될 때까지는 계속 증가하였으나 그 후에는 조금씩만 증가하였고, 멈춰서는 사람의 비율은 실험협조자의 수가 1인일 때는 4%, 5인일 때는 16%, 10인일 때는 22%, 15인일 때는 40%로서 빌딩을 쳐다보는 경우와 비교했을 때 실험협조자의 수에 따라 그 행동에 동조하는 사람의 증가율이 더 컸다 (Milgram et al., 1969).

3) 실험설계의 유형

실험설계(experimental design)란 변수들을 일정한 방식으로 관련짓는 실험의 계획이며 전략이다. 이는 연구문제를 해결하기 위해 고안된 구조와 계획을 의미하며, 두 가지 주요 목적을 지닌다. 첫째, 연구문제에 대한 해답을 제공하기 위한 것이며, 둘째, 실험분산 및 오차분산을 통제하기 위한 것이다. 실험분산이란 독립변수에 의하여 영향을 받는 종속변수의 분산으로서 이를 극대화해야 하며, 개인적 차이로 인한 분산과 측정오차 등의 오차분산을 극소화해야 한다.

실험설계의 적절성을 평가하는 기준은 첫째, 실험설계가 연구문제에 대한 해답을 제공해 줄 수 있는가, 즉 연구가설을 검증해 줄 수 있는가, 둘째, 독립변수의 영향을 얼마나 통제할 수 있는가, 셋째, 다른 표본에도 연구결과를 일반화할 수 있는가 등이다. 첫째와 둘째 기준은 내적 타당도(internal validity)를 평가하는 기준이며, 세 번째 일반화의 정도는 외적 타당도(external validity)와 관계되는 기준이다.

실험설계의 유형을 나누어 보면 종속변수가 측정되는 시기를 기준으로 후측정 실험설계와 전후측정실험설계로 나눌 수 있다. 후측정실험설계로는 실험집단사후설계 또는 단일사례연구(the one-shot case study), 단일통제집단 사후측정실험설계(the after-only control group design) 등이 있으며, 전후측정실험설계로는 단일통제집단 전후측정실험설계(the before-after with one control group design), 복수통제집단 전후측정 실험설계 등이 있다.

(1) 실험집단사후설계

단일사례연구라고도 한다. 가장 단순한 실험설계로서 한 실험집단을 대상으로 하여 변화를 가져오리라고 기대되는 실험적 자극을 가한 후 이를 측정하는 방법이다. 예를 들어, 어떤 집단에게 영화를 보여 준 후 태도조사를 통하여 영화감상의 영향을 알아보는 것이다. 난선화가 되어 있지 않고 비교집단이 없어 실험적 자극의 효과를 검증할 수가 없다. 따라서 과학적인 실험설계법으로 사용하기에는 문제가 있다.

(2) 실험집단전후설계(the one group before→after design)

하나의 실험집단에 대하여 실험적 처리 전과 후의 상태를 각기 측정하여 두 관찰치 간의 차이를 다른 요인에 의한 것이 아닌 오로지 실험적 자극의 효과라고 간주하는 방법이다. 이 방법은 비교의 기준이 되는 통제집단이 없으므로 역사적 요인이나 성장 요인, 사전검사로 인한 영향 등 실험적 요인이 실험결과에 미치는 영향을 파악할 수 없다. 따라서 이는 실험전측정이 실험적 처리와 실험후측정에 아무런 영향을 주지 않고, 실험기간 동안 실험적 처리 외의 다른 요인들에 의해 종속변수가 영향받지 않을 것임이 확실한 경우에만 타당한 방법이다. 그러나 실제로는 여러 가지 외적 요인이 통제되지 않으므로 실험적 자극만이 전후측정치 간의 차이를 초래하였다고 단정하기가 어렵다. 실험단계는 다음과 같다. 첫째, 실험대상을 선정한다. 둘째, 실험환경을 선정한다. 셋째, 실험집단을 사전검사한다. 넷째, 실험집단에 실험적 자극, 즉 독립변수를 부여한다. 다섯째, 실험집단을 사후측정한다.

(3) 단일통제집단 사후측정실험설계(the after-only control group design)

하나의 실험집단과 하나의 통제집단을 사용하는 경우로서 양 집단 모두 사전측정은 하지 않는 방법이다. 실험적 자극, 즉 독립변수가 실험집단에만 주어진 후 실험집단과 통제집단의 종속변수에 대해 측정하여 양 측정치의 차이를 독립변수의 효과로 간주한다. 사전측정을 하지 않으므로 실험자의 영향이나 사전측정행위로 인한 영향을 제거할 수 있다. 그러나 실험대상이 실험적 처리 후 처리 전과 비교하여 얼마나 변했는지는 정확히 파악할 수 없고 통제집단과의 비교를 통해 비교할 수 있을 뿐이다. 실험집단과 통제집단의 구성원을 모두 난선화 방법에 의하여 선정함으로써 실험적 자극 이외의 외적, 내적 요인들의 영향에 대하여는 두 집단이 모두 동일하게 받는다는 가정하에 두 집단의 종속변수 간의 차이를 실험적 처리효과로 간주한다.

(4) 단일통제집단 전후측정실험설계(the before-after with one control group design)

난선화된 하나의 실험집단과 하나의 통제집단을 사용하여 두 집단 모두 실험 전과 후에 측정하는 방법이다. 실험집단에 대한 실험적 조작 전에 실험집단과 통제집단 모두에 사전측정을 실시한 후 실험집단에는 실험적 조작을 하지만 통제집단에는 하지 않고, 실험적 조작이 끝난 후 두 집단에 대해 모두 사후측정을 한다. 사전측정을 함으로써 실험집단의 본래 상태의 파악이 가능하며 두 집단의 사전측정치를 비교함으로써 실험적 조작 전의 두 집단의 특성 차이를 파악할 수 있고, 전측정치와 후측정치의 비교를 통해 실험집단과 통제집단 각각의 실험전후의 차이를 구하며, 실험집단의 실험적 조작 전후 차이와 통제집단의 전후 차이를 비교함으로써 독립변수의 효과를 측정할 수 있다. 문제점으로는 사전측정의 영향이 지속되는 경우, 독립변수인 실험적 조작의 효과를 변화시키는 방향으로 작용할 수 있다는 것이다. 일반적인 실험단계는 다음과 같다.

실험집단	통제집단
1. 대상을 선정한다.	1. 대상을 선정한다.
2. 실험환경을 선정한다.	2. 실험환경을 선정한다.
3. 사전검사를 한다.	3. 사전검사를 한다.
4. 실험적 자극을 부여한다.	4. 사후검사를 한다.
5. 사후검사를 한다.	

제2절 정책평가의 실제

1 우리나라 정책평가 제도

1) 역사적 배경[3]

한국에서 정책평가 제도가 최초로 도입된 시기는 경제개발 정책이 국가의 핵심적인 과제로 대두되었던 1960년대 초반이다. 이 시기 이후 정책평가 제도는 심사평가제도, 정책평가 제도, 정부업무평가제도 등의 커다란 변화를 겪으면서 현재에 이르고 있다. 세 개의 정책평가 제도는 각 시기별로 정부업무의 효율성 및 효과성 제고를 위해 그 역할을 수행해 왔다고 할 수 있다.

(1) 심사평가제도

심사평가제도는 박정희 정부에서 도입하여 노태우 정부 말까지 이어졌다. 심사평가제도는 경제개발 5개년 계획이 성공적으로 목표를 달성할 수 있도록 집행과정을 평가하는 데 초점을 맞추었다. 미국 RAND연구소 연구원 Wolf(1961)는 집행기관과 평가기관이 달라야 객관적 평가가 가능하다는 것을 건의하였고, 이에 따라 총리실이 심

---

3   우리나라 정책평가 제도의 역사적 경험은 국무총리실(2013)의 "2012 경제발전경험 모듈화 사업: 한국의
    정부성과평가 체계와 운영경험"에서 발췌한 것임을 밝힌다.

사평가를 담당하였다. 전두환 정부에 들어와서 총리실의 심사평가기능을 경제기획원에 이관하였고, 이 같은 방식의 평가는 노태우 정부까지 이어졌다.

(2) 정책평가 제도

정책평가 제도는 노태우 정부에서 시작하여 노무현 정부가 정부업무평가제도를 도입하기 전까지 실시된 제도이다. 외부기관이 각 부처의 주요정책에 대하여 평가를 실시하는 것을 주요 내용으로 하며, 기관평가제도라고 명명하기도 한다. 그러나 이 제도의 문제점은 평가 중심인 반면, 평가의 결과를 성과관리에 연결시키는 것이 미흡하다는 것이었다. 이러한 문제점은 평가제도 개혁을 시도한 김대중 정부에서도 개선되지 못하고 성과관리와 연계관계를 구축하는 제도적 장치를 마련하지 못했다.

(3) 정부업무평가제도

노무현 정부에서 정부업무평가기본법이 제정되면서 다시 한 번 정책평가의 커다란 변화가 나타났다. 정부업무평가기본법의 제정 이외에, 이 시기 정책평가의 큰 변화는 이 법이 제정된 당해 연도인 2006년부터 정책평가가 기관평가에서 자체평가제로 전환되었다는 점이다. 또한 평가와 성과관리를 연계시키는 제도적 장치가 마련되었다. 또한 각 부처에 개별적으로 산재되어 있던 각종 평가가 정부업무평가라는 하나의 틀에서 운영되도록 함으로써 평가부담을 경감시키는 역할도 함께 수행하였다.

한편 정부업무평가위원회(2016)에 따르면 우리나라 정부업무평가제도를 도입기,

표 7-2 정부업무평가제도의 발전

정책평가 체계	박정희 (1961~1979)	최규하 (1979~1980)	전두환 (1981~1988)	노태우 (1988~1993)	김영삼 (1993~1998)	김대중 (1998~2003)	노무현 (2003~2008)	이명박 (2008~2013)
	1961~1981		1981~1988	1990~1994	1994~1998	1998~2006		2006~현재
프로그램 평가	국무총리실		경제기획원					
정책평가					국무총리실			
성과평가								국무총리실

출처: 국무총리실(2013).

표 7-3 정책평가제도 개요

단계 내용	도입	과도		재정비	개편	통합
담당 기관	기획조정실	경제기획원	행정조정실	행정조정실	국무조정실	국무조정실
시기	'61.9~ '81.10	'81.11~ '90.3	'90.4~ '94.12	'94.12~ '98.2	'98.3~ '06.3	'06.4~ 현재
평가 제도	심사분석		정책평가	심사평가	기관평가	통합평가
내용	5·16직후 1961년 정부 부문에 최초로 심사분석제도를 도입하여 기획 조정실에서 정부 정책의 평가기능을 수행	1981년에 심사 분석 업무를 경제기획원 심사평가국으로 이관	행정조정실에 정책평가기능 신설	정부조직개편에 따라 경제기획의 심사분석업무와 행정조정실의 정책평가업무를 통합하여 심사 평가기능 수행 – 정부투자기관 평가는 경제 기획원에서 계속 수행	국민의 정부 출범과 함께 심사평가제도 를 대폭 개편 하여 「기관평 가제도」 도입	참여정부 출범 이후 통합적 정부 업무평가제도 및 성과관리 제도 도입 추진
근거	정부의 기획 및 심사분석에 관한 규정(대통 령령 제6143호 '72. 4)	정부기획 및 심사분석에 관한 규정 (대통령령 제10821호 '82. 5)	정부주요 정책평가 및 조정에 관한 규정(총리령 제364호 '90. 4)	정부업무의 심사평가 및 조정에 관한 규정 (대통령령 제14531호 '95. 2)	정부업무 등의 평가에 관한 기본법 (법률 제6347 호 '01. 1. 8)	정부업무 평가기본법 (법률 제7928호 '06. 4. 1)

출처: 국무조정실(2016).

과도기, 재정비기, 개편기, 통합기 등 총 5단계로 구분하고 있다. 통합기는 2006년 정부업무평가제도가 도입되어 각종 정책평가를 하나의 제도 안에 통합한 시기이다.

2) 정책평가 근거 법률

(1) 정부업무평가기본법

정부업무평가제도의 도입은 각 중앙행정기관이 시행하는 각종 평가에 대해 법률 또는 대통령령에 근거하여 평가를 통합하여 실시함으로써, 개별적인 평가로 인한 평가대상기관의 부담을 완화하고 중복평가를 지양하고자 하는 목적이 있다. 정부업무평가제도의 법적 근거가 되는 기본법으로서 정부업무평가기본법이 있다. 본 기본법은 정부업무평가에 관한 기본적인 사항을 정함으로써 중앙행정기관·지방자치단체·

공공기관 등의 통합적인 성과관리체제의 구축과 자율적인 평가역량의 강화를 통하여 국정운영의 능률성·효과성 및 책임성을 향상시키는 것을 목적으로 한다.

본 기본법은 정부업무평가제도가 도입된 2006년에 제정되어 총 9차례의 개정을 거쳐 현재에 이르고 있다. 총칙, 정부업무평가제도, 정부업무평가의 종류 및 절차, 정부업무평가기반 구축의 지원, 평가결과의 활용 등을 규정하고 있다.

(2) 기타 정책평가 근거 법률

정부의 정책평가를 위한 기본 법률로서 정부업무평가 기본법 외에 각 개별 법률에 정부정책에 대한 평가의 근거를 마련해 놓고 있다.

표 7-4 정책평가의 근거가 되는 개별 법률

법률	평가부문
국가재정법	중앙행정기관의 일반재정사업에 대한 평가, 기금(고용보험기금, 공무원 연금기금 등) 평가
국가연구개발사업 등 성과평가법	중앙행정기관의 R&D평가
공공기관운영에 관한 법률	공기업(한전, 한국조폐공사 등), 준정부기관(예금보험공사, 농수산식품유통공사 등)에 대한 평가
지방공기업법	지방공기업(서울메트로, 서울도시철도공사 등) 평가
지자체출연연구원 설립 · 운영에 관한 법률	지방자치단체출연연구원(서울연구원, 부산발전연구원 등) 평가
과학기술기본법, 과학기술분야 정부출연 연구기관 등의 설립 · 운영에 관한 법률	미래부, 방위사업청, 원자력안전위원회, 해양수산부 산하 정부출연연구기관 평가, 국가과학기술연구회 소관 정부출연연구기관 평가
정부출연연구원 설립 · 운영에 관한 법률	경제 · 인문사회연구회 소관 정부출연연구기관 평가

3) 정부업무평가 종류[4]

(1) 중앙행정기관 평가

중앙행정기관을 대상으로 하는 평가는 해당 기관이 추진하는 정책 및 사업 등에 대해 스스로 실시하는 자체평가와 국무총리가 평가를 통한 지속적인 관리 필요성이 인정되는 정책 및 시책 등에 대해 하향적으로 실시하는 특정평가로 크게 구분된다.

가. 특정평가

특정평가는 국무총리가 중앙행정기관을 대상으로 국정을 통합적으로 관리하기

---

4   정부업무평가의 종류는 국무조정실(2016)의 '2016년도 정부업무평가 백서'의 내용을 발췌한 것임을 밝힌다.

표 7-5 연도별 평가부문(비중)

2013년	2014년	2015년	2016년
1. 국정과제(60) 2. 국정과제지원평가(40) 　• 규제(10) 　• 일자리(10) 　• 협업(8) 　• 정책홍보(8) 　• 특정시책(4)	1. 국정과제(50) 2. 규제개혁(25) 3. 정상화과제(25) 4. 기관공통사항(±15) 　• 정책홍보(±5) 　• 정부3.0(±3) 　• 협업(±3) 　• 대국민업무태도(±2) 　• 특정시책(±2)	1. 국정과제(50) 　*핵심(과제당 ±1) 2. 규제개혁(20) 3. 정책홍보(20) 4. 정상화과제(10) 5. 기관공통사항(±10) 　• 정부3.0(±5) 　• 협업(±3) 　• 특정시책(±2)	1. 국정과제(50) 　*핵심(과제당 ±2) 　*협업(기관당 ±1) 2. 규제개혁(20) 3. 정책홍보(20) 4. 정상화과제(10) 5. 기관공통사항(±10) 　• 정부3.0(±5) 　• 성과관리(±3) 　• 특정시책(±2)

출처: 국무조정실(2016).

위하여 필요한 정책 등을 평가하는 것을 말한다. 특정평가는 국무총리가 국정의 통합적 운영을 위해 실시하는 하향적 평가라는 점에서 자체평가와 구분된다.

특정평가의 대상은 2개 부처 이상의 중앙행정기관 관련 시책, 주요 정책 및 대통령령이 정하는 대상부문에 대해 실시하도록 하고 있으며, 대통령령에서는 각 중앙행정기관이 공통적으로 추진하여야 하는 시책으로서 지속적으로 관리가 필요한 부문, 기관 또는 정책 등의 추진에 대한 국민의 만족도를 측정하는 부문으로 그 대상을 구분하고 있다. 그 밖에 정부업무평가위원회에서 중앙행정기관을 대상으로 평가의 필요성이 인정되는 부문 또한 평가를 실시할 수 있다. 구체적인 평가대상은 매년 초에 수립되는 정부업무평가시행계획을 통해 확정·공개된다.

2017년 새롭게 탄생한 현 정부의 중앙행정기관 특정평가 지표는 다음과 같다. 정책역량과 혁신(소통)역량으로 구분하여 정책역량에는 일자리·국정과제 항목이, 혁신(소통)역량에는 혁신역량과 국민소통이 평가항목으로 포함되어 있다. 2016년 지표에 비해 일자리 지표와 국민소통 지표가 포함되어 있는 것이 현 정부의 특정평가지표의 특징임을 알 수 있다.

나. 자체평가

'자체평가'라 함은 중앙행정기관 또는 지방자치단체가 소관 정책 등을 스스로 평가하는 것을 말하며, 중앙행정기관의 장은 그 소속기관의 정책 등을 포함하여 자체평가를 실시하여야 한다.

표 7-6 연도별 자체평가 변동 내용

2013년		2014년		2015년~2016년		평가시행기관
부문	평가총괄 관련기관	부문	평가총괄 관련기관	부문	평가총괄 관련기관	
주요정책	국무조정실	주요정책	국무조정실	주요정책	국무조정실	중앙행정 기관장 (자체평가 위원회)
재정사업	기획재정부	재정사업	기획재정부	통합재정사업	기회재정부	
R&D사업	미래창조과학부	R&D사업	미래창조과학부			
행정관리 역량	안전행정부	행정관리 역량	행정자치부 인사혁신처	행정관리 역량	행정자치부 인사혁신처	

출처: 국무조정실(2016).

정부업무평가기본법은 평가의 자율성 보장 및 자율적인 평가역량 강화를 위해 각 중앙행정기관의 장으로 하여금 소속기관의 정책 등을 포함하여 자체평가를 실시하도록 의무화하고 있다. 자체평가의 효율적 운영과 평가의 객관성 및 공정성 확보를 위해서 자체평가지표 및 매뉴얼 등은 정부업무평정위원회가 평가총괄관련기관과의 협조를 통해 개발·보급하고 있다. 자체평가를 실시하는 중앙행정기관의 장은 정부업무평가시행계획을 기초로 하여 자체 평가의 대상이 되는 정책, 사업, 업무 등을 스스로 선정하되, 그 기관의 임무를 달성하기 위한 기본적·필수적 정책, 성과목표 달성을 위해 필요한 정책, 자체평가 결과와 조직·예산 등 성과관리를 위한 연계가 필요한 정책 등을 포함하여 평가대상을 선정한다. 아울러 중앙행정기관의 장은 자체평가의 실시를 위해 평가 담당조직 및 자체평가위원회를 구성·운영하여야 하며, 자체평가의 객관성 및 공정성 확보를 위해 자체평가위원회 구성원의 2/3 이상을 외부 민간위원으로 구성하도록 하고 있다. 자체평가위원회에 참여하는 민간위원은 평가 또는 각 부처 소관 업무에 전문적인 지식과 경험이 풍부한 자를 선정하는 것을 원칙으로 하고 있으며, 자체평가위원회의 운영에 필요한 사항은 각 중앙행정기관의 자율에 맡겨져 있다.

(2) 지방자치단체 평가

지방자치단체가 추진하는 국가 주요시책 등의 추진성과를 분석·평가함으로써 국정운영의 효율성을 제고하는 한편, 자치단체의 주요업무 추진성과를 스스로 평가하고 문제점을 발굴·시정함으로써 지방행정의 책임성을 확보하기 위해 지방자치단체 평가를 실시하고 있다. 지방자치단체에 대한 평가는 중앙행정기관에 의한 평가와 지방자치단체의 자체평가로 크게 구분될 수 있다.

가. 중앙행정기관에 의한 평가

중앙행정기관에 의한 지방자치단체 평가는 지방자치단체 또는 그 장이 위임받아 처리하는 국가사무, 국고보조사업, 그 밖에 대통령령이 정하는 국가의 주요시책 등에 대하여 행정자치부장관이 정부업무평가위원회의 심의·의결을 거쳐, 관계 중앙행정기관의 장과 합동으로 실시하는 '합동평가'가 있고, 업무의 특성·평가 시기 등으로 인하여 별도로 평가를 실시하여야 하는 불가피한 사유가 있는 경우 평가대상·방법 등에 관하여 정부업무평가위원회와 협의하여 관계 중앙행정기관이 개별적으로 실시하는 '개별평가'의 두 가지 형태로 이루어진다.

평가대상은 지방자치단체 또는 그 장이 위임받아 처리하는 국가사무, 국고보조사업, 국가적인 정책목표와 방향을 제시하여야 할 필요가 있는 시책, 중앙행정기관과 지방자치단체 간에 긴밀히 협력하여 추진하여야 할 필요가 있는 시책 등이다.

나. 지방자치단체 자체평가

지방자치단체의 장은 그 소속기관의 정책 등을 포함하여 소관사무에 대하여 자율적으로 평가를 실시하며, 대상 기관은 광역지방자치단체 및 기초 지방자치단체를 모두 포함한다. 평가 대상은 해당 지방자치단체가 수행하는 정책 및 사업 전반이며,

표 7-7 지방자치단체 대상 평가 종류

구분	중앙행정기관에 의한 평가		지방자치단체 자체평가
평가주체	관계 중앙행정기관 합동(행정자치부 주관)	해당 중앙행정기관	각 지방자치단체
평가 대상기관	광역자치단체	광역 및 기초 자치단체	광역 및 기초자치단체
평가 대상업무	국가위임사무, 국고보조사업, 국가 주요시책 등	합동평가와 동일. 단, 업무의 특성·평가시기 불일치 등으로 합동평가가 어려운 경우에 한함	소속기관의 정책 등을 포함하여 수행하고 있는 사업 전반
평가방법	행정자치부 장관이 정부업무평가위원회 심의·의결을 거친 '합동평가 실시계획'에 따라 관계 중앙행정기관과 합동으로 평가	정부업무평가위원회와 협의(평가대상·방법 등)하여 해당 중앙행정기관이 평가	지자체 스스로 '정부업무평가 시행계획' 및 '지자체 자체평가 운영지침(행자부)'에 따라 평가계획을 수립해 자체적으로 평가

출처: 국무조정실(2016).

소속기관이 수행하는 사업 및 업무 등도 평가대상에 포함된다.

(3) 공공기관 평가

공공기관에 대한 평가는 공공기관의 특수성·전문성을 고려하고 평가의 객관성 및 공정성을 확보하기 위하여 공공기관 외부의 기관이 실시하도록 규정하고 있다. 「정부업무평가기본법」에서는 공공기관 평가를 '개별 법률에 의한 평가'와 '소관 중앙행정기관의 장이 정부업무평가위원회와 협의하여 실시하는 평가'로 구분하여 시행하고 있다.

가. 개별 법률에 의한 공공기관 평가

개별 법률에 의한 공공기관 평가는 「국가재정법」 등 법률에서 평가대상 기관을 명시하고 있으며, 개별 법률에 의한 공공기관 평가는 「정부업무평가기본법」에 의한 공공기관 평가로 보도록 규정하고 있다. 공공기관에 대한 평가를 실시하는 기관은 개

표 7-8 개별법률에 의한 평가대상 공공기관(2017년 기준)

근거 법률	평가대상	대표적 유형	평가 주관기관
공공기관의 운영에 관한 법률(제48조)	공기업 및 준정부기관 (119개)	한국전력공사, 농수산물유통공사 등	기획재정부 장관
국가재정법(제82조)	기금(65개)	고용보험기금, 공무원연금기금 등	기획재정부 장관
과학기술기본법 (제32조 제2항) 과학기술분야 정부출연 연구기관 등의 설립·운영 및 육성에 관한 법률(제28조)	과학기술분야 정부출연 연구기관(45개)	한국과학기술원, 한국전기연구원 등	관계 중앙행정기관의 장 및 국가과학기술연구회 (자체평가), 미래창조과학부 장관 (상위평가)
정부출연연구기관 등의 설립·운영 및 육성에 관한 법률(제28조)	경제·인문사회분야 정부출연 연구기관(26개)	한국개발연구원, 한국조세재정연구원 등	경제·인문사회 연구회
지방공기업법(제78조)	지방공기업 (345개)	서울메트로, 서울도시철도공사 등	행정자치부 장관 및 시·도지사
지방자치단체출연연구원 설립 및 운영에 관한 법률	지방자치단체 출연 연구원(18개)	서울연구원, 부산발전연구원 등	시·도지사 또는 대도시 (수원·창원) 시장

※ 「지방자치단체 출연연구원의 설립 및 운영에 관한 법률」에 의한 지방자치단체 출연연구원 평가는 지방이양 사무로 결정(2012. 5. 16), 관련 법 개정(2016. 5. 29)이 완료됨에 따라 2017년(2016년 실적)부터 정부업무평가위원회 평가관리 대상에서 제외됨.
출처: 국무조정실(2016).

별 법률 등에 규정된 절차에 따라 평가를 실시하고, 그 결과를 지체 없이 정부업무평가위원회에 제출하여야 한다.

나. 소관 중앙행정기관에 의한 평가

「정부업무평가기본법」 제22조 제2항의 규정에 의한 평가대상이 아닌 공공기관에 대하여는 소관 중앙행정기관의 장이 평가계획을 수립하여 평가를 실시할 수 있다.

생각해 볼 문제

• 정책평가의 목적과 필요성에 대해서 생각해보시오.

> 정책평가의 목적과 필요성은 첫째, 정책결정과 집행에 필요한 정보제공이다. 정책평가를 위해 정책의 목표, 정책의 성과, 정책 과정 등에 관한 일련의 정보를 취합하고 분석하는 과정이 필요하다. 이 과정에서 생산되는 해당 정책에 대한 다양한 정보는 향후 유사 정책의 결정과 집행 과정에서 피드백 되며, 더욱 질 높은 정책을 도출할 수 있는 기초가 된다. 둘째, 정책과정 상에서의 책임성 확보이다. 정책평가를 통해 정책 과정에서 정책목표를 달성하기 위해 적절한 과정을 거쳤는지, 국민들의 요구에 부합했는지 등에 대한 판단이 이루어지며, 이는 곧 정책 혹은 정책의 담당자에 대한 책임성을 확보하는 수단으로 작용한다. 마지막으로 정책이론형성에 기여한다는 것이다. 정책평가는 정책의 전 과정에 대해서 심도 깊은 분석과 수정이 지속적으로 이루어지는 행위이다. 이를 통해 객관적·과학적 그리고 일반화 된 지식을 생산해 낼 수 있다.

제 8 장

정책변동

학습개관

1. 정책변동의 개념과 유형에 대하여 학습한다.
2. 정책변동 모형에 대하여 학습한다.

제1절 정책변동의 의의

1 정책변동의 개념과 유형

정책의 변동(policy change)은 정책결정(policymaking)에서 일어나는 정책의 수정·종결뿐만 아니라 집행단계에서 일어나는 것도 포함된다. 그러나 정책변동론에서의 초점은 전자라고 할 수 있다. 왜냐하면, 현재 추진하고 있는 정책들은 거의 모두 과거에 이미 결정된 것이고 정책결정활동은 기존의 정책을 수정, 보완, 대체하는 것, 즉 과거에 결정된 정책을 변경하는 결정이 정책변동을 가져오기 때문이다(Hogwood and Peters, 1983: 25-33; 정정길, 1997: 785-807).

정책변동의 개념은 학자마다 다양하게 정의하고 있으며 현재 정책변동의 개념에 대한 합의나 일치된 견해는 아직 제시되지 못하고 있다. 정책변동은 미래의 불확실성이나 정책 환경의 변화에 의해 본래의 정책목표를 달성할 수 없을 때 변화될 수밖에 없는 보편적인 현상이다. 정책변동은 정책형성을 통하여 이루어지지만, 기존 정책과 대비함으로써 성립할 수 있는 개념에 보다 강조점을 둔다. 즉, 기존 정책의 실패나 폐단을 인정하는 것을 전제로 그것을 수정 또는 해결하기 위하여 이루어진 조치라 할 수 있다(유훈, 2009: 135-136). 또한 정책변동에 대해 정책혁신(policy innovation) 및 정책학습(policy learning)을 통해 정책성공을 최대화하고, 정책실패를 최소화하는 것으로 정의한다(권기헌, 2008). 정정길 등(2003: 834)은 정책변동을 정책의 수정과 종결뿐만 아니라 집행, 평가단계 등 모든 정책과정에서 시간의 흐름에 따라 정책 내용, 목표, 수단, 정책대상 집단, 정책집행 방법과 절차가 변화되는 것을 의미하는 것으로 정의하였다. 즉, 정책의제설정, 정책결정, 정책집행 등의 과정에서 각 단계별 활동결과에 따라 끊임없이 환류(feedback)가 일어남으로써 바람직한 정책목표를 달성하고자 하는 것이다(정정길 외, 2003: 834).

정책이 변동되는 범위에 관해서는 정책목표와 정책의 핵심적인 수단의 변경을 가하는 정도의 변동이 있을 때, 또는 정책네트워크의 변동이 있을 때, 혹은 이러한 것들의 변동으로 인해 정책패러다임의 변동이 있을 때, 비로소 정책변동이라고 한다. 따

표 8-1　정책변동 유형의 특징

구분	정책혁신	정책승계	정책유지	정책종결
변동과정	의도적 (purposive)	의도적	적응적 (adaptive)	의도적
담당조직	새로운 조직 탄생	적어도 하나 이상의 조직이 변동	의도적인 조직변동이 없음, 관리상의 이유로 인한 결과론적 변화	기존 조직이 없어짐
해당법률	새로운 법률 제정	법률 개정	일반적으로 법률의 개정이 불필요함	관련 법률 폐지
정부예산	새로운 정부지출	기존 정부지출 수준 어느 정도 유지	상황에 따른 예산책정 (예산과목에는 변동 없음)	모든 정부지출 종결

출처: Hogwood and Peters(1983). p. 27.

라서 정책변동(policy change)이란 "각종 정치적·행정적 과정을 통하여 결정된 정책목표와 이를 달성하기 위한 핵심적인 정책수단이 다른 것으로 변경되는 것" 또는 "정책신념과 정책네트워크 변동으로 정책패러다임이 변화하는 것"이라고 정의할 수 있다.

Hogwood와 Peters(1983: 26-84)는 정책변동의 유형을 정책혁신(policy innovation), 정책승계(policy succession), 정책유지(policy maintenance), 정책종결(policy termination)로 나누고 있다.

이것은 복잡한 정책의 변동을 유형화하는 일종의 이념형(ideal types)이라 할 수 있다. 따라서 현실과 다소의 거리감이 있다고 하더라도 개별 정책변동은 이들 네 가지 유형의 하나 또는 둘 이상의 요소를 지니고 있다고 본다.

먼저, 정책혁신(policy innovation)이란 정부가 관여하지 않고 있던 분야에 개입하기 위해 새로운 정책을 결정하는 것을 의미한다(Hogwood and Peters, 1983: 26). 이제까지 그 분야에 대한 정책의 개입이 없었기 때문에 하나의 정책이 완전히 새로 만들어지는 것이며 엄격하게 보면 '정책의 변동'이 아니라 '새로운 정책을 처음으로 만드는 것'이다. 정책혁신은 사회문제가 처음으로 정책문제로 전환되고, 이것을 해결하기 위해 정부가 정책을 결정하는 것으로 현재의 정책이나 활동이 없고, 이를 담당하는 조직도 없으며, 예산이나 사업활동도 없는 상태에서 새로운 것을 만드는 것이다.

둘째, 정책승계(policy succession)는 기본 정책목표는 그대로 이어받지만 현존하는 정책의 기본적 성격을 바꾸는 것으로서 정책에 대해 근본적인 수정을 하는 경우(정책의 중요한 일부분을 없애거나, 새로운 부분을 추가하는 경우), 정책을 없애고 새롭게 완전히 대체(replacement)하는 경우 등을 포함한다. 어느 경우이거나 기본정책목표는 변하지 않기 때문에 '정책승계'라고 부르게 되고 정책종결과 차이가 있게 된다. 낡은 정책이 폐지되고 새로운 정책이 등장했다는 점에서 새로운 요소를 지니고 있는 것은 사실이나 정책의 혁신과는 달리 정부가 새로운 분야에 처음으로 진출하는 것은 아니다. 또 기본적인 정책목표는 변화하지 않지만 정책수단인 사업(program)이나 사업을 담당하는 조직, 예산항목에서도 '중대한 변화'가 일어난다는 점에서 정책유지와는 다르다 (정정길, 1989: 688; Hogwood and Peters, 1983: 27).

정책승계와 관련된 변동은 복잡하고 많은 문제를 내포하고 있으며, 선형적 승계(linear succession), 정책통합(policy consolidation), 정책분할(policy splitting), 부분적 종결(partial termination), 비선형적 승계(non-linear succession), 우발적 승계(incidental policy succession) 등으로 나누어진다(정정길, 1989: 691-692).

① 선형적 승계란 정책승계의 여러 형태 중 가장 순수한 형태로의 것으로, 기존 정책이 전적으로 폐지되고 동일한 목표를 가진 새로운 정책이 등장하거나, 동일분야에서 다소 다른 목표를 추구하는 새로운 정책이 등장하는 경우를 말한다.

② 정책통합은 두 개 이상의 정책이 완전히 또는 부분적으로 폐지되고 이를 대신하는 새로운 정책이 도입되는 것을 말한다.

③ 정책분할은 정책의 통합에 반대되는 개념으로, 정책이나 조직이 두 개 이상의 정책이나 조직으로 나누어지는 것을 말한다.

④ 부분적 종결이란 정책의 일부는 지속하되 일부를 종결하는 것으로 단순한 정책의 감축과 달리 정책의 양적 변동뿐만 아니라 질적 변동까지 포함한다.

⑤ 비선형적 승계란 새로 수립되는 정책이나 사업이 기존의 정책과는 달리 목표, 특징, 조직형태 등의 부분에서 크게 달라지는 경우를 말한다.

⑥ 우발적 승계란 예기치 않았던 원인 또는 계기로 인하여 발생하는 정책승계를 말한다.

셋째, 정책유지(policy maintenance)는 글자 그대로 해석하면 현재의 정책을 그대로 지속시키는 것으로서, 정책의 기본적 특성을 그대로 유지시키는 것을 의미한다. 모든 정책은 그 내용이 시간이 흐름에 따라 변화하기 마련이며, 작게는 수혜자나 피규제자의 수가 변동하는 것에서부터, 크게는 사업의 일부가 바뀌는 것 등이 있을 수 있다(Hogwood and Peters, 1983: 38-39; Peters, 1986: 143-144). 하지만 정책의 기본적 특성이 변경되지 않으면서(예컨대, 법률이나 기본정책이 변경되지 않으면서) 정책을 구성하는 사업내용이나 예산액수, 집행절차의 변경은 정책유지라고 본다.

사실 정책유지는 정책의 결정 후에 집행과정에서 일어나는 변화와 현재의 특수상황에 적응하기 위하여 일어나는 경우가 많고 정책변화(policy change)가 있어도 본질은 유지된다. 이런 경우는 정책을 유지하겠다는 의도적인 결정을 통해서 하는 것은 아니다. 그러나 정책의 유지가 환경의 변화에 대한 정부의 수동적인 적응이라고만 말할 수는 없을 것이다. 경우에 따라서는 정부가 관계법령의 규정을 개정해야 하며 예산액도 조정해야 한다. 정책의 유지는 정책혁신이나 정책승계에 비하여 변동의 질적 중요성은 덜할지 모르지만 경우에 따라서는 정책의 유지가 필요로 하는 적응적인 변동의 폭이 정책혁신이나 정책승계의 경우보다 클 수도 있다.

넷째, 정책종결(policy termination)은 현존하는 정책을 의도적으로 완전히 소멸시키는 것으로서 정책수단이 되는 사업들, 이들을 지원하는 조직과 예산이 완전히 소멸되고 이들을 대체할 다른 정책도 결정하지 않는 경우이다. 이는 역기능적이거나 중복적이거나 낡고 불필요한 정책이나 사업을 종결하는 것이다. 정부가 어떤 분야의 개입을 중단하고 민간부문에 맡기는 민영화나 민간위탁과 같은 것이 이에 해당한다고 볼 수 있다. 정책종결의 세부 유형으로는 소요시간을 기준으로 하여 폭발형, 절감형 및 혼합형으로 나누고 있다(Bardach, 1976: 124-126). 폭발형은 특정한 정책이 일시에 종식되는 유형으로서 정책결정이 내려지기까지 일반적으로 장기간에 걸친 정치적 투쟁이 선행된다. 다음으로 절감형은 서서히 정책이 소멸되는 과정을 거쳐 결국 없어지는 것인데, 자원의 계속적인 감소에 의하는 경우가 많다. 마지작으로 혼합형은 폭발형과 절감형의 성격을 모두 나타내는 경우로, 정책을 의도적으로 종결시키고자 할 때 사용할 수 있는 전략이다(노시평 외, 1999: 478; 백승기, 2016: 505).

한편, Richard Rose는 정책변동의 유형으로 네 가지 모델을 제시하고 있다(1976: 14-23). 시간의 흐름에 따라 정책목표가 변동하는 형태를 밝혀내기 위해 수평축에는 시간 진행을 수직축에는 정책목표의 진행을 설정하여 정태적 모형(static model), 순환적 모형(cyclical model), 선형적 개선모형(linear progress model), 불연속 모형

(discontinous model)을 보여주고 있다.

정태적 모형(static model)은 공공정책의 현상유지를 위한 것으로, 예컨대 화재예방정책과 같이 시간이 흐르더라도 정부정책에 식별 가능한 변동이 없는 경우이다. 순환적 모형(cyclical model)은 실업정책이나 물가정책과 같이 정부가 두 가지 정책목표 사이를 상황에 따라 번갈아가며 채택하는 경우이다(Hogwood and Peters, 1983: 16). 이는 금융정책의 경우에 많이 나타나는데 정책목표를 물가안정에 둘 경우 이자율을 상향시키고 정책목표를 고용창출에 둘 경우 이자율을 하향시키는 것을 실례로 들 수 있다. 선형적 개선모형(linear progress model)은 시간이 흐르면서 정책이 향상되는 방향으로 나아가는 경우를 말한다. 예를 들어, 보건정책에서 시간이 흐름에 따라 의료보험 혜택자를 점진적으로 증대시키는 경우를 들 수 있다. 불연속모형(discontinous model)은 이전의 정책목표와 상이한 정책목표로의 변동을 설명하는데 유용하다. 예를 들어, 경제정책의 목표가 '경제성장'에서 '부의 재분배'로 이동하는 경우를 들 수 있다. 이러한 불연속모형은 새로운 정책이 도입된 이후의 불확실성을 강조한다.

이러한 R. Rose의 유형분류는 여러 가지 정책영역에서 유형별로 정책변동을 분류하는 데는 유용하지만, 하나의 정책영역 내에서 시간의 흐름에 따라 변화하는 정책의 유형을 구분하는 데는 일정한 한계를 지니고 있다고 할 수 있다.

정책변동에 관한 초기의 연구들은 전통적으로 주어진 제도적 구조 내에서 그리고 변화하는 사회경제적 환경 하에서 각기 다른 자원과 이익을 가진 다양한 이해집단 간의 권력투쟁의 결과인 정책결정들에 많은 관심을 가졌으나, 이후에는 공공정책의 변화나 프로그램의 종결에 대한 연구가 활발하게 이루어졌다(DeLeon, 1978; Hogwood and Peters, 1983; Sabatier, 1986).

2 정책참여자

정책참여자들은 모두 자신의 이해관계(interests)를 가지며, 참여자가 누구냐에 따라, 산출되는 정책의 성격이 달라진다. 따라서 정책은 정책문제와 그 해결책을 보는 상이한 관점과 입장을 가진 참여자 간 절충과 타협을 통해 산출되는 상호조정의 산물이라 할 수 있다. 정책참여자들은 자신의 동기 또는 목적에 따라 참여 여부를 결정하고, 그들의 입장을 주장하기 위하여 다양한 전략과 참여자 간 연합관계를 형성함으로써 정책과정 전반에 영향력을 행사하게 된다. 이러한 상호작용을 통하여 관련 참여자 간 신념, 욕구, 자원 및 전략을 교환함으로써 상호간의 이해와 관심을 알게 되며 신뢰와 이해를 공유하게 된다.

정책과정에 참여하는 행위자의 성격에 따라 Kingdon(1995)은 정부 내부의 참여자와 정부 외부의 참여자로 나누었다. 전자는 대통령, 정책참모, 정부 관료, 의회 등이 포함되고, 후자에는 이익집단, 연구기관, 자문위원, 언론, 정당, 여론 등이 포함된다. 반면, Anderson(1984: 29-36)은 공식적 참여자로 입법부, 행정부, 사법부 등을, 비공식적 참여자로 이익집단, 시민 등을 포함하였다. Cahn(1995)는 제도적 행위자로 대통령, 입법부, 행정관료, 법원, 정부연구기관(think-tank)을 포함하고, 비제도적 행위자로 대중매체, 정당, 이익집단, 비영리조직 및 민간연구기관을 포함하였다.

3 정책학습

정책학습은 정책결과를 다루기 위해서 뿐만 아니라 정책을 둘러싼 환경변화에 대응하기 위해 이루어진다(Argyris, 1993: 3). Heclo(1974: 306)는 정책학습이란 어떤 종류의 사회적 또는 환경적 자극에 대한 정부의 반응으로 일어나는 덜 의식적인 활동이라고 주장한다. Hall(1993)은 보다 나은 최종적인 목적을 달성하기 위하여 과거 정책의 결과나 새로운 정보에 비추어 정책목표나 기법을 조정하려는 의식적인 노력을 정책학습으로 정의한다.

Birkland(2004: 343)는 정책실패에 대한 논쟁과 해답을 모색하고, 미래에 그런 사건의 영향을 완화하기 위해 교훈을 적용하려는 시도로서 정책학습을 정의한다. 실제에서 정책결정자들이 정책실패를 인정하는 경우는 드물지만, 정권의 교체가 일어나거나 관심집중적 사건(focusing event)이 발생할 때 인정하는 경우가 많다(May, 1992: 339-341; 유훈, 2006: 104-105). 대중과 정책결정자들은 갑작스런 사건에 대해 동시에 학습함으로써 정치적으로 덜 우세한 집단이 그들의 논쟁에서 상당한 이점을 갖는다. 정책엘리트들은 광범위한 대중 참여가 일어나기 전에 공공문제의 내용과 특성을 만들 수 있는데 학습은 이러한 이점을 감소시킨다(Birkland, 1998: 56-57). Sabatier(1993:

19)는 정책학습을 정책신념체계의 수정과 관련시켜 생각이나 행위의 의도를 비교적 지속적으로 변경하는 것으로 정의하며 '정책지향학습(policy-oriented learning)'이라는 용어를 사용하였다. 즉, 정책에서 학습은 일반적으로 새로운 지식에 의한 역량의 증가보다는 사고방식의 변화인 것이다(Rene Kemp & Rifka Weehuizen, 2005).

정책학습은 정책변동과 밀접하게 관련되어 있다. Birkland(2006: 21)는 초점사건의 발생이 사회적 관심을 불러일으키고 이해관계 집단의 동원과 아이디어 토론 등 일련의 과정에서 정책학습이 이루어질 가능성이 커지며, 이러한 정책학습의 결과로 정책이 변동될 가능성도 커지는 것으로 설명한다. Sabatier & Weible(2007)는 정책지향학습이 정책과정에 참여하는 정책결정자나 주된 옹호연합의 신념체계를 변화시켜 정책변동을 가져올 수 있을 것이라고 설명한다. 정책학습은 정책결정자들이 과거에 취했던 행동에 비추어 그들의 정책을 정교화하고 적응시키려는 시도로써 정책과정 내에서 학습이 발생하는가 아니면 정책과정 밖에서 정책결정자에게 부과한 과정인가 하는 것이다(Benett & Howlett, 1992). 전자를 내생적 학습이라고 하며, 후자를 외생적 학습이라고 한다. 내생적 학습은 소규모의 전문화된 정책네트워크들(policy networks) 가운데에서 집중적으로 일어나며, 학습의 대상은 정책설정(policy settings)이나 정책수단에 관한 것으로서 어떤 상황에서 어떤 정책도구들이 성공을 거두었고, 실패를 했는가에 대한 실질적인 제안을 제시해 준다(Birkland, 2004: 345; 노화준, 2003: 528). 외생적 학습은 광범위한 정책공동체(policy communities) 내에서 일어나며, 문제에 대한 해석 또는 그것을 달성하기 위해서 설계된 정책의 목적들에 대한 의문, 아이디어, 정책의 범위를 포함한다. 외생적 학습은 사회적 학습으로 널리 알려진 일반적인 유형으로서 이데올로기와 신념체계를 수반할 가능성이 높다(Bennett & Howlett, 1992; Birkland, 2004:345).

표 8-2 내생적 정책학습과 외생적 정책학습의 특성

구분	내생적 학습	외생적 학습
학습의 주체	소규모적이며, 기술적으로 전문화된 정책네트워크	대규모적이며, 누구나 참여하는 정책 커뮤니티
학습의 대상	정책 설정(setting) 또는 정책수단들	문제 인지(perception) 또는 정책목적들

출처: Bennett & Howlett(1992).

제 2 절   정책변동 모형

　　정책의 기본적 요소를 정책목표, 정책수단 및 정책패러다임으로 볼 때, 정책변동(policy change)이란 "정책과정을 통하여 결정된 정부의 정책목표나 정책방향과 (혹은) 이를 달성하기 위한 정책수단이 변경되거나, 정책내용의 실질적 변화로 인해 정책패러다임이 변동되는 것"이라고 정의할 수 있다. 어떠한 정책이든 변동과정에는 언제나 변동을 추구하는 힘과 기존 정책을 유지하려는 힘이 동시에 존재한다(Rose, 1976: 9).

　　정책변동을 설명하는 대표적인 모형으로 킹던(J. W. Kingdon)의 정책흐름모형, 정책네트워크, 정책패러다임이라는 개념을 사용해서 정책변동을 설명하고 있는 죠던(Andrew Jordan)과 그린어웨이(Greenaway), 메나햄(Gila, Menahem)의 접근방법, 사바티어(P. A. Sabatier)의 옹호연합모형, Kiser와 Ostrom의 IAD(Institutional Analysis and Development Framework) 등이 있다.

1 킹던(Kingdon)의 정책흐름모형

　　킹던(Kingdon)은 조직의 의사결정모형의 하나인 '쓰레기통모형(garbage can model)'에 의존하면서, 의제설정과 정책형성에 대한 흥미로운 모형을 발전시켰다(Kingdon, 1995: 196-208). 킹던에 의하면 지표의 변동, 위기 또는 재난, 피드백 등으로 이루어지는 정책문제의 흐름과 정권의 교체, 국회의석 수의 변화, 국민적인 분위기, 이익집단의 압력 등으로 구성되는 정치의 흐름과 정책체제의 분화 정도, 정책활동가의 활동, 이익집단의 개입 등으로 이루어지는 정책(정책대안)의 흐름이 결합하여 정책의제설정이 이루어진다고 본다(Kingdon, 1984: 95-172; 유훈, 2009: 152-153).

　　킹던은 미국의 보건정책과 교통정책 연구를 통해 정책흐름이론을 제시하고 있다. 정책흐름모형은 어떤 의제는 정부의제가 되고 어떤 의제는 그렇지 않은가를 밝혀내기 위해서 대통령, 의회, 기타 권위있는 결정기관과 같이 정책결정에 참여하는 행위주체들이 어떤 이슈에 대해서는 관심을 기울이고 또 어떤 이슈에 대해서는 관심을 기울이지 않는지를 이해하려고 한다.

킹던은 정책의제설정과 대안의 구체화에 영향을 미치는 요인을 「참여자」와 「과정」이라는 두 가지 범주로 나누고 있다. 여기서 과정이란 문제를 인식하는 과정, 정책대안을 개발하는 과정, 정치과정을 말하는데, 참여자는 각각의 과정에 적극적으로 관여하고 있다. 그에 의하면 정책결정과정이란 정책참여자들과 의제와 대안에 영향을 미치는 상호관련성이 없는 세 가지 흐름, 즉 문제의 흐름, 정책대안의 흐름, 정치의 흐름을 통해 파악할 수 있다고 본다.

실제에 있어 참여자들은 다음에서 설명할 세 가지 흐름의 과정에 모두 관여하지만 전문화되어 있다고 할 수 있다. 학자와 전문가는 정치적인 활동보다 대안 개발에 주로 관여한다. 정당은 정책대안의 세부적인 작업에 종사하기보다 정치흐름에 주로 관여한다(강은숙, 2001: 16).

여기서 세 가지 흐름이란, 현실세계의 문제점과 정부의 과거 정책개입효과에 대한 정보로써 구성되는 문제의 흐름(problem Stream), 문제를 분석하고 가능한 대안을 개발하는 연구자, 정책옹호자, 기타 전문가로 구성된 정책대안의 흐름(policy Stream), 선거나 의회의 리더십 경쟁 등으로 구성되는 정치의 흐름(political Stream)이 그것이다. 이들 세 가지 흐름은 대체적으로 상호독립해서 진전되고 작용한다. 정책대안은 문제에 대한 반응 여부와 상관없이 개발된다. 정치의 흐름은 정책공동체가 준비되어 있든 없든, 당면하고 있는 문제와 상관없이 변동한다. 그렇다고 이들 흐름이 절대적으로 독립되어 있다는 것은 아니다. 정책대안의 흐름에서의 아이디어 선정 기준은 전문가들이 정치적인 제약조건이나 예산상의 제약조건이 무엇인가에 대한 예측을 가능하게 함으로써 정치의 흐름에 영향을 미친다. 정치의 흐름에서의 선거는 어느 정도 문제의 흐름과 연결됨으로써 당면한 문제에 대한 대중의 인식에 영향을 미친다. 그럼에도 불구하고 정책흐름모형에서는 이들 세 가지 흐름이 대체로 상호 독립해 있고 서로 다른 힘에 의해 지배되며 상이한 관점과 상이한 형태(style)를 보여준다고 한다.

의제의 변동 및 정책의 변동은 이들 흐름의 결합작용에 의해 가능하다. 세 가지 분리된 흐름은 우연한 결합에 의해 둘 혹은 세 흐름이 한데 모인다. 다음의 〈그림 8-1〉에서 보는 바와 같이 세 가지 흐름은 각각 움직이다가 우연히 결합하게 되고, '정책의 창(policy window)'이 열리게 되면 정책변동이 일어나게 된다.

예를 들어, 서둘러 해결해야만 하는 문제는 많은 사람들의 관심을 유발시키고 정

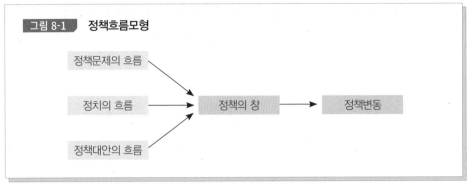

출처: Kingdon(1995).

책대안은 이의 해결책으로 문제와 결합된다. 혹은 정치적 흐름에서의 사건, 즉 정권 교체와 같은 변동은 새로운 정책방향을 요구한다. 이 때 새로운 정권의 철학에 합치되는 정책대안이 전면에 나서게 되고 정치적 분위기의 성숙과 결합된다. 이와 유사하게 어떤 문제는 조명되고 또 어떤 문제는 소홀히 취급되게 된다. 정책창이 열렸다는 것은 어떤 정책을 지지하는 사람들이 그들이 선호하는 해결책을 강요하거나 자신들의 특별한 문제에 관심을 기울이도록 압력을 행사하여 정책변동의 기회를 맞이하였다는 것을 의미한다.

정부 내에 있거나 정부 주변의 지지자들은 이러한 기회가 오기를 기다리면서 자신들의 정책대안과 문제를 끌어안고 있다. 선호하는 대안을 갖고 이 해결책을 사용할 수 있는 문제가 흘러나오기를 기다리거나 대안을 활용할 수 있는 정치흐름이 발전되기를 기다리기도 한다. 그렇지 않으면 자신들의 특정 문제가 전면에 부각될 유사한 기회, 즉 이러한 문제에 관심을 기울이는 새로운 정부의 출현과 같은 것을 기다리기도 한다. 이들 사람들이 관심을 기울이고 있는 문제에 대한 반응으로 정부가 스스로 창을 열기도 한다. 창은 예측가능하기도 하고 예측불가능하기도 하다. 기회는 곧 지나가 버리기 때문에 정책의 창(policy window)이 오랫동안 열려있는 경우는 매우 드물다. 대개 정책창이 열리는 것은 적고 희귀하다. 정책창이 열리는 시간이 드물고 짧기 때문에 문제와 정책대안 간에 강력한 결합력을 만들어 낸다. 정책창이 열렸을 때 문제와 대안은 서로 결합한다. 특정문제에 관심이 있는 사람들은 창이 열렸을 때를 이런 문제를 풀 수 있고 그 내용을 알릴 수 있는 기회로 간주하며, 특정 정책을 지지하는 사람들은 정책창이 열렸을 때 그것을 입안할 수 있는 기회로 간주한다. 그 결과 정책체제가 문제와 정책대안으로 과부하 되는 경우도 있다. 만약 참여자들이 충분한 자원을 기꺼이 투자하려 한다면 몇몇의 문제는 해결될 수 있을 것이고, 몇몇의 대안은 입안될 것이다. 그렇지 못한 문제나 대안은 충분하지 못한 자원이 동원되었기 때문에 표류하고 만다(Kingdon, 1995: 166-179; 강은숙, 2001: 16-17).

세 가지 흐름의 결합에 있어 중요한 것은 적절한 시간에 등장하는 쇄신적 정책활동가들(policy entrepreneurs)이다. 이들 쇄신적 정책활동가는 자신들이 선호하는 미래의 정책에 대한 기대로 그러한 정책에 자원, 시간, 정력, 명성, 돈 등을 투자할 의사가 있는 사람들을 말한다(Kingdon, 1995: 214). 여기에는 선출직 공무원, 상하원 의원, 로비스트, 학자, 변호사, 직업관료, 저널리스트 등이 포함될 수 있다.

쇄신적 정책활동가에게는 여러 가지 것들이 결합함으로써 동기가 부여된다. 특정문제에 대한 직접적인 관심, 자신의 정책가치의 증진, 참여하는 단순한 즐거움 등이 결합되어 동기가 부여된다. 이렇게 동기부여된 쇄신적 정책활동가들은 어떤 문제에 대한 그들의 관심을 의제로 끌어올리거나 정책하위체제 내의 정책과정에서 자신들이 선호하는 정책대안을 강요하거나 각 흐름을 결합시키려고 한다. 정책문제에 관해서 쇄신적 정책활동가들은 그들의 문제를 중요한 것으로 연출해 내는 지표들을 조명하려고 노력한다. 그들은 또한 의제에 영향을 미치는 정부정책의 성과에 대한 피드백(feedback)의 방법, 즉 청원, 진정, 담당자 방문 등을 이용하기도 한다. 이들은 정책대안에 관한 사전조율과정에서 핵심적 역할을 한다. 이에 관한 글을 쓰기도 하고, 청문회가 열렸을 때 나아가 증언하기도 하며, 이러한 내용이 보도되거나 기사화되도록 한다. 중요하거나 그렇게 중요하지 않은 사람이라도 문제와 관련이 있다면 끊임없이 만난다.

정책활동가는 정책창이 열렸을 때 다시 한번 나타난다. 자신들이 선호하는 정책대안 혹은 문제에 대한 관심을 이미 가지고 있기 때문에 이러한 것들을 유리한 순간에 밀어붙인다. 자신의 목표를 수행하면서 해결책을 문제에, 문제를 정치적인 힘에, 정치적인 힘을 정책대안에 결합시키는 기능을 수행한다. 정책변동에 알맞은 쇄신적 정책활동가가 적시에 나타나느냐 그렇지 않느냐는 각 흐름의 결합에 결정적이다. 이들은 청문회에서의 주장, 정치적인 연계, 협상기술, 고집 등 가능한 모든 자원들을 동원한다. 어떤 항목이 의제가 되느냐 하는 것은 얼마나 능수능란한 쇄신적 정책활동가가 있느냐에 달려 있다고 할 수 있다. 정책창이 열렸을 때 흐름을 결정적으로 결합시키고 밀어붙이는 일은 이들이 없다면 상당히 어려울 것이다.

2 정책패러다임과 정책네트워크 접근방법

Menahem(1998)은 이스라엘의 물정책(water policy)의 변동과정(1948~1997)을 정책패러다임 접근방법(policy paradigm approach)과 정책네트워크 접근방법(policy network approach)을 통합하여 설명하고 있다. 그는 정책을 둘러싼 패러다임의 변화로 복지국가의 후퇴, 시장에 대한 정부개입의 감소, 행정에 있어서 신공공관리(New Public Management)의 등장이라는 세 가지를 지적하고 있다(Coleman et al, 1997; Menahem, 1998). 이러한 큰 패러다임의 변동이라는 맥락 내에서 정책패러다임과 정책네트워크가 작동한다.

정책패러다임이란 정책목표를 구체화시켜 주는 사고체계 및 기준으로서 정책목표를 달성하는 데 사용될 수 있는 일종의 수단이자 언급하고자 하는 문제의 바로 그 본질이다. 정책네트워크란 정부부문의 행위주체와 비정부부문의 행위주체 간의 통합되고 안정적이며 지속적인 관계로 구성되는 사회적 구조로서, 국가이익이 정의되고 정책패러다임이 좌우될 수 있는 환경을 제공한다(Menahem, 1998: 283~284). 이러한 정책네트워크는 국가이익에 대한 정의를 형성하기 위한 틀을 제공하고 그러한 이익을 추구하기 위한 정책패러다임의 적절성에 대한 정의가 형성되는 사회적 맥락으로 작용한다(Baumgartner and Jones, 1993).

정책패러다임 접근방법은 변동에 대한 생각의 형성문제에 초점을 두지만, 지배적인 정책패러다임에 속하는 이해관계를 가진 사람들이 어떻게 반응하는지, 그러한 이해관계의 기회가 어떻게 극복되는지에 대한 의문에 대해서는 직접적으로 언급하지 않는다.

정책네트워크 접근방법이란 정책변동이나 정책유지에 대한 압력이 네트워크 참여자들에 의해 어떻게 다루어지는지에 대한 설명을 제공하지만 필연적인 변동에 대한 생각이 어떻게 발생하는지에 대한 문제는 거의 다루지 않는다(Menahem, 1998: 286).

따라서 정책패러다임을 이용한 접근방법과 정책네트워크를 이용한 접근방법의 결합을 통해서 정책변동에 대한 유용한 설명이 가능하다고 본다. 그러나 두 개의 접근방법을 통합함에 있어서 간격(gap)이 존재하게 되는데, 이러한 간격을 메우기 위해서는 정책과 관련된 사건을 가지고 그 과정을 다루는 한편, 도전적인 사건(challenging evidence)의 결과 나타나는 적절한 정책에 관한 생각을 정책네트워크가 어떻게 보유하게 되는지에 대한 진술(propositions)이 요구된다. 사건이나 상황은 정책과 관련되지 않으면 정책문제가 되지 않는다. 따라서 정책결정과정에서 문제에 대한 정의는 중요하다. 문제에 대한 정의는 정책과정을 설명하는 데 중요한 요인으로 작용한다. Rocherfort와 Cobb(1994: 4)의 주장에 의하면, "문제정의는 이슈를 정책결정의 최전선으로 가져가는 데 도움이 된다. 물론 제도적 구조와 정당 간의 균형도 정책결정을 다룸에 있어 중요한 역할을 수행한다. 그러나 문제 정의적 관점에 따를 경우, 정책결정은 인지된 문제의 본질적 기능으로 이해되어야 한다. 따라서 정의 과정은 다양한 방식으로 나타나지만, 이슈의 정치적 입장과 공적 해결책을 찾는 데 그러한 과정은 매우 중요하다. 최근의 분석은 네트워크 분석에서의 개인에 대한 초점과 제도적·이념적 변수를 통합하기 위해서 "문제정의의 틀(the framework of problem definition)"을 사용한다.

정책네트워크의 중요성은 국가의 자율성의 정도와 국가관료제 및 공공관료의 자율성의 정도가 클수록 증가한다. 문제를 진단하고 정책대안을 작성하는 공공관료의 능력은 국가의 자율성을 실제화 하는데 중요한 역할을 한다(Skocpol, 1985: 11). 국가의 자율성이 낮을 때, 비정부부문 행위주체들이 정책네트워크 내에서 국가이익을 정의하는 데 보다 큰 영향력을 가질 수 있을 것이다.

기존의 정책네트워크에 대한 연구는 정책형성과 정책집행에 대한 네트워크의 영향력에 대한 문제를 충분하게 언급하지 않았다. 즉, 독립변수 또는 매개변수로서의 네트워크에 대한 논의는 상대적으로 제한적이다(Bresser and O'Toole, 1995: 210). 그러나 Menahem의 연구는 네트워크를 설명도구로 다루면서 정책네트워크의 유형과 정책산출 간의 관계를 밝혀내고자 시도하고 있다.

Jordan과 Greenaway(1998)는 정책네트워크라는 개념을 사용해서 잘 수립된 정책공동체에 의해 지배되는 영역이나 하위체제에서 상대적으로 안정적인 정책이 왜 급격한 변동을 겪게 되는지를 설명하고 있다. 여기서 이러한 네트워크는 게임의 법칙을 설정하고 참여를 제한하며 어떤 이해집단에 특별한 지위를 부여함으로써 정책과정을 구조화하는데 도움을 준다. 정책공동체는 강력하게 제도화된 정책네트워크 형태로서 정책공동체 내에서는 공유된 이데올로기나 '효과적으로 통일된 세계관의 수용이나 지배'가 존재한다. 참여자들은 상호작용하고 자원을 공유하며 의식적·무의식적으로 다른 집단을 제외한다.

이들은 1980년대 후반의 서구식 정치체제를 포괄하는 '신' 환경정치의 특징은 기존의 정책공동체를 확대하고 다양화하는 것을 들 수 있다고 본다. 이들은 영국의 해변보호에 관한 정책사례를 들어 1955~1995년까지의 40여 년에 걸친 정책변동의 외부적·내부적 행위 주체들을 탐색하고, 이러한 정책변동을 정책 패러다임의 변화와 관련시킨다. 특히 '정책지향학습'(policy-oriented learning) 이론을 이용하여 정책변동에 있어서 이념적 요인들, 담론, 합리적 주장 및 신념체계의 중요성을 강조하고 있다. 동시에 특별한 정치적 힘과 관료적 이해관계의 상호작용의 중요성을 인식하고 있다. 이러한 모델은 정책을 단계나 제도로 생각하지 않고 학습과 네트워크 또는 상호작용의 하위체제로 생각한다.

3 사바티어(Sabatier)의 옹호연합모형(Advocacy Coalition Framework: ACF)

옹호연합모형(ACF)은 세 가지의 기반 위에서 시작한다(Sabatier, 2005: 191). 첫째는 거시적 수준의 가정으로서 대부분의 정책형성은 정책하위체제 내에 있는 전문가들 사이에서 발생하는데, 그들의 행동은 광의의 정치적·사회경제적 체제 안에 있는 요인들의 영향을 받는다. 둘째는 미시적 수준의 "개인적 모델(model of the individual)"은 사회적 심리학에 크게 의존한다. 셋째는 중간 수준의 확신(정책하위체제에서 다양한 행위자들의 다양성을 가장 잘 처리하는)은 옹호연합 안으로 다양한 행위자들을 결집시키는 것이다. 이 세 가지 기반은 두 개의 중요한 경로인 정책지향학습과 외적 동요를 통하여 종속변수들과 신념 및 정책변화에 영향을 준다.

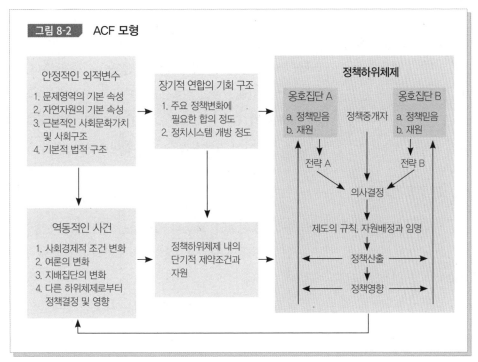

그림 8-2 ACF 모형

안정적인 외적변수
1. 문제영역의 기본 속성
2. 자연자원의 기본 속성
3. 근본적인 사회문화가치 및 사회구조
4. 기본적 법적 구조

장기적 연합의 기회 구조
1. 주요 정책변화에 필요한 합의 정도
2. 정치시스템 개방 정도

정책하위체제
옹호집단 A   정책중개자   옹호집단 B
a. 정책믿음   a. 정책믿음
b. 재원   b. 재원

전략 A   전략 B
→ 의사결정 ←
제도의 규칙, 자원배정과 임명
정책산출
정책영향

역동적인 사건
1. 사회경제적 조건 변화
2. 여론의 변화
3. 지배집단의 변화
4. 다른 하위체제로부터 정책결정 및 영향

정책하위체제 내의 단기적 제약조건과 자원

출처: Sabatier & Weible(2007: 202).

1) 정책하위체제와 외적 요소들

ACF 모형은 현대사회에서 정책결정은 실질적으로, 또 법적으로 아주 복잡하여 정책참여자들은 전문가이어야 한다고 가정한다. 정책참여자 집단은 '철의 삼각(Iron Triangle)'인 입법부, 정부관계자 및 이해관계집단 외에 그 정책분야의 연구원과 언론인(Heclo, 1978: Kingdon, 1995), 그리고 정책하위체제 내에서 정기적으로 관여하는 사법부 관계자를 포함한다(Sabatier and Weible, 2007: 192).

ACF 모형은 10년 이상의 정책변화에 관심이 있으며 정책참여자들의 신념은 그 장기간 동안 매우 안정적이며, 따라서 주요한 정책변화가 매우 어렵다는 것이다.

하위체제 내의 정책참여자들의 행동은 두 가지의 외적 요소 집합들인 비교적 안정적 변수와 비교적 역동적 변수의 영향을 받는다. 비교적 안정적인 변수들은 문제의 기본적 속성(예: 지하수 또는 지표수 인허가), 자연자원의 기본적 분포, 근본적 사회문화적 가치와 구조, 그리고 기본적 헌법 구조를 포함한다. 이들 안정적인 외생적·외부적인 요인들은 10년 안에는 거의 변하지 않으며, 따라서 행동이나 정책변화에 자극(impetus)을 거의 주지 않는다(Sabatier and Weible, 2007: 193).

비교적 역동적 변수(dynamic events)는 정책하위체제에 직접적인 영향을 주고, 사회 경제적 조건의 변화, 여론의 변화, 지배집단의 변화 그리고 다른 하위체제로부터의 정책결정 등이 포함된다. 이러한 외적 조건은 정책하위체제 행위자들의 행동과 전략을 제약하기도 하고, 옹호연합을 형성하고 작동하게 하는 자원이 되기도 한다.

2) 연합기회구조

미국의 다원주의에 기반을 두고 있는 ACF 모형의 가정들은 제한된 참여형태와 장기적인 의사결정구조, 그리고 합의적 의사결정 규칙을 가진 유럽의 조합주의 정치체제와는 잘 맞지 않는다는 비판을 듣는다.

연합기회구조는 안정적 변수들과 정책하위체제를 연결하는 새로운 변수들의 범주(category of variables)이며, 유럽의 정치기회구조(political opportunity structures)에 근거한 개념이다. 기회구조(opportunity structures)란 하위체제 행위자들의 자원과 제약조건에 영향을 주는 정체(polity)의 비교적으로 지속적인 특징들을 말한다(Sabatier and Weible, 2007: 200).

옹호연합들의 자원과 행태에 크게 영향을 주는 2개의 요소가 존재하는데, 첫째는 주요 정책변화에 필요한 합의의 정도(degree of consensus needed for major policy change)이다. 다수의 거부점(veto points)을 가진 다원주의(pluralist) 사회인 미국에서 정책혁신을 추진하기 위해서는 절대다수결이 필요하다. 영국이나 뉴질랜드와 같은 웨스트민스터(westminster)체제에서는 의사결정이 매우 집중되어 있으며 의회의 다수당은 의석의 45% 이상을 획득하기가 매우 어렵다. 권위적 정권에서는 소수의 지배가 되고 있다. 일반적으로, 요구되는 동의의 정도가 높을수록, 옹호연합의 배제가 아닌 참여를 더욱 촉진시키면서 상대편 옹호연합과 타협을 모색하고, 정보를 나누며, 악의적 편견(devil shift)을 최소화한다(Sabatier and Weible, 2007: 200).

둘째, 정치체제의 개방성(openness of political system)이다. 두 가지 변수는 주요 정책제안이 통과해야 하는 의사결정의 장소(venues) 수와 접근성을 들 수 있다. 예를 들어서, 권력이 분리되어 있고 강력한 지방정부체제를 갖춘 미국은 다수의 의사결정

표 8-3   옹호연합기회구조의 유형

		정책변동에 필요한 동의의 정도		
		높음	중간	낮음
정치체제의 개방성 정도	높음	다원주의	다원주의	
	중간	최근의 조합주의	웨스트민스트	
	낮음	전통적 조합주의		권위주의적 집행

자료: Weible and Sabatier(2007), p. 201.

장소를 갖고 있다. 삼권분립에 따른 개방체제는 정책과정에서 ACF 모형이 분석구조로서 매우 적합한 환경을 제공한다. 즉, 다원주의적 연합기회구조는 온건한 타협의 규범과 개방 의사결정체제를 유지하는 경향이 될 것이다.

3) 개인적 모델과 신념체계

ACF 모형은 세 가지 층 구조의 신념을 개념화한다. 가장 광의의 '기저 핵심신념(deep core beliefs)'과 중간 수준의 '정책 핵심신념(policy core beliefs)', 그리고 하위수준의 '이차적 신념(secondary beliefs)' 등이 있다(Sabatier and Weible, 2007: 195-196).

규범적 기저핵심(normative deep core)신념은 옹호연합을 형성하게 되는 가장 근본적인 시각으로 신념체계 중 가장 최상위의 수준이며 가장 넓은 범위를 가지고 있다. 이는 자유, 평등, 발전, 보존 등의 존재론적 공리가치의 우선 순위, 예를 들어 정부와 시장의 우위를 결정하는 것이 이에 속한다. 이는 종교적 신념이나 정치적 좌파 혹은 우파적 이데올로기와 마찬가지로 좀처럼 변화하지 않으며, 이의 변화를 촉구하는 상황이 오면 옹호연합은 이를 보호하기 위해서 보다 낮은 계층의 신념들을 수정하거나 폐기시킨다.

정책핵심(policy core)신념은 특정 하위체제에서 실제 운용되는 정책과 밀접히 연관되어 정책의 특정 목표가 어떤 것인지 혹은 목표달성의 필수조건들이 어떠한 것인지에 관한 인과적 인식을 말한다(장지호, 2004: 173). 경제발전과 환경보존 간의 상대적 우선순위, 문제의 심각성 및 주된 원인에 대한 기본적 인식, 핵심가치를 실현하기 위한 전략 등이 이에 해당된다(김순양, 2006: 6). 정책핵심 신념은 정책 엘리트집단 내의 기본방침과 관련되기 때문에 이 역시 쉽게 변하는 것은 아니지만, 외적 조건에서

표 8-4 정책옹호연합의 신념체계 구조

	기저 핵심신념	정책 핵심신념	도구적 신념
특징	근본적, 규범적, 존재론적인 공리	규범적 공리를 달성하기 위한 기본적인 전략에 관한 근본적인 정책입장	정책핵심을 집행하기 위하여 필요한 도구적 결정과 정보 탐색
적용범위	모든 정책영역에 대한 적용	관심 있는 특정 정책규범에 적용	관심 있는 특정 정책절차에 적용
변화가능성	매우 어려움: 종교 개종과 비슷	어려움: 심각한 변혁이 일어나면 변화가능	쉬움: 가장 행정적이고 법적인 정책결정의 주체임
예시	• 사람의 성격 • 다양한 가치, 아름다움, 자유, 건강	• 근본적인 정책갈등 방향: 환경보호와 경제개발 • 정책도구에 관한 기본적 선택: 강제, 유인, 설득	• 행정규칙, 예산배분, 규정 해석에 관한 결정 • 프로그램 실적에 관한 정보

출처: 권기헌(2008: 388).

심각한 변화가 발생하면 변화가 가능하다.

이에 비해 이차적 측면(secondary aspects)은 주로 정책핵심 신념을 집행하는 데 필요한 행정상 또는 입법상의 정책수단과 관련되는 것으로 도구적 신념으로도 불린다. 도구적 신념은 특정한 세부적 정책에만 국한되는 것으로 구체적이며 변화 가능성이 가장 크다. 그리고 규범적 기저핵심이나 정책핵심보다 더 순응성이 있는데 (malleable), 그 이유는 그 범위가 좁기 때문에 변화를 유도하는데 정보가 덜 필요하기 때문이다(Weible and Sabatier and Lubell, 2004: 190).

4) 옹호연합

인간행동을 설명하는 정책네트워크 문헌의 증가와 더불어 개인간 관계의 중요성의 인식이 증가되는 추세에 따라서, ACF 모형은 비공식 네트워크 내에 형성된 이해관계자들의 신념과 행동, 그에 따른 정책결정이 중요한 정책 참여자들 간의 네트워크에 의해서 부분적으로 구조화되는 것을 예측한다.

ACF 모형에서 정책참여자들은 비슷한 정책 핵심신념을 지닌 사람들과 연대를 모색한다고 주장한다. 정책참여자의 성공 여부는 그들의 정책 핵심신념(policy core beliefs)을 실질적 정책으로 전환하는 능력에 달려 있다. 성공 기회를 높이기 위해 정책참여자들은 그들이 가지고 있는 신념과 유사한 정책 핵심신념을 공유하고, 실질적인(nontrivial) 정도로 조정에 참여하는 정책참여자들을 포함한다(Weible and Sabatier, 2007: 128). 옹호연합을 형성하는 구성원들로는 공공정책에 직접적으로 영향을 행사하는 입법의원, 행정부의 공무원, 이익집단의 활동가뿐만 아니라 정책에 간접적으로 영향을 미치는 언론의 저널리스트들과 객관적 조사를 담당하는 전문가가 존재하며, ACF는 이러한 공적 조직과 사적인 행위자를 광범위하게 포함한다.

옹호연합의 개념은 ACF 모형의 특징 중 하나이면서, 또한 많은 학자들의 토론과 비판의 원천이기도 하다.

5) 정책연합의 활동과 정책중개자

연합의 구성원들은 정책에 관한 핵심적 신념을 공유하면서 각기 다른 시각을 통해 상황을 인식하고 또 각기 다른 방식으로 관련된 정황증거들을 해석한다. 이들 옹호연합들은 그들의 믿음체계가 정부의 정책과 프로그램으로 관철되도록 자신들이 동원할 수 있는 자원을 최대한 이용하여 다양한 전략을 구사하게 된다. 자원(resources)이 있기 때문에 정책에 영향을 미치기 위한 전략을 미치기 위한 전력을 개발하는 것이 가능하게 되는데, 이러한 자원에는 ① 결정을 위한 공식적인 법적 권위, ② 일반여론, ③ 정보, ④ 동원할 수 있는 인적 자원(mobilization troops), ⑤ 재정자원, ⑥ 기술적인 리더십(skillful leadership) 등이다.

서로 경쟁적인 정책하위체제에서 옹호연합 간의 정책 불일치(policy disagreements)는 흔히 심각한 정치적 갈등으로 가속화된다. 이는 양 옹호연합이 상충하는 때로는 도저히 양립할 수 없는 목표와 전략을 추구하고 있기 때문이다. 이러한 갈등은 정책중재자에 의해 조정(mediate)된다. 대부분의 정책참여자들은 옹호연합에서의 정책과정과 정책결정에 영향을 미치고자 하지만, 정책중재자들이 연합 사이에서 합리적인 타협안을 찾는데 주력한다. 선출직 관료, 고위공무원 그리고 법원 등이 정책중재자에 포함되는데, 정책중재자는 양 연합으로부터 신뢰를 받으며 의사결정상의 권위를 가지고 있음을 알 수 있다(Weible and Sabatier, 2007: 128).

6) 정책학습(policy learning)

옹호연합 구성원들의 행동은 공유된 신념을 정책으로 전환시키도록 설계되어 있다. 정책지향적 학습의 중요성이 부각되고 있는 것은 바로 그러한 맥락에서다. 옹호연합 간 또는 옹호연합 내의 행위자 간에는 동일한 내용을 상이하게 해석할 수 있다. 그리고 옹호연합들은 정책지향 학습을 통해 자신들의 정책방향이나 전략을 수정하기도 하는데, 여기에는 정책지향 학습은 옹호연합들이 자신의 신념체계를 강화하거나 수정하는 과정을 의미한다. 이러한 신념체계의 수정은 주로 이차적인 측면에 집중되며, 학습을 통하여 기저 핵심신념을 변화시키기는 어렵다. 정책 핵심신념을 변화시키는 데에도 정책연구의 계도기능(enlightenment function)을 통한 10년 이상의 장기간에 걸친 필요한 정보의 축적을 필요로 한다(전진석, 2003: 64).

옹호연합의 구성원들은 기존의 신념을 확신시키는 정보는 수용하고 부합하지 않는 정보는 걸러내는 것이다. 이러한 학습을 통해 공유된 신념을 강화하고 이를 통해 문제에 대한 공통적 인식과 문제해결방안에 대한 공통된 인식을 토대로 신뢰감을 형성함으로써 상호간의 거래비용을 줄인다. 각 옹호연합들은 그들이 선호하는 방향으로 정책변동을 가져오기 위해 로비와 같은 행동전략을 중심으로 조직화 될 것으로 기대되고 있다. 경쟁적인 옹호연합은 상충하는, 때로는 도저히 양립할 수 없는 목표와 전략을 추구하고 있다. 이슈를 확신시키고 그들의 이해관계를 반영하기 위해 요구의 수준과 범위를 넓히는 전략을 시도하기도 한다.

4 신제도주의

신제도주의의 시작은 March와 Olsen의 논의로부터 비롯되며, 이들은 행태주의를 극복하고, 조직에서 개인의 행동이 조직마다 왜 차이가 나는지를 주목한다. 이들에 따르면 개인은 인지적 한계로 인해서 제한된 합리성을 가질 수밖에 없으며, 이로 인해 조직의 관례, 규칙, 절차에 의존해야 한다는 것이다. 바로 이 조직의 관례, 규칙, 절차가 제도인 것이다(Koelble, 1995: 231~243). March와 Olsen의 이 논의는 Weber의 조직관을 기초로 한 것이지만, 개인선택의 가능성이 제시된다. 즉 개인은 자신 행동의 적절성 여부를 규정하는 규칙과 절차에 따라 행동한다는 것이다.

신제도주의는 행태주의와 방법론적 개체주의라는 공통의 적에 대한 반작용으로 정책변동의 분석 틀이나 다양한 현상에 대한 해석을 제공해 주고 있다.

따라서 신제도주의라고 포괄적으로 부를 수 있는 학문분야는 실로 다양하며, 이들에 대한 표현조차도 매우 다양하다(하연섭,2008: 6). 그렇지만 신제도이론에 관심이 있는 학자들이 공통적으로 인정하고 광범위하게 사용하는 용어로서는 역사적 제도주의(historical institutionalism), 합리적 선택 제도주의(rational choice institutionalism), 그리고 사회학적 제도주의(sociological institutionalism)를 들 수 있다.

March와 Olsen의 주장을 훨씬 뛰어넘어 신제도주의의 새 지평을 연 것은 사회학적 신제도주의이다. 사회학적 제도주의에서는 제도의 공식적 측면보다는 규범, 문화, 상징체계, 의미 등 비공식적 측면, 특히 당연시되는(take-for-granted) 신념과 인지구조(cognitive schema)에 초점을 맞춘다. 따라서 사회학적 제도주의는 제도변화에 있어서 결과성의 논리(logic of consequentiality)보다는 적절성의 논리(logic of appropriateness)를 강조하는 것이 특징이다(DiMaggio and Powell, 1991; Campbell, 2004).

나아가 사회학적 제도주의에서는 개인을 선험적으로 주어진 것, 그리고 자율적 행위자로 간주하는 이론체계에 대해 비판을 가하고 있다(하연섭, 2002: 243). 따라서 개인행위를 도구적·전략적 계산의 산물로 파악하는 합리적 선택 제도주의와는 달리, 사회학적 제도주의에서는 행위를 관행화된 것으로 이해하며 상황에 대한 해석(interpretation)에 따라 개인행위가 정의된다고 본다.

사회학적 제도주의가 안고 있는 문제는 개인의 행위와 의도성을 설명할 수 있는 미시적인 이론체계를 갖추고 있지 못할 뿐만 아니라 권력관계와 갈등을 상대적으로 무시하고 있다는 문제에 직면하게 된다(Lowndes, 1996).

역사적 제도주의는 제도의 공식적 측면과 비공식적 측면의 중요성을 모두 강조하지만, 대부분의 연구들에서는 주로 제도의 공식적 측면에 초점을 맞추는 경우가 있다. 합리적 선택 제도주의와 가장 대비되는 특징은 제도가 행위자의 전략을 형성하기도 하지만, 보다 중요한 것은 행위자의 선호형성에까지도 중대한 영향을 미친다는 것이다. 따라서 각 개인의 선호는 주어진 것이 아니라 설명되어야 할 대상이다(하연섭, 2002: 341).

역사적 제도주의의 또 다른 특징은 권력관계의 불균형에 대한 강조이다. 제도형성과 제도변화 과정을 설명함에 있어서 역사적 과정, 특히 역사의 우연성과 경로의존성을 강조한다. 또한 인과관계를 설명할 때 복잡 다양한 요인의 결합을 중시하며, 변수간의 인과관계는 항상 맥락(context)속에서 형성됨을 강조한다.

역사적 제도주의는 개인이나 집단이 행위하는 구조적 조건을 해명하는데 크게 공헌했다고 할 수 있지만, 반면에 개인행위를 설명할 수 있는 미시적 기초(micro foundations)를 갖추지 못했다는 한계를 지닌다. 특히 제도적 제약요인의 강조는 제도결정론(institutional determinism)으로 전락할 가능성이 있으며, 제도변화의 외적인 충격을 강조하기 때문에 제도내부의 모순과 갈등, 그리고 행위자들의 선택이 어떻게 제도의 변화를 초래하게 되는지를 제대로 설명하지 못하고 있다는 것이다(하연섭, 1999, 2002).

합리적 선택 제도주의는 제도의 공식적 측면과 비공식적 측면의 중요성을 모두 강조하지만, 역사적 제도주의와 마찬가지로 공식적 제도에 초점을 맞추는 경향이 있다. 각 개인은 합리적이며 자기이익(self-interest)을 추구하지만, 각 개인의 합리성이 집단적 차원에서 결합되면 결코 합리적이지 않은 결과를 창출할 수 있다는 이른바 집합적 행동의 딜레마(collective action dilemma)가 이론작업의 출발점이 된다. 이러한 집합적 행동의 딜레마를 해결해 주는 역할을 하는 것이 바로 제도이다.

합리적 선택 제도주의에서는 선호가 어떻게 형성되는가에 대한 이론이 없는 것이 약점으로 지적되며, 이론의 실제 사례에의 적용과 이에 따른 현실에 대한 해명이 제대로 이루어지지 않는다는 문제점을 지니고 있는 것으로 비판받고 있다(Green and Shapiro, 1994).

5 IAD(Institutional Analysis Framework)의 제도분석

Kiser and Ostrom(1982; Ostrom, 1986, 2005)은 합리적 신제도주의 분석도구인 IAD(Institutional Analysis and Development Framework) 제도분석틀을 제시하였다. 사회현상을 이해하기 위해 필요한 요소로 ① 물리적 속성(physical attributes), ② 규칙(rules), ③ 공동체의 속성(community attributes), ④ 행위계(action arena), ⑤ 행위자(actors), ⑥ 결과(outcomes) 등이며, IAD는 규칙과 물리적 속성에 의해서 구성되는 '행동의 장'에서 개인들이 어떻게 상호작용을 하며 그 결과는 무엇인가를 분석한다. 이러한 분석을 위해 IAD에서는 원칙적으로 합리적 개인을 가정하고 있다.

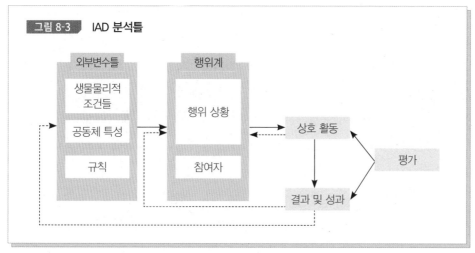

그림 8-3 IAD 분석틀

주: Kiser and Ostrom(1982)은 이 분석틀의 선행연구로 다수준 분석을 제공함.
출처: Ostrom(2005), Kiser and Ostrom(1982).

1) 외생변수(exogenous variables)와 행동의 장(action arena)

IAD 분석틀의 행위계(행동의 장)에 영향을 미치는 요소들로 물리적 속성(physical attributes), 규칙(rule), 공동체 속성(community attributes) 등이 있다.

물리적 속성은 행위자들이 행위의 장에서 상호작용하면서 추구하는 재화(good) 및 서비스(services)의 특성, 환경적, 물리적인 조건들을 의미하며 행위자들의 전략, 행위에 영향을 미쳐 결과를 얻게 된다. 즉, 공공재(public goods)와 사적재(private goods)인가에 따라 개인들의 유인구조는 달라지며, 그러한 인센티브 구조의 비용, 편익의 계산에 따라 행동의 결과가 다르게 나타난다.

규칙(rule)은 행위의 장에서 실제 운영되는 제도(institutions)로 공식적인 규칙 (formal rules)과 비공식적인 규칙(working rules or rules-in-use)을 의미한다. 이러한 규칙은 행동의 장에 참여하는 개인의 범위(범위 규칙), 자격, 권한(권한 규칙), 행동의 장에서 개인들의 행동이 결집되는 절차(집합적 규칙) 등이다. 행동의 장에서 개인들이 받게 되는 보상함수 등을 규정하며, 일반적으로 행동의 장에서 실제로 적용되고 준수되는 규칙이 공식적 규칙과 동일할 수도 있고 동일하지 않을 수도 있다. 대표적인 규칙이 정책(policy)이다.

공동체의 속성은 행위의 장을 구성하는 행위자들의 공동체 특성과 이들이 공유하는 규범, 문화, 공통가치 등을 말한다. 구성원들의 이질성 여부에 따라 의사결정의 과정과 행위 및 결과가 상당히 다를 것이다. 예산결정 및 재정운영에 참여하는 예산과정 공동체 현장에는 관료, 국회의원, 국민, 지방자치단체장, 지방의회 의원 등 다양한 참여자들이 상호 작용을 한다. 요약하면, 실제 행위자들의 의사결정(행위)상황에서는 규칙, 물리적 속성, 공동체 속성의 외부잠재변수들이 행위 상황(action arena) 내에 있는 개인들의 유인구조(incentive structure)에 조합적으로(in a configurational way) 영향을 미칠 수 있다

   IAD 분석틀의 각 수준에서 가장 기본이 되는 개념적 분석단위는 행위공간 개념이다. 행동의 장(Action arena)을 '행동의 장', '행위의 장', '행위계', '행동공간' 등으로 다함께 사용한다.

   행동의 장(Action arena)은 개인들이 상호작용하면서 일정한 관계를 형성해나가는 사회적 공간을 지칭한다. 사람들은 재화와 용역을 생산·교환해가면서 갈등관계에 놓이기도 하고, 또 상호작용 과정에서 당면하는 여러 형태의 문제를 해결해 나간다. 행위자와 행위자가 처하는 행동의 상황(Action situation)을 포함하는 개념이며, 개인들의 의사결정과 선택이 이루어짐으로써 사회현상이 실제로 발생하는 현장이다. 행동의 상황은 행위자가 이익을 추구하는 활동과정에 영향을 주는 직접적인 구조를 추출시켜 줄 수 있도록 고안된 분석적인 개념(analytic concept)이다(박성민, 2006: 42). 오스트롬은 이러한 행동의 상황의 구조를 설명하기 위해 일곱 가지 변수들을 설정하고 있다. 즉, 이들은 ① 참여자, ② 참여자의 직위, ③ 결과가 영향을 받게 되는 세계의 상태, ④ 허용 가능한 활동과 결과에 대한 이들의 연계, ⑤ 각 참여자가 선택에 대한 가능한 통제의 수준, ⑥ 활동상황의 구조에 있어 참여자가 이용 가능한 정보, ⑦ 활동과 결과에 할당된 유인과 억제책으로서의 비용과 편익이라고 본다(Ostrom, 1994).

2) 제도의 중첩성 및 다차원적 구조(Nestedness)

   IAD 분석틀은 다차원적 분석을 특징으로 하고 있다. IAD 분석틀은 행위자와 제도의 상호작용을 미시분석과 거시분석의 두 차원에서 분석한 뒤 양자를 결합시키고자 한다. IAD 분석틀 하에서 제도는 보다 큰 수준의 제도 속에 하위제도가 내재해 있으며, 각 층위의 제도 사이에는 긴밀한 연계성을 갖는 것으로 설명된다.

IAD 분석틀은 제도, 규칙의 중첩성을 강조하는 다수준 분석을 포함한다. Kiser and Ostrom(1982)은 제도분석을 위해서는 운영수준(operational level), 집단선택수준(collective level), 그리고 구성적 혹은 헌법적 선택수준(constitutional choice level) 등 세 가지 수준을 구분할 필요가 있다고 설명한다(이명석, 2006: 251). 먼저 운영적 수준(operation level)이란 개인들의 상호작용이 일어나고 그 결과 사회현상이 발생하는 수준을 말한다. 이 수준에 영향을 미치는 제도로는 공식적인 정책이나 법률(규칙), 공동체가 공유하는 세계관이나 자아상(공동체 속성) 등이 있으며, 이들 제도들은 개인의 선호나 목적, 정보의 수준 등에도 영향을 미쳐 개인들이 선택하는 전략(균형점)에 영향을 미친다. 일반인으로 제도분석에서는 제도적 장치를 주어진 것으로 가정하고, 이러한 제도가 개인의 행동에 미치는 영향을 분석하는 대부분의 연구는 운영수준에 초점을 맞춘다.

다음으로 집합적 선택수준(Collective Level)은 운영수준을 제약하게 될 규칙을 제정하는 수준을 말한다. 이 수준에서 행위자들의 선택결과는 운영수준을 틀 짓는 공식적인 정책으로 나타나고, 이 수준에서도 운영수준과 동일하게 물리적 속성, 공동체적 속성, 규칙, 그리고 행위자들의 속성 등이 중요한 영향을 미친다.

구성적 또는 헌법적 수준(Constitutional Level)이란 집단선택 수준에서의 행위자들의 권한과 의무, 그리고 상호작용의 규칙을 제정하는 수준을 말한다. 상술한 3개의 수준은 제도분석에서 필요한 최소의 세 가지 '개념적인 수준'을 의미한다. 현실에서는 세 가지 수준 이상의 실제적인 수준이 존재할 것이며, 이 중에서 사회문제의 본질을 이해하기 위하여 필요한 수준만을 선별하여 분석이 이루어진다. 예를 들면, 집합적 선택이 지방자치단체에서 이루어지는 경우 구성적 선택은 중앙정부에서 이루어지고, 중앙정부 수준의 구성적 선택을 틀 지우는 '차상위'의 구성적 선택수준이 존재할 수 있다. 또한 차상위의 구성적 선택 수준을 틀 지우는 '차차상위'의 구성적 선택수준도 존재할 수 있다. 이러한 이유로 이명석(2006)은 constitutional choice level을 '헌법적 선택'이 아닌 '구성적 선택'이라고 불렀다(이명석, 2006: 252).

다른 수준과 마찬가지로 구성적 선택수준의 행동의 장도 물리적 속성, 제도적 장치, 그리고 공동체 속성 등의 영향을 받는다.

운영수준이 독립변수로서의 제도, 즉 제도가 개인의 행동에 미치는 영향에 관심을 갖는 신제도주의의 특성을 잘 나타내고 있는 반면, 구성적 선택 수준과 집합적 선택수준은 종속변수로서의 제도, 즉 개인의 선택이 제도에 미치는 영향에 관심을 갖는 신제도주의의 특성을 반영한다. 그러나 구성적 선택수준과 집합적 선택수준에서의 개인들의 행동 역시 주어진 제도적 제약 하에서 이루어진다는 점에서 제도가 종속변수인 동시에 독립변수로 작용한다고 할 수 있다(이명석, 2006: 252). 이렇게 제도의 중첩성을 강조함으로써 제도분석틀은 주어진 제도적 제약 하에서 개인의 선택이 제도에 미치는 영향을 분석하는 유용한 도구로 활용될 수 있다.

다차원적 분석(Multi-level analysis: Nestedness)에서 집합적 행동들이 운영적 수준에 초점을 맞추고 있다고 본다. 이는 게임의 규칙이나 물리적 기술적 제약조건이 주어진 것으로 간주하고, 시간적 분석의 범위 내에서 변화가 없다.

운영적 수준의 상황에서 개인의 행동은 물리적 세계에 직접적으로 영향을 미친다. 예를 들면, 낚시, 농업용수 개발, 투입요소의 산출로의 변형, 재화의 교환 등과 관련되는 공유자원의 사용 및 공여문제에서 볼 수 있다. 분석가는 운영적 상황 분석에서 기술적 수단과 제도적 규칙 지식은 이미 인지하고 있다. 그러나 기술과 규칙은 시간이 흘러감에 따라 변화하게 마련이다. 운영적 선택에 영향을 미치는 규칙은 일련의 집합적 선택의 규칙 테두리 내에서 만들어진다. 또한 이 집합적 선택 규칙은 헌법적 선택규칙 체계 내에서 만들어진다.

미시적 상황에서의 헌법적 선택규칙은 좀 더 큰 영역 내의 집합적 선택이나 헌법적 선택에 의해 영향을 받는다. 자발적 조직화의 능력을 가진 개인들은 운영적, 집합적, 헌법적 선택 영역을 자유롭게 이동할 수 있다. 이 논리는 생산기업의 관리자가 일정 기술수준 내의 제품생산과 신기술도입, 기술발전에 대한 재원투자 사이를 왕래하는 이치와 같다고 볼 수 있다.

3) 상호작용(interactions)

상호작용의 유형은 제도분석틀에서 자세하게 설명하지 않는 부분으로서 단지 물리적 속성, 공동체의 특성, 그리고 사용되는 규칙에 의해 행동의 상황이 형성되면 개인들은 일단의 행동유형을 나타내게 되며, 이것이 곧 활동의 결과(outcomes)를 나타낸다. 활동의 결과는 효과성, 효율성, 형평성, 대응성 등의 차원으로 파악해 볼 수 있다.

이런 성과의 차원에 대한 자세한 개념적 논의는 하지 않으나, 많은 경우 효과성과 효율성의 측면에서 높은 성과를 초래하는 일단의 규칙인 제도적 장치를 규명하는데 분석의 초점을 두고 있다(박성민, 2006: 42).

제도분석틀에서는 개인은 자기 중심적이고, 합리적이며, 효용을 극대화시키는 존재라고 가정하고 있으며, 이것은 공공선택론에서 제시하고 있는 인간관과 같은 것이다. 이러한 맥락에서 제도분석을 통한 정책연구에서는 개인의 행동유형을 바꾸기 위해서는 개인의 가치관을 바꾸어야 한다든지, 혹은 개인의 능력을 신장시켜야 한다는 정책적인 주장은 하지 않는다. 효용을 극대화시키지 않거나 저해를 하는 예외적인 개인의 행위도 발견할 수 있지만, 사회과학은 일반적인 법칙을 지향하므로, 대다수의 개인의 효용을 극대화시키는 이기적인 인간으로 가정한다.

이러한 분석을 위해서 제도분석틀에서는 원칙적으로 합리적 개인을 가정한다. 그러나 엄격한 전통적인 합리적 선택모형의 가정만을 고집하는 것이 아니라 합리적 선택접근의 '다양한 정도의 합리성(varying degree of rationality)'을 가정한다(Ostrom, Gardner, and Walker, 2002). 따라서 합리적 선택모형에 근거하는 이론의 경우 개인들이 다양한 정도의 합리성 중 어떤 정도의 합리성을 갖고 있는가 하는 문제에 대해 명시적인 가정이 필요하다. 물론, 전통적인 합리적 선택모형의 엄격한 합리성을 갖고 있는 경우도 존재한다. 그러한 합리적인 선택을 위해서 요구되는 작업이나 정보가 개인의 인지능력을 벗어날 경우에는 최적 선택을 찾으려고 노력하기보다는 '행태지침 (behavioral heuristic)'을 학습하고 이에 따라 행동할 것이라고 가정한다. 중요한 것은 개인의 합리성의 정도 역시, 물리적 속성, 제도 및 공동체의 속성의 영향을 받는다는 것이다.

제 9 장

정책단계별 정책사례

학습개관

실제 정부의 정책사례에서 본 교과서에서 설명한 각각의 정책과정이
어떻게 나타나는지 학습한다.

제1절　신고리 5, 6호기 공론화 위원회 사례

1　의제설정

　　현 정부는 대통령 선거기간 동안 신고리 5, 6호기의 공사 중단을 공약하였으나, 공사가 진행되어 공정률이 약 30%에 이르고 있고, 지역경제에 미치는 영향으로 인해 신고리 5, 6호기 건설 여부에 대한 찬반 갈등이 심화되는 상황에 직면하였다. 이러한 상황에 따라 현 정부는 신고리 5·6호기 건설 중단 문제에 관한 사회적 합의를 이끌어 내 그 결정에 따르겠다고 밝혔다.

　　사회적 합의를 이끌어 내는 방안으로서 신고리 5, 6호기 문제에 대한 공론화 방안을 논의하기 시작했으며, 공론화의 필요성을 집중 부각시킴으로써 공론화 위원회 운영을 위한 정책의제화를 시도하였다. 은재호(2017)는 국가공론화위원회의 설립 필요성에 대해서 "대의민주주의시스템의 하위 시스템으로 공론화 기구를 운영하는 주요 선진국 사례를 벤치마킹하여 공신력 있는 공론형성 및 갈등예방 기구를 설립하고 운영할 필요성 급증", "미국, 캐나다, 영국, 일본, 독일, 프랑스, 이탈리아 등 주요 선진국은 대체적 분쟁해결제도(ADR)와 아울러 다양한 형태의 공론화 기구를 운영하며 선제적 갈등예방 및 해결기제를 구축", "특히 주요 선진국과 같이 공적 영역과 개인들 사이에 직접 소통이 가능한 공론장을 제도화하여 정책이나 사업 추진 초기단계에서부터 광범위한 의견 수렴(참여)과 숙의 기회를 제공, 상호이해와 공감에 기초하는 사회적 합의를 창출함으로써 정책 및 사업의 정당성과 수용성을 제고하고 사회갈등 예방 및 사회적 신뢰 증진에 기여할 필요 부상" 등의 이유를 제시하고 있다.

2　정책결정

　　2017년 6월 27일 대통령이 직접 주재한 국무회의(제28회)에서 신고리 5·6호기 문제에 대한 공론화 방안에 대해 국무위원 간 집중적인 논의를 진행하였다. 본 국무회의를 통해 공론화를 설계하고 국민과의 소통을 촉진하는 역할을 담당할 "신고리 5·6

호기 공론화위원회"를 구성하기로 결정하였다. 또한, 보다 중립적이고 공정한 공론화 진행을 위해 공론화 기간 중 신고리 5·6호기 공사는 잠정 중단하기로 결정했다. 공론 조사 방식의 설계 등 일체의 기준과 내용에 대해서는 전적으로 공론화위원회에서 결정하기로 하였으며, 공론화 추진 및 공론화위원회구성을 위한 사전준비, 법적 근거 마련 및 지원조직 구성 등의 후속조치는 국무조정실에서 담당하기로 하였다.

이에 대한 조치로 정부는 국무조정실에 "신고리 5·6호기 공론화 준비 T/F"를 설치하였다. 공론화 준비 T/F는 국무조정실 산업통상미래정책관(現산업과학중기정책관)이 단장을 겸임하고, 6월 30일 최소 인력(단장·과장2·서기관2·사무관2)으로 업무를 시작하였다. 이후 2017년 7월 17일 「신고리 5·6호기 공론화위원회 구성 및 운영에 관한 규정」(국무총리 훈령 제690호)을 제정하는 등 공론화위원회 운영을 위한 제도적 장치를 마련함으로써 신고리 5·6호기 공론화 추진을 위한 본격적인 준비에 착수하였다.

③ 정책집행

공론화 추진을 위한 사전작업으로서 위원회 구성 및 운영에 관한 규정을 제정하였다. 신고리 5·6호기 건설 중단 여부에 대한 공론화 과정을 설계·관리할 신고리 5·6호기 공론화위원회(이하 위원회)의 구성과 운영에 대한 근거를 마련하기 위하여 「신고리 5·6호기 공론화위원회 구성 및 운영에 관한 규정(이하 위원회 규정)」을 2017년 7월 17일 국무총리 훈령으로 규정하였다. 위원회 주요 기능, 구성과 운영, 위원회 업무를 지원하기 위한 신고리 5·6호기 공론화지원단의 설치, 그리고 국민과 이해관계자 등의 다양한 의견을 수렴하기 위한 절차 등을 명시하였다.

신고리 5, 6호기 공론화위원회의 원활한 운영을 위해 공론화위원회지원단 구성을 위해 직제를 설계하고 예산편성 및 집행을 통해 신고리 5, 6호기 공론화위원회 출범과 운영을 위한 사전작업을 진행하였다.

이상의 과정을 거쳐 2017년 7월 위원장을 포함한 위원 총 9명으로 구성된 공론화위원회를 출범시켰다. 공론화위원회는 ① 공론화를 설계하고, ② 공론화 과정을 공정하게 관리한 후, ③ 공론화 결과를 권고의 형태로 정부에 전달하는 자문기구로서의 역할을 수행하였다. 위원회의 독립성을 강조하면서 정부는 2017년 10월 공론화위원회의 권고 결과를 그대로 수용하였다.

표 9-1 **위원회 규정의 입법경과**

일시	입법 추진경과	주요내용	관계기관
7. 3.~6.	제정안 입안(立案)		–
7. 6.	규제 심사	– 규제 없음	국조실 규제실
7. 6.~7.	관계부처 협의	– 공론화 추진이 국무회의에서 결정된 점과 촉박한 공론화 기간(3개월) 등을 고려하여 법제처 사전협의 하에 협의기 간 단축	관계부처
–	행정예고	– 행정조직(3개월)을 설치하는 입법내용의 성질상 대국민 입 법예고가 불필요하다고 판단하여 행정예고 생략	–
7. 6.~12.	법제처 심사	– 규정 제정 시급성을 감안, 관계부처 협의와 동시에 법제처 심사 의뢰	법제처
7. 12.	국무총리 재가		–
7. 17.	제정안 공포	– 관보게재 의뢰 후 관보에 게재되기까지 통상 3~4일 소요	행안부

출처: 신고리 5, 6호기 공론화위원회(2017).

표 9-2 **공론화위원회의 세부 업무**

역할		주요 업무
공론화 설계		① 1차 조사계획 수립
		② 시민참여단 구성
		③ 2~4차 조사계획 수립
		④ 조사수행기관 선정 · 감독
공론화 과정 관리	어젠다 세팅 (의제설정)	⑤ 용어 및 쟁점 정리
		⑥ 자료 제공(자료집 작성 등)
		⑦ 의견제출 공정성 검증(토론회 등)
	대국민 소통	⑧ 공론화 홍보
		⑨ 전문가 및 이해관계자 참여 활성화
		⑩ 각계의 공론화 등 소통노력 지원
		⑪ 공론화 과정에 대한 법적 검토
결과 보고		⑫ 권고안 제출

출처: 신고리 5, 6호기 공론화위원회(2017).

4 정책평가

　　신고리 4, 6호기 공론화위원회 운영에 대한 평가는 긍정적인 평가와 부정적인 평가가 함께 부각되었다. 지난 20일 신고리 5·6호기 공론화위원회(위원장 김지형)가 시민대표참여단 471명의 이름으로 작성한 권고안을 정부에 전달했다. 문재인 대통령은 22일 서면 메시지를 내고 "숙의 과정을 거쳐 지혜롭고 현명한 답을 찾아주셨고, 자신의 의견과 다른 결과에 대해서도 승복하는 숙의민주주의의모범을 보여줬다"고 평가하였다(한겨레, 10월 25일 한겨레 홈페이지(hani.co.kr)). 또한 결과의 수용성 측면에서 공론조사 결과 가운데 결과에 대한 수용성과 공론화 과정에 대한 만족도가 높다는 결과를 나타내었다. 결과 보고서에서 '최종 결과가 본인 의견과 다르게 나왔을 때 이를 얼마나 존중할지'에 대한 시민참여단의 응답을 보면 93.2%가 존중하겠다고 답변했다(신고리 5, 6호기 공론화 위원회 백서, 2017).

　　그러나 공론화 위원회에 대해서 전문가들은 공론화를 정책 결정을 위한 '만능 도구'로 쓰는 것은 경계해야 한다고 지적하였다. 그 이유로 의사결정의 책임소재 불분명, 매 이슈마다 공론화 방식을 활용하는 것에 대한 한계 등이 지적되었다. 보편적 의사결정 제도로서 대의제를 취하고 있는 상황에서 다양한 협의기구를 활용하지 않고 공론화 방식에만 의존할 경우 정책의 책임성 결여로 이어질 수 있다. 즉, 훌륭한 여론 수렴기법이라도 모든 이슈에 무차별적으로 적용할 수 있는 최고의 모델이 될 순 없다는 지적이다.

　　이처럼 공론화위원회 운영에 대한 평가는 긍정적·부정적 의견이 공존하면서 향후 공론화위원회를 다시 운영하는 것에 대한 부담이 되었다. 실제 이후 진행된 대입 개편공론화위원회의 경우 신고리 5, 6호기 공론화위원회보다 평가가 부정적이었다는 점에서 공론화의 경험을 가지고 있는 상태에서 공론화위원회의 활용은 신중해질 수밖에 없는 평가라고 할 수 있다.

제 2 절   영유아 무상보육정책 사례[1]

1 의제설정

영유아 무상보육 정책은 국가가 보육비 지원을 대폭 확대하여 여성의 출산율 제고와 보다 나은 보육 여건의 유도를 목표로 한다. 기획재정부는 2012년부터 0~2세 유아에 대해서는 소득수준과 상관없이 보육료 지원을 발표하였다. 0~2세 유아의 경우 소득하위 70%까지 소득수준과 무관하게 보육료를 지원하여 보육에 대한 국가 책임을 강화하였다. 이에 따라 어린이집에 다니는 영유아 115만명이 보육료 지원을 받을 수 있게 되었다. 장애아동의 경우 취학 전까지 양육수당을 지원하여 장애아동가정의 경제적 부담을 완화하였다.

영유아 무상보육 정책은 최초 정치인에 의해서 제기되었다. 개별 정치인이 당시 저출산 문제해결을 위한 방안으로 0-4세까지의 무상보육을 실시해야 한다고 주장한 것이다.

따라서 무상보육에 대한 논의는 다양한 의견수렴과 정치권의 합의에 의해 주장되었다기 보다는 정치인 개인의 의견으로 주장되었던 것이다. 이렇게 특정 정치인 개인의 의견으로 촉발된 무상보육 이슈는 다양한 계층에서 다양한 의견들로 여론형성이 이루어지기 시작하였다. 즉, 일반 국민은 일반 국민 나름대로 찬성여론을 형성하였으며, 언론과 시민단체는 재원조달방안 등 실질적인 실현가능성에 대한 논의를 중심으로 여론을 형성하였다. 정치권의 경우 선거전략의 관점에서 무상보육에 대한 이슈에 접근하였다(강제상, 2010). 대통령 역시 보육지원에 대한 논의를 지속적으로 언급하며 여론을 조성하였다.

이상과 같이 영유아 무상보육은 정치인과 행정부의 수반인 대통령을 중심으로 저출산 시대의 위기를 극복하고자 주도적으로 의제를 이슈화하였으며 여기에 언론과 일반 국민들이 영유아 무상보육에 대한 관심과 지지를 보내면서 정책의제화에 성공

---

[1] 영유아 무상보육정책사례 내용은 강제상(2010), 「정책단계별 교육용 교재 개발 II」의 내용을 발췌·정리한 것임을 밝힌다.

할 수 있었다.

2 정책결정

영·유아 무상보육 정책은 중앙정부가 지방자치단체와 협의를 거치지 않고 일방적으로 발표하였다. 이러한 이유로 정책결정 이후 지방자치단체의 거센 반발에 직면하였다.

영유아 무상보육 정책의 발표는 2011년 11월 만 0~2세 영아의 전 계층 보육료 지원을 결정하고 2011년 12월 30일 만 0~2세 전 계층 무상보육안을 국회에서 통과하는 것으로 이루어졌다(강제상, 2010).

이후 기획재정부는 『2012년 나라살림 예산개요』, 보건복지부는 『2012년 보육사업안내』를 발표하여 구체화 함으로써 공식적으로 영유아 무상보육에 대한 정책의사 결정이 이루어졌음을 나타내었다.

3 정책집행

만 0~2세 영아를 대상으로 하는 무상보육은 2012년 3월부터 실시할 계획이었으나, 2013년 3월 '0~2세 유아에 대한 전면 무상보육' 정책이 폐기되고, 대신 소득 하위 70% 가정에 양육보조금을 지급하는 방안이 추진되었다.

이렇게 정책집행이 원래 의도대로 되지 않은 가장 큰 이유는 예산부족이었다. "영유아 무상보육 정책은 2012년 예산을 당초 1조 8000억원으로 계획했다. 0~2세 무상보육 확대실시로 인한 지방자치단체의 재정 부족분 6639억원(추정치) 중 2851억원을 정부가 예산으로 지원하겠다는 입장을 밝혔다. 그러나 전국시도지사협의회와 전국시장군수구청장협의회는 실제로 2012년 영유아보육예산이 총 4조 8400억원 소요될 것으로 전망하였다. 게다가 2011년 12월 31일 중앙정부와 지방정부가 5대 5로 재원을 분담하는 무상보육확대를 갑자기 결정하였다. 이에 따라 지방자치단체는 무상보육 확대에 따른 신규 필요재원 약 6600억원을 모두 국비로 지원해 줄 것을 건의하였고, 영유아 보육사업을 2013년 이후부터는 전액국비로 시행할 것을 촉구하였다"

(강제상, 2010).

또한 영유아 무상보육 정책은 지방자치단체와의 긴밀한 협조가 이루어지지 못한 것도 정책이 의도대로 집행되지 못한 원인이 되었다.

4 정책평가와 환류

영유아 무상보육 정책은 정치인 개인에서 논의가 촉발되어 관계기관 간 협의가 이루어지지 않은 채 단기간에 결정되어 제대로 된 평가에 한계가 있다.

영유아 무상보육 정책에 대한 평가는 정책수립단계와 정책집행단계로 구분할 수 있다(강제상, 2010). 정책수립단계의 평가기준은 정책수립 시 관계기관들과의 협의, 예산 확보의 가능성 등이다. 영유아 무상보육 정책은 관계기관, 특히 지방자치단체와 협의없이 단독적으로 결정했다.

정책집행단계에서의 평가기준은 정책이 계획대로 진행되고 있는지의 여부이다. 영유아 무상보육 정책은 예산확보의 문제, 관계기관의 반발 등으로 인해 사실상 폐기되는 결과를 가져왔다. 또한 무상보육정책은 출산율 제고와 같은 정부가 설정한 목표를 달성하지 못했다는 평가를 받는다.

결과적으로 무상보육은 의제설정단계에서부터 충분한 의견수렴이 이루어지지 않은 채 정부와 일부 정치인들에 의해서 이슈가 확대되었다. 또한 관계기관과의 사전 협의과정이 충실하게 이루어지지 못하여 정책 집행과정에서 예산, 정책에 대한 저항 등의 장애요인이 발생되었다. 결과적으로 영유아 무상보육정책은 정책의 출산율 제고라는 궁극적인 목표를 달성하지 못하고 효과를 나타내지 못한 정책이 되었다고 할 수 있다.

제 10 장

복잡계이론과 정책학

학습개관

1. 복잡계의 정의
2. 복잡계의 특질
3. 복잡계이론의 정책학적 함의 등을 알아본다.

최근 대두되고 있는 신과학(new science) 운동은 그 동안 간과되어온 혼돈(chaos)과 복잡계(complexity)에 초점을 맞추고 있으며, 복잡 적응 체제(complex adaptive systems: CAS)이론, 동역학체제이론(dynamic systems theory), 복잡 비선형체제의 연구(the study of complex nonlinear system), 복잡계이론(complexity theory)등으로 불리고 있다.

정책실무나 연구의 대상인 사회현상들이 안정되고 균형을 이루며 그 변화가 선형적으로 이루어지는 것이 정상이고, 여기서 벗어나 불안정하고 불균형을 이루는 것이 예외적인 현상인 경우에는 이러한 뉴튼적인 세계관이나 패러다임에 토대를 둔 고전적인 정책과학 패러다임으로 정책현상을 설명하고 진단하며 처방을 내리는데 큰 어려움이 없었다. 그러나 사회현상이 복잡화되고, 그 변화가 급격하게 비선형적으로 이루어짐으로써 불안정과 불균형이 오히려 정상적인 것으로 인식될 만큼 빈번하게 나타남에 따라 종래의 뉴튼적인 패러다임으로는 이러한 사회현상을 설명하는데 어려움을 느끼게 되었을 뿐 아니라 현상에 대한 진단과 처방이 타당성과 신뢰성을 상실하게 되었다. 이러한 정책현상의 비정상성이 뉴튼적 패러다임의 한계를 극복하여 보다 적절하게 이와 같은 새로운 사회현상을 설명하고 처방할 수 있는 새로운 정책연구의 패러다임을 요구하게 된 것이다(노화준, 2012).

제1절 **복잡계이론**

급격한 환경의 변동이 조직에게 엄청난 충격을 주거나, "혼돈(chaos)"[1]및 복잡계를 초래한다고 설명하고 있는 학자들이 늘어가고 있다(Stacy, 1992; Thietart & Foragers, 1995). 특히 우리 주변환경의 복잡계는 이미 자연과학에 기초를 둔 뉴튼적 패러다임(Newtonian paradigm)을 가지고는 이해할 수 없는 수준에까지 이르렀으며 복잡계와 상

---

1 사전적 의미는 창세기 이전의 혼돈상태를 의미하나, 혼돈이론(chaos theory)에서는 불규칙한 듯 보이는 현상 속에 내재되어 있는 숨겨진 패턴(hidden pattern)을 의미하며, 결정론적 혼돈(deterministic chaos)을 지칭한다. 혼돈상태로부터의 질서, 혹은 불규칙성으로부터의 규칙성을 의미한다. 혼돈이론은 흔히 카오스이론(chaos theory)이라 하는데, 영어 발음은 케이오스로 해야 옳다. 아직 합의된 용어가 없으므로 혼돈(으로부터의 질서)이론으로 번역하며, 편의상 혼돈이론으로 표기한다. 이제는 진화생물학 등에 접목되어 복잡계이론으로 발전하고 있다.

호연결된 세계에 대한 설명을 위한 대안의 탐색이 절실하게 요구되고 있다(Kauffman, 1995: Gleick, 1987; 최창현, 2015, 2010, 2005, 1997).

복잡계이론은 다음 세 가지 학문분야로부터 발전해 왔다. 첫째, 수학의 경우 혼돈이론의 기이한 끌개(strange attractors)(Gleick, 1987) 등의 연구가 복잡계이론에 기여하였고, 둘째, 생물학의 경우 Darwin과 Kauffman(1995; 1993) 등의 진화생물학이론, 인공생명이론 등이 복잡계 이론에 기여하였고, 셋째, 화학 및 물리학의 경우 열역학 및 비평형체제이론(Nicolis & Prigogine, 1989) 등이 복잡계이론에 기여하고 있다.

본래는 생물학, 수학 등 자연과학 분야에서 출발하였던 복잡계 이론은 행정학(Choi, 1998; 1997; 1996; 노화준, 1998), 경영(Marion, 1999; Anderson, 1999), 심리학(Butz, 1997), 정치학, 경제학등 사회과학 분야(Byrne, 1998)로 빠르게 확산되고 있으며(Kiel, 1994), 이제는 문학, 예술, 음악 분야에 이르기까지 거의 모든 학문영역으로 세력을 확장하고 있다. 이러한 연구 붐은 실로 1940-50년대에 일반체제이론(general system theory)이 학문세계에 끼쳤던 영향에 비견될만한 충격이라고 할 수 있다.

복잡 적응 체제는 크게 두 가지로 구분할 수 있는데 첫째, 수학, 물리학 및 화학 등에서 발전된 혼돈이론(chaos theory)에서 주로 다루는 결정론적 복잡 체제(complex deterministic system)와 생물학에서 발전된 복잡계이론에서 주로 다루는 적응적 복잡 체제(complex adaptive system: CAS)로 나눌 수 있다. 사이버네틱스, 일반체제이론, 국면이론(catastrophe theory) 및 복잡계이론 등은 모두 결정론적 동역학 체제에 관한 이론이다(Anderson, 1999).

카오스이론은 가장 단순한 체제도 복잡한 체제 행태를 보일 수 있다는 점에 초점을 둔 복잡 비적응 결정 체제(complex nonadaptive deterministic system)를 다루는 이론이라면, 복잡계이론은 아무리 복잡한 행태를 보이는 체제라도 단순한 규칙에 의해 지배된다는 점에 초점을 둔 복잡적응 확률론적 체제(complex adaptive stochastic system)라는 점에서 구분될 수도 있으나, 두 이론이 상호 보완적으로 발전해 왔고 이제는 복잡계이론으로 발전하고 있다.

[그림 10-1]은 복잡계 이론의 과학적 뿌리를 도식화한 것이다. 비적응적 복잡 체제는 비유기적 요소로 구성된 자연계의 체제라고 할 수 있으며, 주로 수학적인 접근에 토대를 둔 복잡계 이론의 프랙탈 기하학(fractal geometry)이나 기이한 끌개(strange

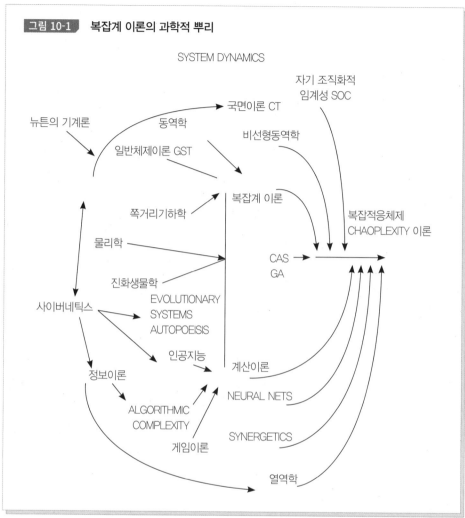

그림 10-1 복잡계 이론의 과학적 뿌리

SYSTEM DYNAMICS

자기 조직화적
임계성 SOC

국면이론 CT

뉴튼의 기계론

동역학

일반체제이론 GST

비선형동역학

복잡계 이론

쪽거리기하학

복잡적응체제
CHAOPLEXITY 이론

물리학

진화생물학
EVOLUTIONARY
SYSTEMS
AUTOPOEISIS

CAS
GA

사이버네틱스

인공지능

계산이론

정보이론

NEURAL NETS

ALGORITHMIC
COMPLEXITY

SYNERGETICS

게임이론

열역학

출처: 최창현(1999), 복잡계이론의 조직관리적 적용가능성 탐색, 한국행정학보, 33권, 4호.

attractor) 등과 같은 개념을 통해 연구하고 있다.

　이에 반해 복잡적응체제는 다수 행위자(agents)의 네트워크로 구성되어 있고, 이들이 경쟁하거나 협동하면서 새로운 행동유형을 만들어가면서, 외부 환경이나 다른 복잡적응체제와 상호작용을 통해 진화해 간다(Freeman, 1992; Waldrop, 1992; Capra, 1993). 사람 사는 세상도 수많은 행위자들이 상호작용을 하고, 적응하여 일정한 유형의 집단적 결과를 만들어 내는 복잡적응체제라고 볼 수 있다.

　이렇게 복잡계 이론은 연구범위와 방법론이 상당히 다양하고, 여러 분야에서 동시에 발전하고 있기 때문에 명확한 정의를 내리기가 어렵다. 비유를 하자면 지금까지는 장님 코끼리 만지는 식이었으며, 이제야 같은 코끼리를 만지고 있다는 확신이 드는 정도의 단계라고 할 수 있다(Waldrop, 1992). 그렇지만 이렇게 다양한 연구의 흐름들이 복잡계 이론이라는 공통의 이름을 갖게 된 데는 미국의 산타페 연구소(Santa Fe Institute)[2]가 중심적인 역할을 하였고, 이들이 복잡계(complexity)를 공통의 연구대상으로 한다는 것만은 분명하다.

제 2 절 복잡계(복잡적응체계)의 개념과 특질

1 복잡계((Complex Adaptive System: CAS)의 개념

그렇다면 복잡계란 무엇인가? 간단히 말해서 복잡계는 단순성의 반대 개념이다. 단순하다는 것은 요소로 나누어질 수 있다는 것이다. 아무리 복잡하게 보이는 것이라도 나누어 가면 결국 단순해지고, 단순한 요소들을 지배하는 법칙을 알면 전체의 운동원리를 알 수 있다는 것이 과거의 생각이었다. Descartes와 Newton에 의해 확립된 고전과학은 요소환원주의(reductionism)와 결정론을 두 축으로 하는 "단순성의 과학(science of simplicity)"이라고 할 수 있다. 복잡계란 간단히 정의하면 복잡한 행태를 보이지만 단순한 규칙에 의해 지배되는 체제이다.

복잡계의 함축에 대한 Weaver(1948)의 분석에서 정확한 정의를 찾아볼 수 있다. 그는 다음과 같이 세 가지 문제상황, 즉 단순성(simplicity), 비조직적 복잡계(unorganized complexity), 조직적 복잡계(organized complexity)로 구별하고 있다. 고전물리학의 2체문제(2-body problem)와 같은 단순한 문제들은 19세기에 다루기 쉬운 수의 변수들을 수반하게 되고 수학적 분석을 가능하게 하였다.

---

2 1984년 미국 뉴멕시코주 산타페(Santa Fe)에 설립된 비영리 연구소로서 물리학, 수학, 생물학, 의학, 경제학, 컴퓨터 공학 등 다양한 분야에서 모인 5~60인의 학자들이 과학의 새로운 통합을 표방하며 복잡계 이론을 연구하고 있다. 이중에는 노벨상 수상자인 M. Gell-Mann, P. Anderson, K. Arrow도 포함되어 있으며, S. Kauffman. W. Brian Arthur, J. Holland 등 세계적인 학자들이 전임 혹은 비전임 연구원으로 활동하고 있다.

무작위로 상호작용하는 다수의 실체들은 질서정연한 속성을 보여 주고 있으면서도 비조직적 복잡계의 문제들을 제기하게 된다. 이러한 현상들은 확률적 계산 기법으로 풀릴 수 있다. 한편 조직적 복잡계의 문제들은 우리가 하나의 유기적 전체(organic whole)라고 상호관련 시킬 수 있는 다수의 요인들을 동시에 다룰 수 있는 문제들이다. 이러한 문제들은 확률 분석으로 적절하게 처리될 수 없으며 방법론적 문제를 제기하고 있다. 단순체제와 복잡체제는 그 속성이 상이하므로 다른 관리방식이 적용되어져야 한다.

최창현(1995, 1997, 2000)은 기존과학과 복잡계이론의 기본관점을 〈표 10-1〉처럼 자세하게 설명하고 있다. 과학적 의미에서의 복잡계는 혼동이나 혼란과는 다르다. 이는 폭발적 불안정성이 아니라 제한된 범위 내에서의 불안정성이다. 완전한 혼돈과는 다르고 일정한 법칙에 의해서 발생하는 현상들을 염두에 둔다(김용운, 1999: 65-79).

이는 불규칙적이긴 하지만, 자기유사성을 갖고 지속적으로 나타나는 일정한 형태의 패턴을 갖는 질서와 무질서, 안정과 불안정성, 예측가능성과 예측불가능성 등 패러독스들의 조합이다. 즉, 어떤 시스템이 일정한 법칙에 따라 변화하고 있음에도 불구하고 그 나타나는 양상이 매우 복잡하고 불규칙하여 미래의 상태를 예측할 수 없는 것을 복잡계라 한다(최창현 역, 1996: 276).

모든 사회체제도 자연계와 마찬가지로 복잡계이다. 생성·소멸·변이·진화·갈등·대립·투쟁·협동 등의 모든 자연현상은 바로 사회적 현상이기도 하다. 따라서 복잡계이론은 사회문제를 바라보는 관점에 새로운 패러다임을 제공하는 것이다(최창현,

표 10-1 기존의 과학과 복잡계이론의 관점 비교

전통적 과학	복잡계이론
선형적 인과관계	비선형적·순환고리관계
평형·균형 시스템 초기조건에의 둔감성	비평형·평형에서 먼 시스템·불균형 초기조건에의 민감성(나비효과)
결정론적	경로의존적
정적 구조	동적 공진화적 과정
예측가능성	예측 불가능성
분석적 환원주의	통합적 전일주의
기계적 획일성	창발적 다양성

출처: 최창현(1995: 80-92, 110-128)의 내용을 요약하여 재구성.

1995: 88–89).

사회체제의 가장 기본적인 구성요소인 가정의 불화나 사회 내의 불화를 Newton적 관점과 복잡계 이론적 관점에서 비교해 보자. 기존 과학의 관점에서는 다음과 같은 명제를 구성하고 이를 실증적으로 검증하려 할 것이다. 여기서 명제란 개념 간의 관계를 의미한다.

> 가정불화에 대한 선형적 인과관계 명제:
> 여자가 바가지를 많이 긁을수록 남편의 귀가시간이 늦어진다.

Newton적 관점에서는 남자의 귀가시간에 따른 여자의 불만 정도는 반드시 일률적으로 비례하는 것은 아니지만 선형관계로 가정한다. 모든 현상에는 원인과 결과가 존재하고 그 인과관계를 규명해내면 결과를 미리 예측할 수 있다는 것이 Newton 패러다임이다. 그림으로 보면([그림 10-2]), 그러나 혼돈이론의 첫 번째 특성인 비선형성을 도입하면 [그림 10-3]과 같다.

그러나 복잡계이론에서는 [그림 10-4]처럼 우주 삼라만상에는 상호인과적 순환고리가 작용한다는 것이다.

Newton 관점에서는 선형성을 가정하기 때문에 초기 조건이 조금만 변한다면 그

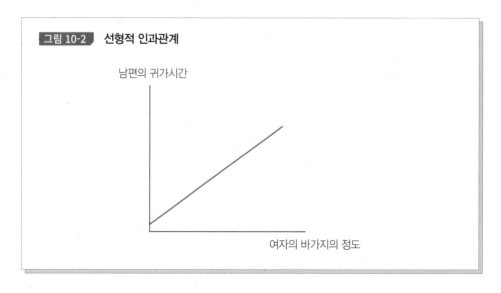

그림 10-2 선형적 인과관계

남편의 귀가시간

여자의 바가지의 정도

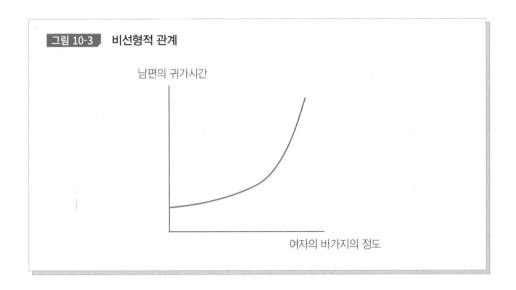

그림 10-3 비선형적 관계

남편의 귀가시간

여자의 바가지의 정도

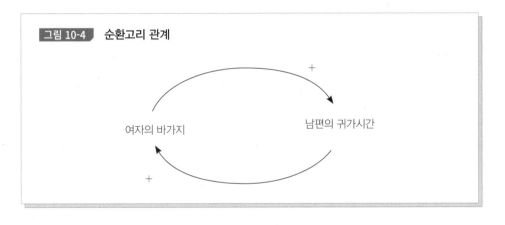

그림 10-4 순환고리 관계

+

여자의 바가지   남편의 귀가시간

+

결과치는 별 차이가 없다는 가정에 입각해 있으나, 복잡계적 관점에서 보면 미세한 초기조건의 민감성으로 인해, 또한 앞서 언급한 비선형성과 순환고리에 의해 조그만 초기조건의 차이가 걷잡을 수 없이 증폭되어 그 결과치에 엄청난 영향을 미칠 수도 있다는 것이다. 우리가 든 예의 경우 사랑의 정도가 견고한 경우, 즉 평형체제하에 있는 경우에는 사소한 사건이 가정불화로 인한 파경으로까지 가는 경우는 거의 없으나, 사랑의 정도가 약할 경우, 즉 비평형상태하에 있을 경우에는 초기조건의 민감성으로 인해 사소한 사건이 발단이 되어 파경으로까지 치닫는 경우도 있다.

다른 예도 얼마든지 찾을 수 있다.

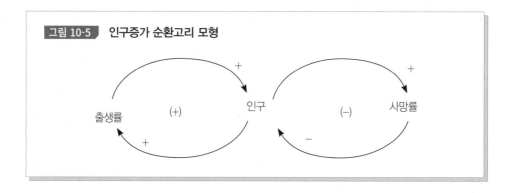

그림 10-5 인구증가 순환고리 모형

명제: 북한의 군비증강은 한국의 군비증강에 영향을 미친다.

명제: 직무만족도 → 직무성과

우리가 든 예의 경우 조직이 평형체제하에 있는 경우에는 직무만족도가 직무성과에 일정 비율로 영향을 미친다고 보나, 조직이 불안정한 비평형상태하에 있을 경우에는 초기조건의 민감성으로 인해 사소한 사건이 발단이 되어 생산성 저하로까지 치닫는 경우도 있다.

실제 사회현상은 단순히 하나의 순환고리로 이루어진 것은 아니다. 수많은 편차증폭 순환고리와 편차상쇄 순환고리가 얽히고 섥켜 있다. 예를 들어, 인구증가 순환고리 모형을 보자.

2 복잡계의 특질

조직, 인간, 사회, 경제, 생태계처럼 수많은 인자(agent)들로 복잡하게 얽혀있는 체제가 발현하는 성질은 그 구성요소인 각 인자들의 성질들을 단순히 선형적으로 합해서는 결코 이해할 수 없다는 생각이 복잡계이론의 밑바탕에 흐르고 있다. 현대과학이 진정으로 이해하고 있지 못하는 수많은 문제들에 대한 해답을 줄 수 있는 통일된 대통합이론을 추구하고 있는 것이다.

대부분의 사람들은 순환적인 사고를 하지 못하기 때문에 곤란에 처한다. 사회적인 문제가 계속 나타나는 이유는 일방향적 인과관계, 독립변수와 종속변수, 시발지

표 10-2 복잡계 관련 개념(특질)	
① 비선형 순환고리(nonlinear feedback)	⑥ 창발성(emergence)
② 초기조건에의 민감성(butterfly effect, sensitivity to initial conditions)	⑦ 경로의존성(path-dependence)
③ 자기조직화(self-organization)	⑧ 분기(bifurcation)
④ 자기유사성(fractal, self-similarity)	⑨ 임계성(criticality)
⑤ 공진화(coevolution)	⑩ 끌개(attractors)

※ 복잡계이론 관련 개념들은 구분될 특질이 아니라, 단지 강조하는 초점(focus)만을 부각시킨 것이다.
출처: 최창현(1999), 복잡계이론의 조직관리적 적용가능성 탐색, 한국행정학보, 제33권 제4호.

와 종착점과 같은 것이 있다고 믿고 있기 때문이다. 이러한 예는 얼마든지 찾아 볼 수 있는데 지도력유형이 생산성에 영향을 미치고, 목적이 수단에 영향을 미친다는 예 등이다.

이러한 주장은 각각의 예가 그 반대방향, 즉 생산성이 지도력유형에 영향을 미치고, 수단이 목적에 영향을 미칠 수도 있다는 점에서 틀릴 수도 있는 것이다. 이 모든 예에 있어서 인과관계는 선형적인 것이 아니라 순환적인 것이다.

그리고 이는 대부분의 사회현상에 대해서도 타당하다(최창현 역, 1992: p. 440). 변화를 단선적으로보다는 연결고리(feedback loops)적으로 생각해야 하며, A가 B의 원인이라는 기계적인 인과성(mechaninal causality)의 사고를 A가 B의 원인이 되고 다시 B가 A의 원인이 될 수도 있다는 상호인과성의 논리로 대체해야 한다는 것이다.

이러한 상호적인 인과성과 그에 따라 체계가 어떻게 자기 자신의 변환을 이루어 나가는가를 연구하기 위해 수많은 인공지능학(cybernetics) 이론가들이 그 방법론을 개발하려고 시도해 왔다.

한 변수에 있어서의 변화가 그 반대방향의 변화를 유발시키는 부정적 순환고리(negative feedback), 혹은 편차상쇄 순환고리의 과정은 체계의 안정성을 설명하는 데 극히 중요하다. 반면에 긍정적 순환고리(positive feedback), 혹은 편차증폭순환고리(deviation-amplifying feedback)는 큰 변화가 더 큰 변화를 유발시키고 작은 변화는 더 작은 변화를 촉발시킴을 보여줌으로써 체계의 변동을 설명하는 데 유효한 것이다. 이 두 가지 순환고리 메커니즘은 왜 체계가 주어진 한 형태를 획득, 보존하려 하며 이 형태는 시간의 흐름에 따라 어떤 식으로 정교화되고 또 변환되어질 수 있는지를 설명해 줄 수가 있다. 복잡한 체계 내에서는 항상 원인들을 초래하기 위한 원인들의 원인이 되는 원인들(causes that cause causes to cause causes)이 존재하는 것이다(Morgan, 1986).

비평형체제에서는 비선형성과 편차증폭 순환고리과정이 융합될 경우 초기조건의 미세한 차이가 체제에 더욱 큰 복잡계적 형태를 보이게 될 것이다. 초기조건에서의 사소한 변화가 복잡한 시스템의 위상공간상에서 편차증폭 순환고리(deviation-amplifying feedback loops)과 편차상쇄 순환고리(deviation-counteracting feedback loops)의 작동으로 체제의 진화에 엄청난 영향을 끼칠 수도 있다는 것이다(최창현, 1997: 145).

이 현상을 초기조건에의 민감성(sensitive dependence on initial conditions)이라고 한다. 초기조건의 작은 사소함이 시스템의 진화에 예측하지 못할 만큼의 커다란 결과를 초래하는 기상학적 특성을 기상학자 Lorenz가 발견해 냄으로써 기상학에서는 로렌츠의 나비효과(butterfly effect)라고 부른다.[3]

[그림 10-6]은 초기조건에의 민감한 의존성을 발견한 계기가 된 유명한 Lorenz 끌개(Lorenz attractor)이다. 끌개란 특정 계수치에 따른 체제의 변화를 나타내 주는 것을 의미한다. 끌개에는 원끌개, 점끌개, 기이한 끌개(strange attreactor)로 구분할 수 있는데, 복잡계이론에서 중요한 것은 기이한 끌개이다.

원끌개나 점끌개로 나타내지 않아도 전통적인 시계열 분석으로 체제 행태를 예측할 수 있으나, 기이한 끌개의 경우에는 끌개없이는 일정 패턴을 예측할 수 없다. 로렌츠(Lorenz)는 처음에는 거의 같은 값에서 출발한 일기모델이 초기치의 근소한 차이로 전혀 달라지는 모습이 됨을 보였다.

전통적인 시계열 분석으로는 불규칙한 듯 보이는 체제행태를 규명할 수 없으나, 위상공간상에서 기이한 끌개로 나타내면 Lorenz 끌개에 나타난 바와 같이 나비 모양의 패턴을 잡아낼 수 있다. 그러나 시계열 분석으로는 불규칙한 자료로 일정 패턴을 잡아낼 수 없다.

---

3 기상학자 로렌츠는 시간의 흐름에 따라 기상의 변화를 컴퓨터에 입력하는 작업을 소수점 6자리까지 숫자를 입력하던 것을 소수점 3자리까지만 입력한 것과의 차이가 전혀 다르게 나타나 초기조건의 사소한 차이, 말하자면 1000분의 1정도의 차이도 커다란 변화를 나타나게 한다는 사실을 우연히 발견하게 된 것이다. 즉, 에드워드 로렌츠는 컴퓨터로 재현된 두 기후가 초기조건이 거의 같은데도(소수점 6자리와 세 자리의 미세한 차이는 초기에는 거의 유사하게 나타나므로) 시간이 흐름에 따라 차이가 점점 커져서 유사점이 완전히 없어진 것을 발견한 것이다(박배식·성하운 역, 1993: 23-46).

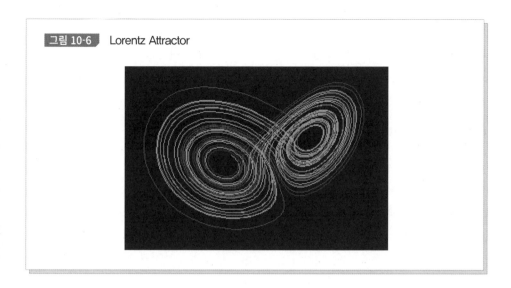

그림 10-6 Lorentz Attractor

공진화는 상호의존적인 종들이 서로에게 영향을 주면서 함께 진화하는 것을 말한다. A라는 종의 변화가 B라는 종의 생존환경을 만들고, 다시 B의 변화가 A의 생존조건이 되는 연속적인 과정이다(Moore, 1996; 12). 예를 들어, 늑대가 약한 순록을 잡아먹기 때문에 순록떼는 더 강해지고, 강해진 순록떼를 잡아먹기 위해 늑대가 더 강해지는 식으로 진화하는 것이 공진화의 개념이다.

공진화 이론은 개체의 돌연변이가 환경에 의해 선택된다는 적자생존의 논리를 벗어나서 실제의 진화는 개체가 전체를 진화시키고 전체가 개체를 진화시켜 나가는 상호진화의 과정이었음을 보여준다. 공진화는 결국 자기조직화의 방식이다. 하위체제의 구성요소들이 공진화를 통해 만들어내는 질서는 상위 체제의 자기조직화 과정이라고 볼 수 있다.

체제 내의 한 요소가 다른 요소에게 미치는 영향이 순환고리가 되어 자신에게 돌아오는 순환적인 특성은 결국 '자기인과성'(self-causality)인 것이다. 예컨대 꿀벌들의 사회는 식물체계, 곤충, 동물, 인간사회와도 구조적으로 연결되어 있다. 그리고 이러한 연결은 우리들 인간의 인식수준에서만 분리되어 있을 뿐이다. 모든 체제는 다른 체제와의 구조적 연결을 통해 자기 조직화되며, 이 때에 공진화 메커니즘이 작용하게 된다.

창발성 개념이 시사하는 바는 자기조직화가 체제 외부로부터 강요될 수 없으며, 체제 그 자체 내에서 기능하는 내재적인 것이라는 것이다(Holling & Sanderson, 1994). 조직은 체제의 구성요소로 짜 맞추어지는 것이 아니라, 그 대신에 구성요소 간의 상호작용에 의해 만들어지는 것이다. 국지적인 규칙에 따라 활동하는 국지적 단위 혹은 행위자들은 상호작용에 의해 체제의 조직을 만들어낸다(Geyer, 1992). 이러한 현상을 표현하기 위한 다른 용어는 '복잡계로부터의 질서'(Polley, 1993)이다. '창발적 특질'(emergent property), '자생적 질서' 그리고 '전체적 일관성' 등이 있다(최창현 역, 1997).

키보드의 배열이나 야드·파운드(yard-pound)법, 신문의 세로쓰기, (자동차의) 좌측통행 등 일단 사회에 뿌리내리면 효율이 나쁘거나 국제사회와 일치하지 않더라도 제도를 변경하는 비용이 들기 때문에 쉽게 바꿀 수 없다.

일본은 길이 좁고 사람들의 체형도 작기 때문에 소형차가 보급되었다. 석유 위기로 북미시장에서 소형차가 필요하게 됐을 때, 대형차를 만드는데 익숙했던 GM, 포드, 크라이슬러 등 미국의 자동차회사는 즉각적으로 대응할 수 없어 일본 자동차와 유럽 자동차의 시장점유율 확대를 허용하였다.

어떠한 원인으로 어느 산업·기술·품질에 특화하면 경험의 축적 때문에 그 방면에서 보다 강한 비교우위를 차지하게 된다. 이와 같이 현재의 산업구조와 기술의 발달은 과거에 경제가 걸어온 경로의 영향을 받고 있다. 이 개념은 무작위적인 사소한 사건(행위자들의 미시적 상호작용)에 의존하여 예상치 못한 결과가 야기되는 것을 말한다.

제 3 절 복잡계와 정책학

노화준(2012)은 정책학 연구에 있어서 복잡성과학과의 융합과학적 접근의 필요성을 다음과 같이 강조한다. 뉴턴류의 관점(perspective)은 부분들을 조심스럽게 검토함으로써 모든 것이 설명될 수 있다고 가정한다. 그러나 이것은 인간형태의 많은 부분들에는 작동하지 않는다. 우리는 부분들의 합이 전체가 아니라고 하는 것을 느끼는 많은 경험을 한다.

복잡성 이론의 정책체계에의 적용은 다음과 같은 정책적 시사점(implications for the study of policy system)을 갖는다.

① 초기조건의 미세한 차이가 큰 효과를 발생시킨다. 복잡한 정책과정 속에서 초기조건의 민감성, 즉 나비효과와 비선형적 순환고리성, 경로의존성, 창발성, 그리고 공진화 개념 등의 적용범위는 매우 많다.

② 정책체제는 본질적으로 자기조직화적 비조직적 적응체제이기 때문이다. 과거의 정책결정이나 특정 사건이 반드시 미래예측을 가능하게 하지 않는다. 즉, 선형적 예측을 거부한다.

③ 특정 정책 효과를 낳는 다양한 정책수단(leverage)이 존재한다. 정책체제는 자기조직화하는, 그리고 비조직화된 역학체계들의 복잡한 혼합물이다.

만일 정책학을 복잡성 과학과의 융합학문으로 발전시킬 수 있다면, 지금까지 정책학이 관심을 갖지 못하였던, 또는 이론화하여 정책 실무를 발전시키지 못하였던 신천지를 개척할 수 있게 되고 정책학 이론의 정책현상에 대한 설명력과 정책실무에 대한 적합성 및 효용성은 한층 더 높아질 수 있게 될 것이다(노화준, 2011).

정책문제가 잘 구조화된 문제(well-structured problem)일 경우 논리적, 분석적 정책결정(Decisions made by logical, analytical process)이 적합하나, 정책문제가 잘 구조화되지 못한 문제(ill-structured problem)일 경우 탐사적, 실험적, 정책결정(Decisions made by exploratory, experimental process of intuition and reasoning by analogy)이 더 유용할 수도 있다.

또한 과거의 정책문제를 분석해 놓은 정책지도가 잘 만들어져 있는 경우에는 미리 결정된 정책노선(Predetermined course of policy action)과 계획적, 상의하달식 정책전략(top-down, planned policy strategy)이 바람직할 수도 있으나, 정책지도가 없어 항해하면서 지도를 만들어 나가야 할 경우 때로는 창발적인 정책노선(Emergent course of policy action)과 진화적, 하의상달식 정책전략(bottom-up, evolutionary policy strategy)도 필요하다. 복잡한 정책 환경에 대응하기 위해서는 정책 규제조직 또한 그 자체가 유사한 복잡성을 지니고 있어야 한다. 정책 규제자의 다양성이 정책환경의 다양성에 대응하기 위해서는 외적 다양성을 억제하거나 내적 다양성을 확대하여야 한다.

표 10-3 복잡계이론의 특성과 정책학

복잡계이론의 특성	정책학
예측가능한 선형적 인과관계가 아닌 비선형 순환고리(nonlinear feedback)	현재의 정책은 과거와 현재의 정책에 의해 형성된다. 현재의 정책은 현재와 미래를 형성한다. 과거와 현재의 정책 결과는 끊임없이 상호작용한다. 지금 순간의 정책 행위가 다음 순간의 정책 상황을 결정한다.
초기조건에의 민감성(나비효과)	복잡한 정책과정 속에서 초기조건의 민감성, 즉 나비효과로 인해 정책의 초기조건의 미세한 차이가 큰 정책 효과를 발생시킬 수도 있다.
경로의존적	탐사적, 실험적, 정책결정
창발적 다양성	창발적, 다양한 정책노선
공진화	진화적, 하의상달식 정책전략
예측 불가능성, 불확실성	정책환경의 불확실성과 정책 이해당사자 간의 갈등 관계 파악이 필요

　　정책학 연구에서의 복잡계 이론의 도입은 사회과학 분야 가운데에서도 비교적 늦게 출발하였으나 질서에서 카오스의 경계(at the edge of chaos)로 전환되고, 혼돈 속에서 질서를 발견하며, 또한 혼돈으로부터 질서로 전환되는 과정에 대한 이해와 설명을 높일 수 있고, 급격한 변화를 겪고 있는 사회에서 일반적으로 직면하는 혼돈과 불안정, 그리고 비평형의 증폭으로 흔히 빠질 수 있는 혼돈적 상태를 예견하고, 자율적 요동을 통해 새로운 질서를 창조하기 위해서는 새로운 정책적 시각이 필요하다. 복잡계이론은 앞으로 정책학에 좀 더 새롭고 풍부한 관점을 제공해 줄 수 있다. 복잡계이론이 정책학에 적용된 사례는 다음 장에서 다시 다룬다.

제 11 장

복잡계이론의 정책학 적용사례: 시화호 매립사례

학습개관

1. 오늘날 왜 정책패러다임의 전환이 요구되는가?
2. 기존 정책결정모형이 갖는 한계는 무엇인가?
3. 시화호 매립사업의 실패원인은 무엇인가?

제1절 정책패러다임의 전환[1]

불확실성과 혼돈의 시대로 지칭되는 오늘날 급변하는 정책환경의 변화에 종래의 질서·안정·평형 등을 전제로 하는 Newton적 패러다임으로는 새로운 정책현상을 설명하는 데에 한계가 있다는 주장이 제기되고 있다(노화준, 1998a; 사득환, 2002a).[2] 현대사회가 점차 복잡성·무질서·불안정·비평형 및 다양성을 띠게 됨에 따라 종래의 확실성(certainty)과 보편성(generality)에 토대를 둔 정책패러다임으로는 이러한 정책현상을 진단하고 처방하는 데는 어려움이 많다는 지적이다.[3]

지금까지 Newton적 패러다임에 입각한 정책연구는 안정, 질서, 균형, 인과성 등을 강조하고, 특히 정책목표와 수단 간의 확실성 또는 합리성(rationality)을 어떻게 확보할 것인가에 관심을 가져왔다(Howlett and Ramesh, 1995: 139). 가령, 1960년대 중반까지 논란을 벌였던 합리모형(rational model)과 점증모형(incremental model), 그리고 1970년대의 Garbage Can모형이 그러한 예에 속한다. 이들의 기본가정은 확실성(또는 제한된 확실성)과 합리성(또는 제한된 합리성)에 전제를 두고 일련의 시간에 대한 현재의 정책이 선형적(linear)으로 미래에도 계속되며, 안정과 균형이 정상이기 때문에 이를 벗어난 정책에 대해서는 예외적인 현상으로 간주하였다는 점이다. 특히 정책이 의도한 목표를 달성하지 못한 상태, 곧 정책실패(policy failure)(Barry, 1992; Kempe, 1996; Amey, Albrecht and Amir, 1997; Ascher, 1999; Scott, 1999; 최연홍, 2000)에 대해서는 잘못된 정책설계(poor design), 무능한 행정(incompetent administration), 정책집행상의 문제 및 정치적 과정(political process)에서 그 원인을 찾고 있다(Birkland, 2001: 187).

그러나 정책현상이 복잡하고, 그 변화가 불확실하며, 비선형적으로 움직이는 이른바 혼돈상황이 일상화되면서 종래의 정책패러다임은 그 설명력의 한계를 드러내고 있다. Newton적 정책패러다임이 몇몇 부분에서 유용성을 갖는다 하더라도(Elliott and

---

1   이 글은 사득환, 2003: 223-248을 수정·보완한 것이다.
2   Newton적 패러다임(Newtonian paradigm)은 원자론(atomism) 및 기계론(mechanism)을 기초로 단순하고 질서정연한 세계관을 갖고, 작은 입력으로 균등하게 작은 효과를 거둘 수 있는 선형관계(linear relations) 및 인과관계(causal relations)가 관심의 대상이며, 안정·질서·평형 등을 강조하고 있다(최창현, 1999).
3   불확실성과 복잡성, 혼돈이론 등을 지칭하여 소위 '신과학'(New Science)으로 부르기도 한다(방건웅, 1997; 최창현, 1999).

Kiel, 1997), 예측하기 어려운 복잡한 정책현상이 전개되고 있는 상황에서 이를 적절히 설명하고 처방할 수 있는 새로운 정책패러다임(policy paradigm)이 절실히 요청되고 있다(노화준, 1998a: 사득환, 2002a).

많은 경우에 정책은 주어진 환경과 끊임없는 상호작용을 통해 이전과 다른 패턴을 창출해 가는 동태적 진화과정(dynamic evolutionary process)으로 간주되고 있다(김영평, 1991). 예를 들어, 개발의 논리와 보존의 논리가 역동적으로 상호작용하면서 '지속가능한 발전'이라는 새로운 논리를 창출한 것이 이에 해당한다(김판석·사득환, 1998: 71-88). 따라서 현대의 정책은 적응적(adaptive) 진화과정으로 볼 수 있고, 기존의 정책에 대한 관심이 정적인(static) 것이었다면 앞으로의 정책에 대한 관점은 진화론적 관점에서 동적인(dynamic) 것으로 파악할 필요가 있다. 이 경우 정책은 환경과 상호작용한다는 측면에서 공진화적인(coevolutionary) 문제해결 방식을 지향한다. 특히 정책은 비선형 순환고리(nonlinear feedback loops)로 연결된 수많은 하위시스템들이 비선형적으로 상호작용하는 구조를 갖는다.

오늘날의 정부는 증대하는 불확실성과 혼돈, 그리고 복잡성을 관리하면서 정책을 선택해야 하는 매우 어려운 상황에 직면해 있다. 특히 최근의 IMF사태, 의약분업, 시화호매립, 새만금호 간척사업, 메르스 사태, 세월호 사건 등에서 보듯이 불확실성과 혼돈상황에 대한 미숙한 대응은 엄청난 행정적·경제적 부담을 초래한다는 사실에서 이에 대한 연구는 매우 시급하지 않을 수 없다.

여기서는 불확실성과 혼돈(chaos)의 상황에서 정부가 어떠한 정치적·정책적 선택을 통해 환경정책의 실패를 초래하였으며, 또 그러한 실패의 원인은 무엇인가를 규명하고자 한다. 이를 위해 먼저, 고도의 불확실성과 혼돈상황에서 정부의 선택행위를 설명하기 위한 이론모형으로써 적응모형(adaptive model)을 도출한 후 이를 시화호 매립사업에 적용하여 분석하고자 한다. 시화호 매립사업은 정부가 당초의 담수호 전환이라는 정책목표 달성을 포기한(한국일보, 2001년 2월 11일자; 중앙일보, 2001년 2월 12일자; 한겨레신문, 2001년 2월 12일자) 전형적인 환경정책의 실패사례(이원희, 1999)로 간주되고 있다.[4]

---

4 시화호 매립사업은 경기도 안산시, 시흥시, 화성군 일대의 광활한 간석지를 매립하여 담수호를 조성하고, 주변에 공업단지 및 도시지역으로 개발하여 수도권내 과밀한 산업시설 이전 및 인구분산 용지를 제공하며, 대규모 농지를 조성하는 복합적인 목적으로 추진된 국책사업이다(국토개발연구원, 1995.2). 이 사업

제 2 절 불확실성, 혼돈 그리고 적응모형

1 불확실성과 공공정책 연구

1) 불확실성과 혼돈이론

많은 경우에 정책과정(policy cycle)에서 사소한 선택이 막대한 결과를 초래하기도 하며, 악순환과 선순환이 발생하기도 한다. 만약 선택이 가져다줄 미래의 결과를 확실하게 예측할 수 있고, 안정적이며, 선형성(linear)을 띤다면 선택의 문제는 큰 어려움이 없다고 하겠으나, 이와 같은 이상적인 조건들이 충족되지 못한 불확실하고 혼돈스런 상황하에서의 정책선택은 우리를 매우 곤혹스럽게 만들고 있으며, 또한 현실적으로 대부분의 중요한 정책들은 이러한 범주에 속하고 있다.

정책과정에서 불확실성의 존재에 대해서는 널리 알려져 있으나, 이것이 정책선택에서 어떠한 영향을 미치는가에 대해서는 아직 알려진 바가 없다(Morgan and Henruion, 1990: Lein, 1997: 20). 일반적으로 불확실성(uncertainty)은 '미래에 대한 예측의 곤란성'을 의미한다(김영평, 1991: 10). 물론 여기서 말하는 불확실성은 단순히 다양한 요소들이나 이들 요소들 간의 상호작용의 결과에 대한 예측의 곤란뿐만 아니라 상호작용의 결과가 초래하게 될 또다른 상호작용의 윤곽상(different configurations)의 예측곤란성을 포함하고 있다(Saperstein, 1997: 103-107).

이러한 불확실성은 그 원천에 따라, 정책문제의 어떤 국면에서 나타난 것인가에 의하여 첫째, 상황(contingency)에서 오는 불확실성, 둘째, 구성요소의 상호의존성에서 오는 불확실성, 셋째, 일반적 불확실성으로 분류되고 있다(Tompson, 1967).[5] 상황에서 오는 불확실성은 정책환경이 어떻게 변화할 것인지 예측할 수 없기 때문에 나타나는 불확실성을 말한다. 구성요소의 상호의존성에서 오는 불확실성은 정책문제의

은 1985년 경제기획원 장관이 대통령에게 서남해안 간척계획 중 시화지구 개발을 우선해서 추진할 계획임을 보고하면서 1987년 6월부터 본격적인 사업이 추진되었으나, 1994년 1월 물막이공사 완료 이후 호수 내 수질문제가 악화되면서 급기야 2001년 2월 정부가 시화호 담수호계획을 포기한다는 방침을 천명함으로써 전형적인 정책실패(policy failure) 사례로 남게 되었다.

[5] 김영평 교수는 불확실성을 환경적 불확실성, 구조적 불확실성, 인과적 불확실성으로 분류하여 설명하고 있다(김영평, 1991: 25-28).

구성요소들 간의 관계변화를 예측할 수 없는 데서 나타나는 불확실성이다. 마지막으로 일반적 불확실성(general uncertainty)은 정책결정에서 원인과 결과 간의 관계에 대한 지식의 결핍에서 오는 불확실성을 말하며, 오늘날 환경정책의 불확실성은 이들 세 가지 양상을 포함하고 있다.

불확실성의 세계를 이론적으로 설명한 것이 바로 혼돈이론(chaos theory)이다. 혼돈이론은 외견상 혼돈스러운(chaotic) 형태로부터 질서와 패턴이 드러나는 복잡하고도 동태적인 체계연구를 말한다(Prigogine and Strengers, 1984). 이러한 혼돈이론이 관심을 끄는 이유는 불확실성의 시대로 지칭되는 오늘날의 급변하는 사회적 변화의 특징을 설명할 수 있는 무질서, 불안정, 다양성, 유연성, 비평형성 등을 부각시키고 있기 때문이다(최창현, 1997: 8). 복잡하고 비결정적이며 비선형적이고 동태적인 체계에 관한 연구로서의 혼돈이론의 핵심은 복잡성(complexity)과 혼돈(chaos)이다. 특히 체계의 흐름이 너무 복잡하고 동태적이어서 혼돈적인(chaotic) 것을 주된 연구대상으로 삼는다.

이러한 혼돈이론은 다음과 같은 특성을 갖고 있다. 첫째, 자기조직화(self-organization) 원리이다. 자기조직화는 조직이 외적 간섭없이 시스템 내의 다른 요소에 의해 결정되는 것을 말한다.[6] 즉, 자기조직화는 상호관계를 가진 구성요소의 생산과정들의 네트워크이며, 상호작용과정에서 구성요소들은 스스로 자신들을 생산해 냈던 것과 똑같은 네트워크를 생산해내는 시스템이다(Varela, Maturana and Urife, 1974; Jantsch, 1980). 따라서 혼돈이론에서는 질서와 조직화가 사실상 '자기조직화'(self-organization)의 과정을 거쳐 무질서와 혼돈으로부터 자생적(autogenesis)으로 발생할 수 있다고 본다(최창현, 1999: 19-38). 이 개념은 자기조직화가 원활하게 일어날 수 있도록 조건을 만들어 주는 것이 정책실패를 줄일 수 있다는 것을 의미하기도 한다.

둘째, 공진화(coevolution)의 특성이다. 공진화는 시스템을 구성하는 각 개체들이 끊임없이 서로에게 적응하면서 변화해 가는 과정을 의미한다. 이러한 공진화의 핵심

---

6 자기조직화(Self-organization)는 그리스어로 'autopoietic'으로서 자기창조(self-creating) 또는 자기조직화(spontaneous self-organization)를 의미한다. 생명체로서의 시스템은 그들의 환경에서 무한히 존속할 수 없는 것이며, 그들의 구조를 복제하거나 증식할 수 있는 능력을 발전시킬 수 있는 경우에만 시간적으로 자신을 존속시킬 수 있다. 생명을 가진 세포, 기관(organs), 조직, 사회집단, 시장 등이 전형적인 자기조직화하는 시스템의 예들이다. 이들은 서로에게 적응하고, 스스로 조정된 생태계를 형성하며, 상호작용을 통해 개개로는 가질 수 없는 생명, 사고, 의도 등과 같은 집단적 성질을 나타내면서 자신들을 초월해 나가는 속성을 갖고 있다(Waldrop, 1992).

개념은 '상호인과성'(mutual causality)으로 적자생존의 진화가 아니라 개체가 전체를 진화시키고 전체가 개체를 진화시키는 상호진화에 관심을 두고 있다. 다시 말해서 지속적인 상호관계 속에서 서로 의존하는 종들이 함께 진화한다는 설명이다. 예를 들어, 돌연변이에 의해 곤충을 잡아먹는 혀의 속도가 종래의 개구리보다 두 배나 더 빠르거나 긴 혀를 가진 개구리가 출현하였다면 그 개구리는 경쟁력 우위에 있기 때문에 환경에 더 잘 적응하고, 그 개구리의 유전인자를 가진 후손 개구리들은 더욱 번창할 것이다. 한편 그 개구리의 먹이가 되는 곤충, 예컨대 파리는 수가 줄어들 것이지만, 그들 가운데 더 빨리 도망칠 수 있거나 개구리가 먹을 수 없는 지독한 냄새나 독을 가진 파리가 돌연변이에 의해 탄생한다면, 그러한 파리와 후손들은 살아남아 번창해 나갈 수 있을 것이다. 만일 개구리의 먹이가 되는 파리가 지독하게 맛이 없는 화학물질로 진화해 간다면, 개구리는 그 맛을 견뎌내는 방법을 배워야만 한다. 이렇게 해서 개구리와 파리는 공진화해 나간다는 것이다(노화준, 1998b: 145). 따라서 혼돈이론에서는 여러 가지 패러독스(paradox)를 무시하거나 예외적인 현상으로 여기지 않고, 오히려 중요한 하나의 원리로 간주하고 있다.

셋째, 종래 Newton적 결정주의 이론은 출발점에서부터 미래를 향해 단순회로(single orbit)의 해결로 나아간다는 선형관계(linear relations)를 가정하고 있다. 따라서 미래에 대한 예측은 현재에 대한 지식의 연장선상에 있고, 미래지식은 현재의 지식보다 더 이상 불확실하지 않다는 것이다(Saperstein, 1997: 103-107). 유사한 투입은 유사한 결과를 낳기 때문에 초기조건(initial conditions)이 조금 변하더라도 그것의 결과치는 별 차이가 없다는 것이다.

그러나 혼돈이론의 관점에서 보면 투입된 것보다 결과는 더욱 크며, 미래에 대한 예측은 근본적으로 불가능하다는 것이다. 따라서 정책결과(policy outcome)는 초기조건의 극도의 민감성(extreme sensitivity to initial fluctuations)[7]으로 인하여, 또한 비선형관

---

7 초기조건의 민감성은 Lorenz의 나비효과(butterfly effect)로 설명될 수 있는데, 나비 한 마리가 서울에서 팔랑거리면 일정한 시간이 지난 후에 태평양에서 폭풍이 일어날 수도 있다는 것이다. 이것은 작은 오차가 대단한 변화를 초래할 수 있다는 것을 의미한다. 또한 Lorenz는 난류에 떠내려가는 두 개의 나무조각이 출발점은 비슷해도 점차 방향을 달리하여 마침내 도달점이 전혀 다르게 되는 것과 같이, 일기예보도 내일의 예보는 비교적 적중해도 모레나 글피, 더 나아가 주간예보, 월간예보와 같이 시간이 멀어질수록 적중률이 떨어진다는 것이다. 그리고 무엇보다도 중요한 것은 입자의 위치와 운동량을 동시에 측정할 수 없다는 불확정성 원리에서처럼 동역학(dynamics)에 있어서 점의 초기조건, 즉 오차없는 정확한 위치와 속도 자체를 결정하는 것이 어렵다는 사실이다. 이렇게 초기조건의 아주 미세한 부분적 오차가 전체에 커다란 영향

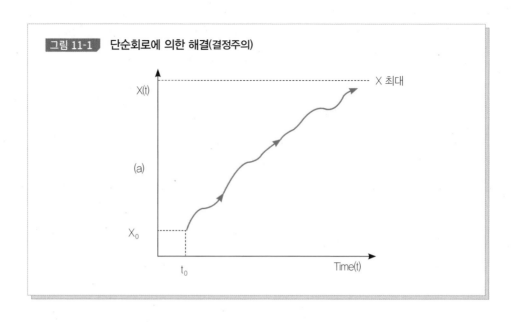

그림 11-1   단순회로에 의한 해결(결정주의)

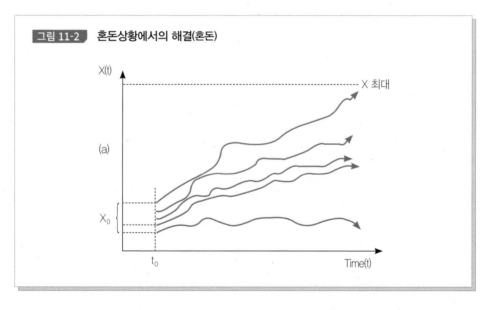

그림 11-2   혼돈상황에서의 해결(혼돈)

계와 순환고리(nonlinear feedback loops)에 의해 조그만 초기조건의 차이가 걷잡을 수 없이 증폭되어 다른 결과를 나타내게 되고, 이것이 소위 "혼돈"(chaos)이라는 것이다.

을 미친다는 것을 생각할 때 부분들의 총화로 해를 얻으려는 환원주의적 사고가 어떻게 수정되어져야 할 것인지 생각지 않을 수 없다. 한 마디로 전체와 부분은 따로 떼어서는 생각할 수 없다는 것이다(박배식·조혁 역, 1989).

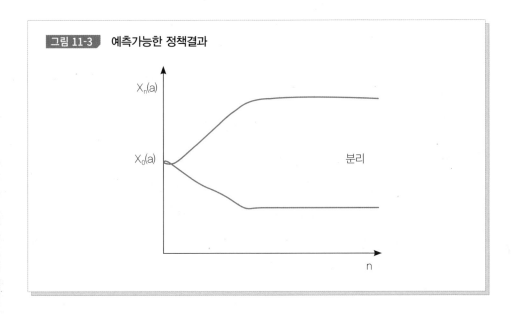

그림 11-3 예측가능한 정책결과

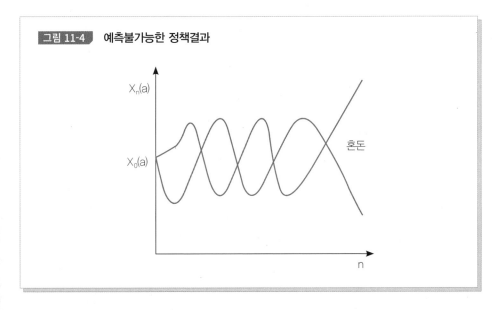

그림 11-4 예측불가능한 정책결과

한편, 혼돈은 강한 혼돈(strong chaos)과 약한 혼돈(weak chaos)으로 구분하기도 하는데(Eve, Horsfall and Lee, 1997: 106), 혼돈은 시스템공간 내의 어떤 지점에서 서로 밀접하게 교차하기도 하고 분리되기도 하는 순환(orbits) 과정을 거치게 된다. 특히 약한 혼돈은 시스템공간 내에서 작은 부분을 차지하는 제약 속에 있고, 강한 혼돈은 시스템 내의 어떤 지점에서 분리되다가 조만간에 시스템 전체공간을 메우게 되는 특징을 갖는다.

2) 기존 연구의 검토

공공정책 연구에서 혼돈이론을 적용한 최초의 학자로는 Brown이다. 그는 미국의 환경정책을 대상으로 비선형 동학(nonlinear dynamics)을 적용하여 분석을 시도하였다. 그는 개인적 변수, 세계체제 변수, 그리고 종단적 자료(환경문제의 악화, 경제활동, 정치구조, 시민태도, 선거결과)를 결합시켜 분석하였다(Elliott and Kiel, 1997).

비선형 동학을 적용한 또 다른 학자로는 Saperstein을 지적할 수 있다. Saperstein은 국가 간의 군비경쟁을 비선형 상호작용모델을 개발하여, 높은 긴장과 전쟁가능성 사이에서 어떻게 군비경쟁이 이루어지는지를 밝히고 있다(Saperstein, 1996: Eve, Horsfall and Lee, 1997: 69). 이상의 Brown과 Saperstein의 연구는 비선형 동학 기법이 국내적 상황에서, 그리고 국가 간의 관계에서 어떻게 적용가능한지를 보여주고 있다.

혼돈과 복잡성 이론을 활용하여 재미있게 연구한 학자로는 Allen의 도시성장모형을 들 수 있다(Eve, Horsfall and Lee, 1997: 69). 도시성장은 다양한 변인이 개입하는 고도의 복잡한 현상을 내포하고 있다. Allen은 시간의 경과에 따라 무작위 변수들을 투사시켜 하나의 정확한 해답을 발견하기보다 다양한 가능한 대안을 제시하면서 이들의 변화를 밝히고자 하였다. Allen의 연구는 정책결정자들의 다양한 선택의 세계 내지 선택의 가능성을 열어놓았다는 측면에서 큰 의미를 찾을 수 있다.

혼돈 및 비선형 동학을 통합시켜 발전시켜 온 것으로는 단연 건강정책분야이다. Stanley는 1989년에 미국 내에서 AIDS의 확산을 예측하기 위해 무작위 변수를 통합한 수학적 모델을 사용하여 분석을 시도하였다. 그녀의 연구결과는 10대들에게 높은 정도의 AIDS 확산이 진행될 것이라는 점을 예측한 것이었다. 10대들의 경우 통상 AIDS로부터 낮은 감염률이 예견되는 집단이다. 그러나 Stanley의 연구는 이후 10대 여성들 사이에 AIDS의 급속한 확산을 지적한 Selik, Chu와 Buehler의 연구(Elliott and Kiel, 1997)에 의해 입증되었다. Stanley의 조사는 예측 불가능한 결과를 비선형 기법을 사용하여 예측할 수 있다는 것을 보여주었다. 즉, 다른 설명적 모델들이 예측할 수 없는 결과들을 그녀의 기법은 예측가능하게 하였다는 점이다.

2 불확실성, 혼돈 그리고 적응모형

1) 적응모형의 개념적 논의

사회과학자들은 오랫동안 정책문제에 대해 설명하고 예측하려고 노력해 왔으나, 예측의 정확성이라는 측면에 있어서 만족할 만한 성과를 거두지 못하였다. 이러한 예측의 부정확성에는 여러 가지 이유가 있겠지만 정책 자체가 동일한 내적 초기상태(initial internal state)와 동일한 환경에 직면해 있고 동일한 인과관계에 의해 지배되는 경우라 할지라도 전혀 다른 결과(outcomes)를 보일 수 있는 본질적으로 불확실성과 복잡성, 그리고 혼돈(chaos)이 지배하고 있기 때문이다.

종래의 Newton적 패러다임에 뿌리를 두고 진행되어 온 정책논의는 안정, 질서, 균형, 인과성 등을 강조하고(노화준, 1998a: 12), 특히 정책목표와 수단 간의 확실성 또는 경제적·기술적 합리성(rationality)을 어떻게 확보할 것인가에 관심을 두었다(Howlett and Ramesh, 1995: 139). 1960년대 중반까지 논란을 벌였던 합리모형(rational model)과 점증모형(incremental model)이 가장 대표적인 예에 속한다(Braybrooke and Lindblom, 1963).[8] 이들의 논쟁 결과는 합리모형이 어떻게 선택이 이루어져야 하는가(how decisions ought to taken)를 설명하는 모형으로, 그리고 점증모형은 실제적 의사결정상황을 가장 잘 기술하는(described) 모형으로서 보다 적절하다는 것이었다(Dror, 1968; Howlett and Ramesh, 1995: 137). 그러나 이러한 논쟁은 1970년대에 접어들면서, 한편에서는 합리모형과 점증모형을 통합하려는 시도로 이어졌고, 다른 한편에서는 이들 모형을 뛰어넘는 조직행태의 불합리적 요소(irrational elements)를 강조한 선택모

---

8 합리모형(rational model)이 의사결정을 규정하는 세 가지 전제조건, 즉 목표, 대안탐색, 대안이 가져오게 될 결과 간의 정태적 관계를 분석하는 확실성하에서의 규범적 의사결정원리라면, 점증모형(incremental model)은 불확실성과 위험한 상황하에서 의사결정과정을 설명하기 위한 기술적 의사결정원리이다. 전자가 기업의 의사결정과정을 공공정책에 적용한 모델이라면, 후자는 다원주의사회를 배경으로 공공정책에 적용한 정치모형(political model)이다(Howlett and Ramesh, 1995: 139). 그러나 합리모형의 경우 첫째, 일반적인 합리적 선택이론은 인간의 인지능력(cognitive capacity)의 한계에 대한 현실적인 고려가 부족하여 우리가 사용할 수 있는 능력 이상의 과도한 인지능력을 요구한다는 점이다. 둘째, 합리적 선택이론은 실제적인 선택상황에서의 문제해결방안을 제시하기보다는 상황에 대한 매우 제한적인 가정에 근거하여 논의를 전개하고 있다. 즉, 합리모형은 동 이론이 사용하는 수리적 기법이 적용될 수 있도록 상황을 단순화시킨 후에야 논의가 가능하다. 이에 반해 점증모형은 제한된 합리성에 가정하고 있을 뿐만 아니라 불확실성 또한 정적인 것으로 파악하다 보니 그야말로 '조금씩 변화하고 전진해 나가는'(muddling-through)(Lindblom, 1979: 517-526) 양상을 띠는 관계로 지나치게 변화에 둔감하고 보수적이라는 비판(LeLoup, 1978)을 받고 있다.

형으로써 소위 Garbage Can모형으로 나타났다(Cohen, March and Olsen, 1972: 1-25; March, 1972: 29-30).

　　Garbage Can모형의 가장 큰 특징은 정책선택에서 개인이 아니라 조직의 존재와 역할에 초점을 두었다는 점이다. 즉, 조직이론에 의해서 의사결정을 설명한 것이 가장 큰 특징이다(Palumbo, 1988: 87). Garbage Can모형은 기본적으로 문제, 해결책, 참여자, 선택기회라는 네 가지의 흐름(streams)이 지배하는 조직에서 각각의 흐름이 규칙과 가치와 질서에 의해서 작용하다가 우연한 선택, 즉 정책결정자의 시기와 기회가 있으면 이 흐름들의 주류가 얽히고 섥켜서 최종적인 의사결정으로 나타난다고 본다. 그리고 이 얽히고 섥키는 것, 즉 정책안이 쓰레기(garbage-can) 속에서 결정되는 것과 유사하다고 해서 이름을 'Garbage Can'이라 불렀다. 그러나 Garbage Can모형이 주장하는 것처럼 현실적으로 의사결정이 전적으로 '무작위적(우연)'으로 이루어지는 것은 아니라는 것이다. 혼돈이론에서 가장 큰 특징 중의 하나는 '우연'과 '필연'이 공존한다는 점이다. Prigogine과 Stengers는 우연과 필연이 함께 작용하고 있고, 그들이 어떻게 함께 맞아떨어지는가에 대해서도 보여주고 있다(Prigogine and Stengers, 1984; 노화준, 1998a: 10). 이들은 어느 한쪽으로 기울어지는 것이 아니라 스스로 조직화되고 또 비조직화하는 우주에서 완전히 동반자로 존재한다.

　　만약 정책현상이 불확실성과 복잡성, 그리고 혼돈에 의해 지배받는다는 것을 인식한다면, 정책연구에서 패러다임의 전환(노화준, 1998a: 1-25) 및 이에 기초한 적응모형(사득환, 2002a: 85-102)에 대한 이해는 매우 중요하다고 볼 수 있다. 여기서 적응모형(adaptive model)이란 "동태적 불확실성 하에서 정책의 실패를 줄이기 위해 복합인들이 포지티브섬(positive sum)의 규범성을 추구하는 의사결정원리"로 정의할 수 있다. 이러한 적응모형은 단순히 정책이 환경에 적응한다는 의미가 아니라 정책과 환경이 상호작용하는 가운데 발생하는 불확실성과 혼돈을 고려하고, 정책 스스로의 자기 패러독스(self-paradox)를 관리하며, 스스로 목표물을 향해 끊임없이 추적해 가는 '창조적·진화적 적응과정'(creative and evolutionary adaptive process)으로 본다. 따라서 적응모형은 정책을 기본적으로 정태적인 안정, 질서, 평형상태에서 불안정, 무질서, 비평형 상태와 상호교차(exchange)하는 동태적인 비선형 복잡시스템(nonlinear complex system)으로 간주한다.

실제 정책선택 상황에서 불확실성과 혼돈현상에 대한 경험은 누구보다도 정책담당자들이 가장 잘 체험할 수 있다. 가령, 기존 정책에서 모든 것이 완전한 실패의 벼랑 끝에 있는 극소의 사건들(예를 들어, 시민의 이의제기, 유사한 정치적 사건)로 인하여 혼돈 속에서 질서가 나타나듯이(order out of chaos) 새로운 구조와 관계를 가진 정책으로 나타나는 경우가 많다. 특히 시화호 매립사업과 같이 복잡한 요소가 서로 얽혀 있어서 본질적으로 진단과 예측이 어려운 환경정책의 경우 더욱 빈번하게 발생할 수 있다.[9] 따라서 적응모형은 의사결정자들로 하여금 불확실성과 혼돈을 당연하게 받아들이는 자신감을 불어넣어 준다.[10]

기존의 모형들이 하나의 정상을 갖는 Fuji산 지형을 전제로 정책환경을 단순화한 후에만 설명이 가능하다면, 적응모형은 다정상 지형(multi-peaked landscape)을 전제로 한 본질적으로 복잡성과 혼돈상황에 적합한 모형이다. 이러한 적응모형은 불완전 합리성과 동태적 불확실성을 가정하고, 조직의 존재를 인정하지 않는다. 또한 추구하는 목표의 수와 제약조건, 그리고 목표달성에 동원가능한 대안의 多少(다소)의 관점에서 합리모형, 점증모형 그리고 Garbage Can모형과 차이가 있다. 이 모형은 기존의 모형들에 비하여 보다 많은 목적들을, 보다 많은 환경적 제약조건 속에서 달성하고자 하지만(constraint-based adaptation) 동원가능한 대안이나 수단은 오히려 적다고 본다. 이러한 측면에서 적응모형은 보다 현상을 실제적으로 설명하고 예측하게 해줄 뿐만 아니라 기존 모형들에 비해서 진일보한 것으로 평가할 수 있다.[11]

지금까지 논의한 합리모형, 점증모형, Garbage Can모형, 그리고 적응모형과의

---

9 Dryzek은 환경정책이 갖는 속성으로 i) 복잡성(complexity), ii) 불가환원성(non-reducible), iii) 변화성(change), iv) 불확실성(uncertainty), v) 집단성(공공성), vi) 자발성(spontaneity)을 들고 있다(Dryzek, 1987; 최승 외, 1995: 60-66).

10 혼돈패러다임에 토대를 둔 적응모형은 불확실성, 복잡성, 변화, 불안정성, 무질서 등을 이해할 수 있는 새로운 관점을 제공해 주고, 끊임없는 자기진화를 통해 정책의 목표를 달성하고자 하는 새로운 인식의 틀을 제공해 주고 있다. 특히 적응모형은 정책이 시간이 지남에 따라 어떻게 변화하고, 불확실성을 해결해 나가는지를 설명해 주는 이점이 있다. 더 나아가 정책은 본질적으로 미래의 불확실성에 대처하기 위해 역동적으로 관리해야 한다는 것을 제시해 준다.

11 적응모형(adaptive model)은 기존의 이론모형들에 비해서 다음과 같은 이론적 불충분성을 보충해 줄 수 있다는 점에서 진일보하다고 본다(사득환, 2002b). 첫째, 복잡한 정책문제는 본질적으로 복잡한 해결메커니즘에 의해 해결되어져야 한다는 점이다. 둘째, 정책문제를 부분적으로 분해해서 해결을 시도하는 것은 전체적인 정책문제를 해결하는 데 결코 도움이 되지 않는다. 즉, 정책문제는 상호의존성을 띠고 있어서 전체로서 파악하고 해결해야 한다는 점이다. 셋째, 비선형체계로서의 정책은 정확하게 예측하고 통제하는 것은 거의 불가능에 가깝고, 동시에 인과관계를 규명하기도 어렵다는 점이다. 넷째, 정책문제의 복잡성은 체계 내에서 자생적인 진화를 통해 장기적으로 해결될 수 있다는 점이다.

표 11-1 기존 정책선택모형과 적응모형과의 차이

구분	합리모형	점증모형	Garbage Can모형	적응모형
정책선택기준	최적화	점증화	무작위화	적응화
인간관	합리적 경제인	사회인	조직인	복합인
합리성에 대한 가정	완전한 합리성	제한된 합리성	제한된 합리성	불완전 합리성
조직에 대한 가정	조직의 존속을 사전적으로 인정	조직의 존속을 사전적으로 인정	조직의 존속을 사전적으로 인정	조직의 존속을 불인정(생존)
정책환경에 대한 가정	정태적 확실성	정태적 불확실성	정태적 불확실성	동태적 불확실성
정책결정논거의 기원	뉴턴적 패러다임		혼돈 및 복잡성이론	
정책목표의 수	단일 혹은 극소수	보다 많은 복수	단일 혹은 극소수	보다 많은 복수
제약조건	소수	보다 많은 다수	보다 많은 다수	아주 많은 다수
정책대안의 수	아주 많은 다수	소수	비교적 다수	적은 소수

출처: 사득환, 2002b: 94.

차이를 도표로 나타내면 〈표 11-1〉과 같다.

2) 적응모형의 특징

정책선택에서 적응모형은 기존의 모형과 전제조건이 다르므로 그것이 지닌 특성도 상이하다고 할 수 있다. 적응모형은 다음과 같은 기본적 특성을 갖고 있다. 첫째, 정책결정에서 적응모형은 정책목표의 수가 여러 개이며, 보다 많은 환경적 제약조건(constraints) 속에서 가능한 한 정보와 지식을 활용하나 비교적 적은 수의 정책대안을 탐색하고 선택한다.

둘째, 이 모형에서는 정책환경에 대한 고도의 동태적 불확실성(dynamic uncertainty)을 전제로 하므로 정책결정의 결과에 대한 정확한 예측은 처음부터 불가능하며, 이미 결정된 정책대안조차 가설(hypothesis)에 불과하고 상황에 민감하게 작용한다고 간주한다. 따라서 정책은 계속적인 결정과정이자 동시에 정책에 내재된 패러독스의 관리과정이다. 특히 정책결정자들의 주된 관심은 변화(change)와 창조적 적응(creative adaptation)에 있고, 지속적인 모니터링(monitoring)을 통해 '잘못된'(error) 정책을 수정하는(correcting) 등 정책실패를 최소화하는 데 있다.

셋째, 정책조직은 항구적인 존속을 보장받지 못하며, 실패로부터 정책학습(policy learning)을 하는 학습조직이자(Lagadec, 1997) 자기혁신을 통해 끊임없이 환경에 상호

교환해 가는 적응조직(adaptive organization)이다. 이 경우 최고관리자들은 조직의 민첩성과 적응성을 높이기 위해 적절한 긴장과 정치적 조건을 제공해 주는 데 관심을 둔다.

넷째, 정책에 대한 성공 혹은 실패의 판단은 철저히 결과지향적이다. 정책결정 당시가 아니라 정책을 집행한 이후의 결과가 좋아야 성공적인 정책으로 평가한다.

결국 적응모형은 목표물을 향해 발사된 미사일(missile)이 끊임없는 자기수정과 추적과정을 통해 목표물을 명중시키는 논리와 유사하다고 할 수 있다(Probst, 1984). 목표물을 향해 발사된 미사일은 목표물의 유동적이고 비선형적인 움직임에도 불구하고 지속적인 추적과정을 통해 종국적으로 목표물을 적중시키게 된다. 따라서 이 모형에서 정책의 선택행위는 '동태적 전략결정'(dynamic strategy making)(Higgins, 1978; Hinings, 1989; Stacey, 1995) 또는 '정책패러독스(policy paradox)의 끊임없는 관리과정'(Stone, 1988)으로 볼 수 있다.

이러한 적응모형은 〈표 11-2〉에서 보는 바와 같이 복잡한 과정을 거쳐 단계적으로 이루어지며, Garbage Can모형과 달리 '우연'에 의해 지배받는 것이 아니라 나름대로의 체계성을 띠고 있다. 이 모형은 많은 경우에 조직 내 세력들 간의 이해관계의 대립 및 협상과정을 포함하고 있으므로 조직 내 권력관계에 관한 이해도 필수적이다. 또한 이 모형은 전통적인 모형들에 비해 정치적·사회적·심리적 변수에 더욱 민감하게 반응한다.

표 11-2 적응모형의 진화과정

단계	I	II	III	IV
수준	개별집단수준 ⇒	개체군수준 ⇒	개별집단수준	
진화과정	• 공동이익 지향	• 모방적 적응 • 경쟁적 동질 • 제도적 동질화	• 임계수준 진입	안정화

출처: 박상규, 2002: 28에서 수정작성.

제3절 정부의 정책선택과 시화호 매립사업의 실패

1 시화호 매립사업과 정책실패

1) 시화호 매립사업의 개요

시화호 매립사업은 경기도 안산시, 시흥시, 화성군 일대의 광활한 간석지를 매립하여 국토를 확장하고, 이를 공업단지 및 도시지역으로 개발하여 수도권 내 과밀한 산업시설 이전 및 인구분산 용지를 제공하고, 대규모 농지를 조성하는 복합적인 목적으로 추진된 국책사업이다(윤양수·김선희, 1998: 153).

시화호 매립사업은 〈표 11-3〉에서 보는 바와 같이 제1단계 사업과 제2단계 사업으로 나누어 추진되었는데, 1단계 사업은 742만평의 공업 및 주거단지를 조성하고, 방조제를 축조하여 시화호 담수와 간석지 약 3,300만평을 조성하는 것이며, 2단계 사업은 방조제 축조로 조성된 남측 간석지 약 3,000만평을 개발하는 것이었다. 1단계 확장단지인 시화호 북측 350만평은 이미 개발계획이 수립되어 추진중에 있으나, 2단계 사업은 담수화 백지화결정(한국일보, 2001년 2월 11일자; 동아일보, 2001년 2월 11일자; 조선일보, 2001년 2월 12일자)으로 불가능한 상태에 놓이게 되었다.

당초 시화지구 개발사업의 목적은 시화방조제 축조를 통해 대규모 간석지의 개발을 가능하게 하고, 시화호 수위를 EL-1m로 관리함으로써 시화지구 간석지 개발사업시 매립고를 4m 낮추어 공사비 약 5조원을 절감하고, 담수호 조성으로 대규모 농경

표 11-3 시화호 매립사업의 개요

구분	방조제	시화호	제 1단계	제 2단계
내용	길이: 12.6km	면적: 5,650ha	총면적: 742만평	총면적: 3,328만평
	사업비: 5,280억원	유역: 47,650ha	공단 498만평, 주거 244만평	현재: 갯벌
	사업기간: '87.6~'94.1	저수량: 330백만톤		활용: 구상중
		유효저수량: 180백만톤	사업비: 1조 3,710억원	*1단계 확장 350만평
비고	5개구간	평균수심: 3.3m	기간: '86~2000	기간: 2001년 이후

출처: 국토개발연구원, 1995.

지에 대한 농업용수를 공급하며, 방조제 축조로 육지와 연결된 대부도, 선감도 등 낙후된 도서지역의 개발촉진을 도모하는 데 있었다(한국수자원공사, 1998).

그러나 이 사업은 2001년 2월 담수화를 포기함으로써 매립지역에 조성될 주거 및 공업단지, 농지 등에 대한 용수공급이 어렵게 되었고 애당초의 정책목표 달성이 불가능하게 되었다. 정책은 의도한 목표를 달성하기 위한 가공물(constructs)이다. 이 사업은 의도한 정책목표를 달성하지 못한 상태, 즉 정책실패의 전형으로 남게 되었다(이원희, 1999; 조선일보, 2001년 2월 12일자). 그 동안 시화호 매립을 위해 투입된 예산이 5,280억원, 담수호화를 위해 투입된 예산이 약 4,896억원에 이르며, 이 사업의 실패로 향후 예상되는 또 다른 문젯거리(questionnaire)를 고려하면 엄청난 행정적·경제적·환경적 손실을 초래하게 되었다.

시화호 매립사업의 결정에서부터 담수화 포기결정에 이르기까지의 일지를 간략히 살펴보면 다음과 같다.

1985. 8.29	경제기획원, 시화지구 개발 우선 추진 계획 확정
1987. 4.29	시화지구 개발 사업 기공식 거행
1993.12.23	시화지구 1호 방조제 물막이 공사 완료
1994. 1.24	시화지구 2호 방조제 물막이 공사 완료
1996. 6. 2	환경부, 시화담수호 수질개선대책회의(방류결정)
1996. 6.24	환경단체의 선상시위로 시화호 물방류 계획 무산
1996. 7. 5	시화호 수질개선대책 발표(2001년까지 총 4천 9백 93억원을 투입, 하수처리장 3개소와 환(環)배수로 건설 예정)
1996. 7.30	한국수자원공사, 5차례에 걸쳐 시화호의 물 7천 50만톤 방류
1996.10. 4	해양수산부, 오염된 회생불능인 시화호를 항만으로 대체 개발하는 방안을 연구중임을 발표
1996.11. 3	감사원, 시화담수호 수질개선사업 감사결과 발표(한국수자원공사 본부장 등 공직자 14명 문책)
1997. 3.19	한국수자원공사, 해양생태계 조사를 이유로 시화호 담수 5백만톤 방류
1997. 7. 7	환경부, 국회 제출자료에서 시화호 수질개선대책을 1년간 추진하였음에도 불구하고 수질이 악화되었음을 인정

1998. 1.10	대통령직인수위원회, 시화담수호사업을 경부고속철도사업, 새만금간척 사업과 함께 3대 부실사업으로 규정하고 전면조사 착수
1998.12.28	농림부, 시화호 담수호 조성계획 포기의사 표명
2001. 2.11	건교부, 시화호 담수호계획 포기선언

2) 정부의 정책선택과 시화호 매립사업의 진화과정

많은 경우에 정책과정에서 사소한 선택이 막대한 결과를 초래하기도 하며, 악순환과 선순환이 발생하기도 한다. 만약 선택이 가져다줄 미래 결과를 확실하게 예측할 수 있고, 안정적이며, 선형성을 띤다면 선택의 문제는 큰 어려움이 없다고 하겠으나, 이와 같은 이상적인 조건들이 충족되지 못하고 불확실(uncertainty)하며 혼돈스런(chaotic) 상황에서의 의사결정은 우리를 매우 어렵게 만들며, 현실적으로 대부분의 중요한 정책들이 이러한 범주에 속하고 있다.

정책의 진화(evolution)에 있어서 핵심은 정책에 관여하는 주체인 개인이나 조직 또는 집단들이 그들 간의 경쟁과 협동을 통하여 어떻게 새로운 형태와 패턴을 형성해 가느냐 하는 것이다. 따라서 정책의 진화를 가능케 하는 경쟁과 협력의 메커니즘(mechanism)을 파악하는 것이 가장 중요하다고 볼 수 있다.

정책과정에 참여하는 관료들이나 집단들은 나름대로의 가치관과 신념에서 문제에 접근하며, 이들이 추진한 정책이 주변 환경으로부터 긍정적인 평가를 받았을 때 이들이 지닌 가치관과 신념, 태도들은 더욱 강화되는 경향을 띠게 된다. 특히 다른 경쟁관계에 있는 관료 및 집단들과의 경쟁을 통해 보다 우위에 점하려고 노력하며, 이러한 지위를 고착화시키려고 할 것이다. 물론 이러한 과정에서 자신들의 위상도 변화시켜 나가게 된다. 게다가 관료들이 추진하는 정책의 경우 대부분 고객들(clients)을 확보하고 있는 바, 관료들과 고객들은 자신들에게 이익이 되는 방향으로 행동하면서 공진화가 이루어지고, 결국 새로운 형태와 패턴을 지닌 정책으로 나타나게 된다.

시화호 매립사업의 경우, 사업과정에서 농어촌진흥공사(타당성조사), 경제기획원, 건교부, 산업기지개발공사를 비롯하여 환경부, 농림부, 해양수산부, 감사원, 경기도, 안산시, 시흥시, 화성군, 한국수자원공사, 각종 환경단체, 지역주민, 대통령직인

표 11-4 시화호 매립사업 과정에서의 참여자들

단계	I 시화호 매립사업 결정('85)	II 물막이공사 완료 ('94)	III 오염물 방류 및 해수유입 조치('96~'98)	IV 시화호 담수화 포기결정 ('98~'01)
참여자들	경제기획원, 건설교통부, 농수산부, 농어촌진흥공사	건설교통부, 환경부, 농수산부, 한국기지개발공사, 농어촌진흥공사	건설교통부, 한국수자원공사, 환경부, 농림부, 해양수산부, 감사원, 경기도, 안산시, 시흥시, 화성군, 각종 환경단체, 지역주민	대통령직인수위원회, 건설교통부, 해양수산부, 환경부, 농림부, 경기도

수위원회 등 수많은 집단들이 관여하였다. 특히 1994년부터는 시화호 내 수질상태가 악화되자 환경단체, 지역주민 등 수많은 집단들이 참여하면서 혼돈의 임계점에 도달하는 양상을 보였다. 특이한 것은 지역주민들이 물막이 공사를 전후하여 초기의 개발효과에 대한 기대에서 벗어나 환경단체와 같은 반대세력으로 돌아섰다는 점이다.

그렇다면 시화호 매립사업에서 정부의 어떠한 정치적·정책적 선택이 정책실패를 초래하게 되었는가?

시화호 매립사업은 1962년 시화호가 간척대상지로 검토된 후, 1985년 경제기획원 장관이 대통령에게 서남해안 간척계획 중 시화지구 개발을 우선해서 추진할 계획임을 보고하면서 사업이 추진되었다. 당시 경제기획원이 나서게 된 배경에는 1980년대 해외건설 부진으로 인한 산업합리화의 일환으로 국내 건설경기 부양이 시급하였기 때문이다. 1987년 6월부터 건설교통부 산업기지개발공사(후에 한국수자원공사로 통합)에 의해 매립사업이 본격적으로 시작된 후 1994년 1월까지 일사천리로 사업이 진행된 듯 보였다.[12] 당시 지역주민들 역시 어느 정도의 보상과 더불어 시화지구 개발로 인한 개발효과에 매우 낙관적인 태도를 보였었다(시민환경연구소, 1998).

그러나 1994년 1월 그 동안의 여러 차례의 지적에도 불구하고, 총 연장 12.6km에 달하는 시화호 물막이공사를 완공시키면서 심각한 환경문제를 발생시키게 되었다. 물막이 공사 이후 안산공단 등 시화지구 일대에서 쏟아져 들어오는 폐수로 순식간에 시화호는 죽음의 바다로 변하게 되었다. 물고기가 떼죽음을 당하고, 각종 악취가 호수주변을 뒤덮으면서 당초의 농업용수로 활용할 수 없게 되었다. 〈표 11-5〉에

---

12 1996년 7월 건설교통부와 농수산부 간의 협의에서 이 사업의 시행자를 산업기지개발공사로 하되, 농경지 조성은 피신청자인 농어촌진흥공사(후에 농업기반공사로 변경)가 맡기로 확정하였다.

표 11-5　시화호 수질오염의 추세

구분	1992	1993	1994	1995	1996	1997	1998
수질오염도 (COD)	3.4	3.2	5.9	9.4	14.4	17.4	9.9
부유물질	11.9	12.6	14.7	15.3	21.4	–	–
비고			물막이공사 완료(94.1)		시화호수질 개선대책 (96.7)	오염수방류 (97.3–5)	해수유입조치 (97.7~98.12)

출처: 한국해양연구소, 1998; 시민환경정보센터, 1997에서 재작성.

서 보는 바와 같이 1992년에 년평균 수질이 COD 3.4mg/ℓ였던 것이 1995년에는 이미 농업용수 기준인 8.0mg/ℓ를 초과하였으며, 1997년에는 무려 17.4mg/ℓ로서 회생불능의 상태가 되었다.

　　이러한 상황에서 환경단체의 비난과 반발이 거세지자 정부는 시화호 물을 바다로 방류시키는 대책을 내놓았다.[13] 그러나 수 차례의 오염된 물의 방류에도 불구하고 시화호 수질은 개선되지 않았고, 급기야 1997년 7월에는 환경부의 국회제출 자료에서 "시화호 수질이 오히려 악화되었음"을 공식적으로 인정하게 되었다. 1998년 1월 대통령직인수위원회에서 경부고속철도건설사업, 새만금간척사업 등과 함께 3대 부실사업으로 규정하기에 이르렀고(대통령직인수위원회, 1998), 이미 당시 시화호 해수화가 결정되었지만(조선일보, 1998년 11월 27일자) 책임소재 문제로 건설교통부와 환경부 등이 침묵으로 일관해 왔던 것이다.

　　이상에서 볼 때 시화호 매립사업은 단계별 정부의 정치적·정책적 선택들이 수질오염 등 환경문제를 발생시켰고, 이것이 무질서, 불안정 등 혼돈상황으로 이어지면서 당초 기대하지 않았던 정책형태, 곧 정책실패(policy failure)로 나타났다고 볼 수 있다. 이를 적응모형의 진화과정과 관련시켜 볼 때, 개별집단 수준에서의 positive−sum game의 환경에서 공동의 이익을 위해 시작되며(단계 I), 개체군 수준으로 모방적 적응과 경쟁적 선택, 그리고 구조적 동질성 과정을 반복하다가(단계 II) 임계군 지점에 도

---

13 1996년 7월 수질대책을 내놓으면서 당시 정종택 환경부장관은 "시화호는 태어나서는 안될 호수였다"고 밝혔다. 공업도시들을 끼고 있는 수도권 소하천 최하류의 물을 가둬놓고 이것을 용수로 공급하겠다는 발상자체가 무모했다는 지적이다. 시화호로 흘러드는 반월천, 동화천, 안산천 등 7개 소하천의 유입량을 모두 합쳐도 연간 3억 7천만톤인데 여기에 저수용량 1억 8천만톤의 방조제를 쌓아놓으니 물이 거의 흐르지 못하고 정체되면서 오염도가 급속히 높아질 수밖에 없다는 것이다.

표 11-6 시화호 매립사업에서 정부의 선택행위와 진화과정

단계	I	II	III	IV
정책선택	시화호 매립사업 결정 ('85)	물막이공사 완료 ('94)	오염물 방류 및 해수 유입 조치('96~'98)	시화호 담수화 포기결정('98~'01)
	↓	↓	↓	↓
결과/영향	개발이익 공유 및 기대 환경문제 무시	환경문제 발생 (수질오염 악화)	개발과 보존논리 충돌	사업실패 (책임회피)
수준	개별집단수준 ⇒ 개체군수준 ⇒ 개별집단수준			
진화과정	• 공동이익 지향	• 모방적 적응 • 경쟁적 동질 • 제도적 동질화	• 임계수준 진입	안정화

달할 때 정책실패에 따른 책임문제로 다시 개별집단 수준에서 환원되면서 안정화되는 형태를 보이고 있다. 그러나 만약 시화호 매립사업이 적절한 공진화 과정을 거쳐 정책목표가 달성되었다면 단계 II와 III에서의 개체군 수준이 단계 IV에서도 그대로 유지되었을 것이다. 이를 도표로 나타내면 〈표 11-6〉과 같다.

2 시화호 매립사업의 실패원인

정책은 환경과 부단히 상호작용하면서 불확실성과 혼돈을 고려하고, 스스로 자기패러독스(self-paradox)를 관리하며, 시간의 경과에 따라 목표물(goal)을 향해 끊임없이 추적해 가는 창조적·진화적 적응과정이다. 시화호 매립사업의 경우, 국가정책의 창조적·진화적 적응의 결핍이 엄청난 요동(fluctuations)을 치면서 걷잡을 수 없이 증폭되어 담수호 포기라는 정책실패로 귀결되었다는 점이다. 불확실성과 혼돈이론에 토대를 둔 적응모형의 핵심적 요소, 즉 예측가능성, 자기조직화, 권력관계, 정책학습과 피드백 측면에서 시화호 매립사업의 실패원인을 분석하면 다음과 같다.

1) 정확한 사전예측의 결여

정책선택의 결과를 미리 예측한다는 것은 전적으로 불가능한 일인지도 모른다. 만일 정책의 미래가 본질적으로 예측불가능한 것이라면, 그러한 미래를 실현하기 위해 고안된 정책은 위험한 환상에 불과하거나 혹은 과거에 발생한 유사한 정책을 재해

석한 것에 불과할 수 있다. 특히 정책에 내재된 이러한 예측상의 문제를 간과할 경우 초기 조건의 민감성(sensitivity to initial fluctuations)으로 인해 엄청난 파급효과를 발생시킬 수 있다. 시화호 매립사업도 예외가 아니다.

시화호 담수화 사업은 자체 필요에 의해 추진된 것이 아니라 중동특수 이후 복귀하는 장비활용과 건설경기 부양을 위해 추진되었다. 즉, 1980년대에 접어들면서 중동건설경기 침체로 해외건설업체들이 철수하자 노후장비 활용과 건설경기를 부양하기 위하여 당시 경제기획원의 주도에 의해 이루어졌다. 따라서 사전에 입지조건, 인구, 환경성 등 사업의 타당성에 대한 충분한 검토와 예측이 이루어지지 않은 상태에서 정책이 입안·집행되었다는 것이다.

시화호 매립사업은 우선 계획단계에서 시화호 유역은 큰 하천이 없어서 담수자원의 확보가 근본적으로 불가능하고, 또한 체류기간이 길어서 수질이 쉽게 악화될 소지가 있었음에도 농어촌진흥공사, 경제기획원, 농수산부, 건설교통부 등은 이를 무시한 채 추진하였다는 점이다(환경부, 1996.6.18). 또한 당초 시화호 사업계획에는 분류관류시스템에 따라 반월공단과 안산시로부터 생활하수 및 산업폐수가 전혀 유입되지 않을 것이라는 전망하에 사업이 시작되었는데, 상당한 오접률(약 80% 추정)과 기술적 한계로 누수관으로 폐수가 방류되는 결과를 낳았다(시화호살리기 안산·시흥·화성 범시민대책회의, 1998). 더 나아가 인구예측의 측면에서 당초 사업계획에는 안산시의 인구가 1995년 약 20만명, 1999년 약 30만명으로 추정하여 반영되었으나 물막이 공사가 완료될 시점인 1994년 말에 이미 45만명을 넘어섬으로써 생활하수가 시화호로 그대로 유입되는 결과를 초래하였다.

한편, 당시 건설주체였던 건설부 산하 산업기지개발공사는 1987년 6월 공사착공 직후에야 환경영향평가를 의뢰하였으며, 그 결과는 착공한 지 1년이 더 지난 1988년 9월에야 나왔다.[14] 특히 환경영향평가는 "물막이 공사를 완료하기 전에 오염물질 유입을 차단할 수 있는 조치를 취한 후에 할 것"을 권고하였으나 한국수자원공사는 1994년 1월 하수 및 폐수처리시설이 설치되기도 전에 물막이 공사를 당초 계획대로 완공해 버렸다(한국수자원공사, 1998).

---

14 당시 법률상 방조제 건설과 같은 대규모 토목공사는 공사계획을 고시한(1986년 9월) 시점에서 환경영향평가 협의를 환경부에 요청하도록 규정하고 있었다.

이처럼 개발사업에 대한 환경영향평가의 무시, 물막이 공사의 강행 등이 엄청난 환경문제를 유발할 것이라는 점이 충분히 예견된 상태에서도 당초 계획대로 사업을 추진한 것은 아직도 우리 관료들이 정책이 안고 있는 예측상의 문제와 혼돈에 대한 이해가 부족하다는 것을 알 수 있다.

2) 경직된 자기조직화

시화호 매립사업과 같은 갯벌매립사업은 다양하고 복잡한 속성을 지닌 문제이다. 정책목표가 다양하고 불명확하다는 자체가 복잡하다는 것을 의미하며, 그것의 진단 및 의사결정과정도 그만큼 어렵다. 프로그램화된 정책문제(programmed policy problems)의 경우 적절한 표준운영절차(standard operating procedures)에 의해 결정이 이루어질 수 있겠으나, 비프로그램화된 정책문제(nonprogrammed policy problems)는 직관이나 추론에 기초한 적응적 문제해결(adaptive problem-solving) 방법이 더욱 효과적일 수 있다(Simon, 1972: Lein, 1997: 19).

많은 경우에 복잡한 정책문제일수록 극심한 불확실성과 혼돈을 경험할 개연성이 높아진다. 따라서 시화호 매립사업과 같은 대규모 개발사업은 다양한 이해세력과 집단들의 참여를 통한 공동의사결정과정(joint-decision making process)을 거치는 것이 보다 바람직하다고 볼 수 있다. 특히 불확실성과 혼돈상황은 정책담당자로 하여금 선택가능한 대안의 범위를 축소시켜 줌은 물론 이미 선택된 대안조차도 가설적인 것에 지나지 않도록 만든다. 그러므로 참여를 통한 공동의사결정과정이 보다 효율적일 수 있다.

그러나 시화호 매립사업의 경우 경제기획원, 건설교통부, 농수산부 등에 의해 거의 일방적으로 사업이 결정되고 추진되었다는 점이다(시민환경정보센터, 1996). 따라서 해당 사업의 직접적인 이해당사자인 주민들조차 정책결정과정에서 철저하게 배제되었다. 즉, 시화호 담수화사업은 이 사업이 초래하게 될 미래의 결과나 효과에 대한 진지한 사전적 토론이나 다양한 부처와 이해집단들의 참여를 통한 논의과정이 생략된 채 정책이 추진되었던 것이다. 1994년 1월 방조제 공사가 완공된 후 환경단체와 지역주민들이 거세게 반발하는 태도를 취하였으나, 그럼에도 불구하고 이들과의 참여적·협력적 문제해결 방식으로 나타나지는 않았다(시민환경정보센터, 1996). 결국 시화호 매립사업을 담당한 건설교통부를 비롯하여 많은 관련부처들이 과거부터 폐쇄적 의사결정구조를 유지해 온 관계로 창의성 발현이나 오차수정을 위한 활발한 토론 및 참여적 의사결정이 체화되지 못한 경직된 자기조직화 체제였던 것이다.

3) 불균형적인 권력관계와 개발논리

권력(power)이 무엇인가에 대해서는 다양한 견해가 있을 수 있지만(박상규, 1999), 권력은 타인의 의사결정에 영향을 주거나 타인의 행태를 변화시킬 수 있는 능력을 지칭한다(Smith and Barclay, 1999). 권력의 불평등은 자원의 불균형적인 의존에서 발생한다고 볼 수 있으며, 이러한 자원의 원천에는 물리적(physical), 조직적(organizational), 정치적(political), 동기적(motivational), 무형적 자원(intangible resources) 등이 있다(Ornstein and Elder, 1978: 69-79).

권력과 관련하여 무엇보다 중요한 것은 시화호 매립사업을 둘러싸고 개발세력과 보존세력 간의 권력관계(power relations)가 어떠한 형태를 띠었느냐 하는 것이다. 시화호 매립사업은 당초 농어촌진흥공사(타당성 조사), 경제기획원, 건설교통부 등을 중심으로 하는 개발세력이 사업을 주도하였다. 따라서 환경부 등의 보존세력은 특별한 역할을 기대할 수 없는 상황이었다. 1980년대 당시 경제기획원 등의 개발세력들이 국가정책을 좌지우지하면서 개발이데올로기가 사회 전반적으로 팽배해 있었고, 환경단체들 역시 아직 조직화되지 못했으며(한국일보, 1987년 5월 31일자),[15] 환경부 역시 당시 보사부의 외청 형태로 발족되어(1980년 환경청으로 발족) 상대적으로 영향력을 행사할 수 있는 위치가 되지 못했다.

시화호 매립사업의 결정 당시 환경영향평가도 실시하지 않은 상태에서 공사가 착공되었으며, 공사착공 1년이 지난 1988년 9월에야 그 결과가 나올 정도였다. 당시 환경영향평가 결과에서 환경청은 "수질오염을 막기 위해 하수처리장 방류수를 담수화 이전까지 바다로 직접 방류하는 조건으로 사업을 진행해야 한다"고 건교부에 통보하였다. 그러나 건교부는 재원부족이라는 이유로 이러한 환경영향평가 결과를 무시

---

15 1985년을 전후하여 온산 공해병사건이 발생하면서 공해문제성직자협의회, 공해반대시민운동협의회 등과 같은 수많은 환경단체들이 등장하게 되었다. 물론 이전에도 환경단체들은 존재하였으나 한국환경보존협회 등과 같은 관변단체들이 대부분을 차지하였다(사득환, 1997).

하였고,[16] 그 결과 시화호 일대지구에서 생활폐수가 대량으로 시화호로 유입되었다. 환경부의 한 관계자는 "당시 국책사업에 대해 환경영향평가로 제지할 수 있는 분위기가 아니었다"고 밝히고 있다(조선일보, 2001년 2월 12일자).

1980년대 후반 민주화 분위기가 사회를 압도하면서 수많은 환경단체들이 우후죽순 등장하였고, 언론 또한 비판적 태도를 취하기 시작하였다. 예컨대, 당시 17개 중앙지에 보도된 환경관련기사를 보면 1987년 873건, 1988년 1313건, 1989년 3250건, 1990년에는 5331건으로 증폭하고 있었다(환경처, 1991: 305). 1990년 1월에는 환경청이 환경처로 격상하였고(1994년 말 환경부로 승격), 1991년에는 페놀오염 식수사건, 1994년 초에는 낙동강 식수오염사고가 발생하였다. 이러한 상황에서 특히 1994년 시화호 물막이 공사가 완료된 후 호수내 수질오염이 악화되자 각종 환경단체들과 언론들이 집중 거론하였고, 지역주민들 또한 생활터전을 상실한 것에 대해 자각하면서 이러한 비판세력에 동조하게 되었으며,[17] 그 결과 시화호 매립사업을 둘러싸고 보존논리가 득세하기 시작하였다.

그러나 시화호 매립사업이 갖고 있는 특성상 호수에 유입되는 오염수의 근본적인 차단없이는 이의 해결이 어렵고, 1998년도부터는 정부 내에서조차 이미 담수화 계획을 포기한다는 내부결론을 내렸던 것으로 알려졌다(조선일보, 1998년 11월 27일자). 다만, 부처간 책임문제로 인하여 침묵으로 일관해 오다가 2001년 2월에야 비로소 공식화하게 되었다. 따라서 시화호 매립사업의 경우, 개발논리가 압도하면서 정책이 추진되어 오다가 1994년 이후 환경단체, 주민, 환경부 등을 주축으로 하는 보존논리와 충돌하는 혼돈양상을 띠게 되었고, 결국 시화호의 담수화 포기라는 새로운 정책질서로 귀결되었다.

---

16 당시 환경청이 환경영향평가를 검토한 후 요구할 수 있는 필요한 조치는 법적 강제력을 가지고 있지 않았기 때문에 환경청의 역할에 대해 많은 의구심이 제기되었다(환경처, 1991: 277). 한 신문보도에 따르면, 1982년 이후에 총 430건의 환경영향평가서에 대하여 환경청이 필요한 조치를 요구하였으나 오직 13건만이 환경청의 요구에 응했다는 것이다(건설환경신문, 1990년 10월 22일자: 문태훈, 1997: 385).

17 주민들이 물막이공사 이후 시화호 개발을 비판하는 데 동조하였지만 개발논리 자체에 대한 비판으로까지 나아간 것은 아니었다. 환경오염 문제에 대해서도 역시 비판적인 태도를 보였지만, 이 때 오염된 환경은 어디까지나 그들의 훼손된 생활터전이라는 의미에 한정되어 있다(시민환경연구소, 1998). 어쨌든 물막이공사를 시점으로 주민들이 보존논리에 가담하기 시작한 것만은 사실이었다.

4) 정책학습과 피드백(feedback)의 결여

고도의 불확실성과 혼돈상황하에서의 정책과정은 이미 결정된 정책대안조차 가설(hypothesis)에 불과하며, 이러한 상황하에서의 정책은 지속적인 모니터링(monitoring)을 통해 잘못을 수정해 나가는 계속적인 결정과정으로 이해되고 있다(사득환, 2002a). 일반적으로 동태적 정책과정(dynamic policy cycle)을 통제하려면 학습조직(learning organization)이 필요하고, 이러한 학습활동은 집단의 부단한 상호작용에 의해 이루어질 수 있다. 따라서 집단 내지 조직의 관리자들은 집단 내·외의 학습과 정치적 조건을 만들어주는 데 관심을 가져야 할 것이다. 이런 측면에서 볼 때, 정책목표의 실현은 정책환경과의 창조적 상호작용에 달려 있으며, 이미 확정된 정책안에 대해서도 매달려서는 안된다. 그러므로 정책과정은 정책 내에 내재된 패러독스(paradox)와 오차를 수정하고(error collecting)(Landau, 1973) 관리해 나가는 계속적인 결정과정이라고 볼 수 있다.

많은 경우에 정책실패는 집단으로 하여금 학습을 할 수 있는 좋은 기회를 제공해줄 수 있다. 몇몇 정책오차의 수정이나 정책변화(policy change)는 이러한 정책실패로 배운 학습경험에 기인하고 있다. 학자들은 조직이 학습을 한다는 것에 대해서 관심이 많지만 과연 누가, 무엇을, 어떻게 학습하느냐에 대해서는 다양한 논란이 있다(Birkland, 2001). 주된 논쟁은 조직이나 제도가 학습하느냐, 아니면 개인이 학습하느냐 하는 데 있다. 많은 학자들은 조직이 경험을 통해 학습을 한다고 주장하며(Sabatier, 1988; May, 1990), feedback 과정은 조직행태의 변화를 통해 '학습기회'(learning opportunities)를 제공해 준다는 것이다. 즉, 개인의 경우 획득된 정보와 경험을 체득함으로써 학습한다면, 조직은 정보저장고(information storage)와 복구(retrieval)를 통해 '제도적 기억'(institutional memory)을 한다는 것이다. 특히 Sabatier는 보다 구체적인 개념으로 '정책지향적 학습'(policy-oriented learning)을 제시하고 있는 바(Sabatier, 1988: 129-168), 이것은 "정책목표의 달성과 관련되는 사고(thought) 내지 행태의 지속적인 변화"를 의미한다. 물론 Sabatier는 개인행위에 초점을 맞춤으로써 조직이나 집단의 인식적 과정을 소홀히 다룬 면이 있으나, 정책과정에서 영향력을 가진 참여자의 분석에 초점을 두고 학습을 논의했다는 측면에서 큰 의미를 지닌다고 볼 수 있다.

시화호 매립사업과 관련시켜 볼 때, 정책조직들이 과연 학습할 수 있는 태도가 갖추어져 있었느냐 하는 것과 사업과정에서 발생한 오차와 패러독스를 feedback과정을 통해 신속히 반영하고자 노력하였느냐의 문제로 압축해 볼 수 있다. 당시 정책당국의 태도를 보면, 개발독재적 성향과 관료적 자신감으로 팽배해 있었으며(김영평, 1983), 자신들이 추진하는 정책이 실패할 것이라는 예상을 전혀 하지 않았으며, 따라서 정책학습과는 거리가 멀었다. 1970년대부터 밀어붙이기식의 개발방식은 관료들에게 체화되어 있었고, 이러한 성향은 시화호 매립사업에서도 그대로 반영되었으며, 1994년 이후 시화호가 격심한 오염에 시달릴 때까지 지속되었다.

시화호가 1996년 죽음의 바다로 변하면서 환경단체 등의 비판의 목소리가 높아지자 한국수자원공사는 오염된 물의 바다로의 방류를 시도하였고, 이어 환경부가 수질개선대책을 수립하겠다고 나섰으나 이미 오류수정을 위한 feedback조치를 기대하기 힘든 한계점에 도달한 상태였다(한국수자원공사, 1997). 이러한 정부의 태도는 2001년 2월 건설교통부가 시화호 담수화 계획을 포기하는 설명자료를 배포하면서도 "6,220억원이 투입된 시화방조제로 조성된 4,279만평의 매립지가 생겨났다"며, "이런 매립공사를 하는데 드는 보상비 등 5조 1,900억원을 감안하면 오히려 4조 6,000억원이 이익"이라고 주장하면서 시화호 매립사업은 실패한 사업이 아니라고 한 데서도 찾아볼 수 있다.

결국 우리 사회가 비록 민주주의 정치체제를 쟁취할 만큼 성장하였음에도 관료들의 가치관은 여전히 개발연대의 방식을 고수하고 있을 뿐만 아니라(김영평, 1998: 307-308: 노화준, 1998b: 153) 정책조직도 학습(특히 사회적 학습)할 수 있는 역동성(dynamics)과 민감성(sensitivity)을 띠고 있지 못하며(Weick, 1995),[18] 특히 시화호 물막이공사는 오류수정(self-collecting)을 할 수 있는 계속적 결정과정으로서의 절호의 기회

---

18 정책학습(policy learning)과 관련해서 May는 세 가지 범주, 즉 도구적 정책학습(instrumental policy learning), 사회적 정책학습(social policy learning), 정치적 학습(policy learning)으로 나누고 있다(May, 1990: 187-206). 이들 정책학습들은 어떻게 더 나은 정책을 만들 것인가에 초점을 두고 학습을 논한 것이다(May, 1990: 191). 우선 도구적 정책학습은 정책개입 또는 집행설계와 관련된 학습이다. 즉, 이 학습은 어떻게 집행을 효율적으로 할 것인가의 집행도구와 기술에 관심을 두고 있다. 사회적 정책학습은 정책이나 프로그램의 사회적 구성에 관한 학습이다. 이 학습은 정책문제의 속성, 정책목표에 대한 태도, 정부개입의 적절성 및 효과성 등과 관련되어 있다. 반면에 정치적 학습은 도구적 정책학습이나 사회적 정책학습과 달리 "주어진 정책아이디어나 문제에 대한 지지를 획득하기 위한 전략"에 관한 학습을 말한다. 즉, 정치적 학습은 정치적 지지(political advocacy) 동원에 관한 학습이다.

를 제공할 수 있었음에도 불구하고 이 기회를 놓침으로써 이후 걷잡을 수 없는 혼돈상황에 처하게 되면서 시화호 사업실패의 중요한 원인이 되었다고 볼 수 있다.

3 결어 및 함의

우리가 고도의 불확실성, 복잡성 및 혼돈의 세계에 살고 있다고 하더라도 정책선택에서 적응모형(adaptive model)은 모든 공공정책 영역에 적용가능한 것은 아니라는 점이다. 시간의 경과에 따라 변수들 간의 비교적 안정적인 상호작용으로 진행되는 현상의 경우 전통적인 합리모형이나 점증모형, Garbage Can모형 등이 더욱 유용하게 적용될 수 있다. 사회현상 중에는 예측가능하고 안정된 속성을 갖는 경우도 많다. 예컨대, 미국의 경우 학력과 소득수준 간에는 안정된 관계를 갖는 것으로 통계적으로 입증되고 있다. 이 경우는 통계적 방법이나 행태주의 모형으로 보다 잘 설명될 수 있을 것이다. 또한 예산분야에 있어서도 적응모형을 적용하지 않더라도 얼마든지 잘 설명할 수 있다는 주장이 있다(Elliott and Kiel, 1997). 특히 내년도 예산에 대한 전망은 통계적인 방법이나 점증모형으로 얼마든지 예측할 수 있고, 현실적으로 이와 같은 방법을 사용하고 있다.[19]

이러한 측면에서 볼 때 합리모형, 점증모형, Garbage Can모형 등 전통적인 모형들과 혼돈, 비선형 동학, 복잡성, 불확실성을 내용으로 하는 적응모형 간에는 상호 배타적인 관계에 있다기보다는 상호 보완적인 관계에 있다고 볼 수 있다. 더 나아가 정책과정에서 적응모형의 경우 요소들 간의 다양한 상호작용 형태와 체제(system)를 이해하는 데 큰 도움을 줄 수 있고, 몇몇 경우에 전통적인 모형의 한계를 훨씬 뛰어넘는 측면도 있다는 점이다.

사회과학자들, 특히 경제학자들은 경제체제 내의 불확실성, 복잡성 및 비선형을 '부정적 환류의 확장'(prevalence of negative feedback)으로 간주한다(Elliott and Kiel, 1997). 체제이론가들도 비슷하다. 따라서 체제나 조직 내에서의 환류(feedback)를 가능

---

19 그러나 Kiel과 Eliiott는 비록 예산형성과정이 매년 범정부적으로 그 과정이 반복되고 있지만, 매년 예산형성과정이 특이하고 비가역적인 모습이 나타나기 때문에 예산체계를 예산부서와 외부부처 간의 안정점－불안정점의 행동스펙트럼이 나타나는 전형적인 '비선형 동태체계'라고 지적하고 있다(Elliott and Kiel, 1997).

한 한 축소시키면서 균형상태를 찾으려고 시도한다. 그러나 Arthur는 부정적 환류의 가정, 그래서 환류를 줄이는 것은 현실을 정확하게 반영하지 못한다고 주장한다. 반대로 현실에 대한 정확한 반영은 "현실 속에 안정된 힘이 작동하지 않는다"는 사실뿐이라고 강조한다(Elliott and Kiel, 1997). 따라서 경제학에서 가정하는 단일의 균형점은 존재하지 않으며, 다양한 잠재적 균형점(potential equilibrium points)만이 존재할 뿐이다. 이것은 예측할 수 없는 기회요소의 개입으로 시장경제의 예견된 합리성을 교란시키는 결과를 초래할 수 있음을 의미한다.

자연체계 속에서의 혼돈의 동학(dynamics)은 인간체계에 항상 그대로 적용되는 것은 아니다. 그러나 인간사회에서 혼돈은 보다 복잡·다양하고 불확실하게 나타나며, 종래의 Newton적 통제시스템으로는 근본적으로 해결하기 어렵다. 만약에 인간사회에서의 혼돈적 행태(chaotic behavior)가 역기능을 수반한다고 가정한다면 이를 통제하기 위한 방법으로는 다음 세 가지를 들 수 있을 것이다. 첫째는 체제의 파라미터(parameters)를 축소시키거나 변경시키는 것이고, 둘째는 작은 교란을 동학(dynamics) 속으로 부드럽게 투사시키는 방법이며, 셋째는 사이버네틱 평가(cybernetic assessment)나 환류(feedback)에 의해 체제의 순환을 변경시키는 방법이다(사득환, 2002a: 85-102).

본 연구는 시화호 매립사업을 대상으로 이러한 불확실성과 혼돈이론에 토대를 둔 적응모형에 입각하여 정부의 선택행위가 어떻게 정책실패로 귀결되었으며, 더 나아가 시화호 매립사업의 실패원인이 무엇인가를 규명하였다. 시화호 매립사업의 실패는 '동태적·진화적 적응의 실패'로 요약해 볼 수 있고, 보다 구체적으로는 사전예측의 결여, 참여적 의사결정의 제약, 불균형적 권력관계와 개발논리의 지배, 정책학습과 피드백(feedback)의 부재가 주요한 원인으로 보인다. 끝으로 본 연구는 시론적 연구의 성격이 강한 것으로, 향후 이론에 대한 세련화와 더불어 더 많은 사례논의를 통해 그 적실성을 높여야 할 것이다.

본 QR코드를 스캔하시면 '정책학으로의 초대'의 참고문헌을 참고하실 수 있습니다.

저자약력

사득환

1996년 고려대학교 행정학박사. 현 경동대학교 행정학과 교수, 한국정책학회 부회장, 한국정책분석평가학회 부회장, 한국국정관리학회 부회장, 한국행정학회 대외협력위원장, 행정안전부 정부합동평가단 위원 등으로 활동 중. 각급 공무원시험 출제위원. 주요 저서로는 새행정이론, 환경정책론, 사회복지행정론(공저) 등이 있으며, 논문으로는 "Chaos, Uncertainty, and Policy Choice: Utilizing the Adaptive Model", "Converting the Korean Demilitarized Zone into a Peace Park", "Towards Higher Educational M-Learning Platform for Conceptual STEAM Environment", "정책연구의 패러다임 변화와 적응모형", "선진국의 사회적기업정책과 한국적 시사점", "정책패러독스(policy Paradox)와 합리적 선택의 실패", "한국 기업의 CSR활동 평가", "복지다원주의, 시장 그리고 한국적 모델", "남북 공유하천 갈등과 독일 통합사례", "이민정책의 Paradox: 한국적 적실성과 가능성" 등이 있음. 주요 연구 관심 분야는 정책학, 환경정책, 복지정책 및 통일정책 등이 있음.

최창현

뉴욕주립대 록펠러 행정대학원 행정학 및 정책학 박사, 한국행정학회 부회장, 한국조직학회 회장, 한국행정학회 학술정보위원장, 편집이사, 한국공공관리학회 편집위원장, 한국반부패정책학회 부회장, 대통령 자문 정부혁신위원회 전문위원, 관동대 교수, 뉴욕주립대 객원교수, RPI 경영대학원 초빙교수, 파고다 외국어학원 토익 초빙강사 역임, 9급, 7급, 행시 출제위원, 정책분석평가사 1급 자격증. 주요 저서로는 정책분석평가와 성과감사, 행정학으로의 초대, 그림과 표로 풀어본 조직론, Introducing Public Administration, 조사방법론, 문화력으로서 한류 이야기, 국력이란 무엇인가, 좋은 정부란 무엇인가, 관광학개론 등 저서/공저 및 역서 40여권과 징병제 폐지와 모병제 도입 논의에 대한 분석, 한국의 국력신장을 위한 국가 능률성 분석, 지방정부의 연결망 구조 분석 등 40여편의 논문이 있다. 주요 연구 관심 분야는 조직론, 국력, 복잡계 과학 등이 있음.

왕재선

2008년 고려대학교에서 행정학박사학위를 받고 현재 호남대학교 행정학과 조교수로 재직 중. 아주대학교 공공정책대학원 대우조교수 역임. 주요 학회활동으로 현 한국행정학회 편집위원, (사)한국거버넌스학회 총무위원장으로 활동하고 있다. 주요 논문으로는 "Comparative Analysis of Public Attitudes toward Nuclear Power Energy across 27 European Countries by Applying the Multilevel Model", "공공조직 정보공유 태도에 대한 영향요인: 개인 혹은 조직?", "Individual perception vs. structural context: Searching for multilevel determinants of science-technology acceptance across 34 countries", "신뢰와 원자력 수용성", "전자정부의 효과" 등이 있음. 주요 연구 관심분야는 정부혁신, 비교정책, 과학기술과 정부신뢰 등이 있음.

주성돈

2011년 가톨릭대학교에서 행정학 박사. 현재 경운대학교 경찰행정학과 조교수, 현 한국행정학회 총무위원, 현 한국지방자치학회 운영이사, 현 한국도시행정학회 이사, 현 가톨릭대 정부혁신생산성연구소 연구위원, 지방공무원 공개(경력)경쟁임용시험과 경찰공무원 출제위원 등으로 활동 중. 주요 논문으로는 "재난관리 연구영역 확대에 관한 탐색적 논의", "대테러 협력의 개념과 제도발전", "일본 정부개발원조의 정책변화 분석", "정부 금연규제정책의 갈등연구", "문화예술을 활용한 지역활성화 성공요인 분석", "문화복지 전문인력 양성사업의 관리방안", "문화복지 활성화 방안 연구", "지방자치단체의 매장문화제 행정체제 개선방안", "공유재 갈등조정기구에 대한 제도적 실행규칙 분석", 원자력발전정책의 변동과정 연구" 등이 있음. 주요 연구관심 분야는 공공관리, 문화정책, 환경정책 등이 있음.

정책학으로의 초대

초판발행   2019년 2월 28일

지은이   사득환, 최창현, 왕재선, 주성돈
펴낸이   안종만

편 집   배근하
기획/마케팅   정연환
제 작   우인도·고철민

펴낸곳   (주) **박영사**
                서울특별시 종로구 새문안로3길 36, 1601
                등록 1959. 3. 11. 제300-1959-1호(倫)

전 화   02)733-6771
f a x   02)736-4818
e-mail   pys@pybook.co.kr
homepage   www.pybook.co.kr
ISBN   979-11-303-0710-7 93350

정 가   22,000원